景仰賢達
同心同德
科學民主
繼武前行

壬辰夏 韓啟德

緬懷先賢
思與之齊

邵鴻
二〇〇九年四月十九日

九三学社人物丛书

张雪岩 传

陈建明 王京强 著

学苑出版社

图书在版编目（CIP）数据

张雪岩传／陈建明，王京强著．—北京：学苑出版社，2012.9

（九三学社人物丛书）

ISBN 978-7-5077-4086-8

Ⅰ．①张…　Ⅱ．①陈…　②王…　Ⅲ．①张雪岩（1901～1951）－传记　Ⅳ．①K827.7

中国版本图书馆 CIP 数据核字（2012）第 185784 号

责任编辑：许　力
封面设计：智行东方
出版发行：学苑出版社
社　　址：北京市丰台区南方庄 2 号院 1 号楼
邮政编码：100079
网　　址：www.book001.com
电子邮箱：xueyuan@public.bta.net.cn
销售电话：010-67675512、67678944、67601101（邮购）
印 刷 厂：高碑店鑫宏源印刷厂
开本尺寸：787×1092　　1/32
印　　张：14
字　　数：240 千字
版　　次：2012 年 9 月第 1 版
印　　次：2012 年 9 月第 1 次印刷
定　　价：30.00 元

著　　者：陈建明　王京强

编　　辑：张建国　王延伟　于正军

总　序

九三学社是在中共抗日民族统一战线政策影响和感召下，于抗日战争后期成立的，她参与新中国的建立，成为在中国共产党领导下爱国统一战线中八个民主党派之一。在共和国成立以来的60多年里，九三学社始终弘扬爱国、民主、科学的传统，与中国共产党风雨同舟，共同探索中国特色社会主义政治发展道路，在国家建设、改革、发展征途上留下了闪光的足迹。在此历史进程中，九三学社发展成为拥有13万多名社员、组织比较健全、有较强参政能力和较高社会地位的政党。

九三学社走过的历程，是一部无数优秀人物引领广大同仁一往无前、执著追求的奋斗史。抗日战争时期，面对国破家亡、山河破碎，九三学社创始人或多方奔走，参与抗日，或介绍新知，宣传救国。解放战争时期，面对独裁专制、民不聊生，九三学社同仁或大声疾呼民主，反对暴政，或积极主张科学，倡导革新。新中国成立后，面对百废待兴的局面，九三学社同仁和全国人民一起殚精竭虑、奋斗不止。九三学社各个时期旗帜性人物身上体现出的崇高风范和优秀品质，是我社最宝贵的精神财富。回顾九三学社的历史，我们有勇往直前、舍生取义的革命家和社会活动家，有淡泊名利、刻苦钻研的科学家，有不畏权势、追求真理的人文学者，有忍辱负重、甘为人梯的教育工作者……他们共同铸就了九三学社一以贯之的灵魂——爱国、民主、科学，九三学社的优良传统在他们身上得到最好的诠释。

九三学社中央一直重视整理保存社史、发挥社史资政育人的作用，2007年又启动了以史料抢救和整理为重点、包括七个方面内容的社史工程。几年来，社史工程取得了显著成绩，《社史研究通讯》的编辑出版、社史专题片的拍摄、口述史工作的启动、社史文物收集等各个方面都有不同进展。“九三学社人物丛书”作为社史工程的一项重要内容，经过各方面辛勤的努力，也结出了丰硕的成果，第一批图书已完成了撰写、编辑，即将出版。这套丛书选取九三学社重要创始人、早期著名社员、历任社中央领导，以及在本人所从事领域里取得突出成就的旗帜性人物，力图以翔实的史料和平实的语言再现前辈先哲们曲折丰富的人生历程和绚丽夺目的光辉业绩。我相信，丛书的出版必将激发我社成员和广大读者继承他们的优良传统，体会他们忧国忧民的赤子情怀，感受他们坚毅从容的人格风范，学习他们精益求精的科学精神，为巩固、完善和发展中国共产党领导的多党合作和政治协商基本政治制度，为中华民族的伟大复兴，做出更大贡献。

是为序。

韩启德

2012年8月

前　言

1901 年，张雪岩出生在渤海之滨的山东潍县大常疃村（今潍坊市寒亭区固堤街道大常疃村）一个农民家庭。他少时求学于教会学校，因贫困而中途辍学，做过杂役伙计。1916 年远渡重洋赴欧洲战场做华工，归国后以强烈的爱国热情在教书、办实业、从军和文字出版等领域探索着救国之路。1930 年至 1933 年间，张雪岩在南京金陵神学院学习神学，毕业后到上海中华基督教会全国总会担任宗教教育干事。

1934 年 8 月，张雪岩与孙恩三在济南共同创办《田家半月报》。他孜孜不倦，呕心沥血，鞠躬尽瘁，把一生的主要精力投入到了办报的工作中。在他的不懈努力下，《田家半月报》成为深受农民喜爱的读物，发行范围遍布全国乃至英国、美国、朝鲜和泰国等地，发行量最大时多达十几万份。1937 年 8 月至 1940 年 6 月，他先后留学于加拿大多伦多大学和美国康奈尔大学，获康奈尔大学社会学博士学位。尽管身处海外，他仍然心系祖国，即使忙于学业，仍不遗余力地为《田家半月报》

奔走宣传、筹募资金。

张雪岩学成归国后，继续致力于办报，并以《田家半月报》为阵地，大力宣传动员抗战，参与发起和推动“节约献金救国运动”支援前线，考察军队生活状况以及呼吁保障战斗力等。抗战胜利后，张雪岩以民主自由宣传者的身份为真理做辩护、为民主做斗士；以农民代言人的身份为农民请命，坚持反对内战，为和平奔走呐喊。

张雪岩作为九三学社的创始人之一，为九三学社的发展做出了重要贡献。1945 年，他参加许德珩等人发起的民主科学座谈会，参与了九三学社的筹备和成立工作。1946 年 5 月 4 日，他在九三学社成立大会上被推举为理事，12 日在九三学社第一次理监事联席会议上被推举为常务理事，此后积极参与九三学社的民主政治活动。在国民党的白色恐怖下，他利用自己的教会人员身份，为九三学社的早期活动提供了场所。1948 年初，为躲避国民党当局迫害，张雪岩赴美讲学，其间做了横贯北美大陆的反内战、反对国民党反动统治的旅行演讲。

1949 年夏，张雪岩在美国得知祖国即将解放的消息后，谢绝了朋友的挽留，毅然归来，以基督教团体代表身份出席了中国人民政治协商会议第一届全体会议，任以周恩来为组长的《共同纲领（草案）》整理委员会委员，并发自内心地认为“这次的政协是一个轰动历史的大会议”。会议结束后，他参加了一系列报告人民政治协商会议情况的活动，向各地基督教团体介绍人民政治协商会议的盛况，推动教会开展工作，解决实际困难。1950 年 1 月 28 日，张雪岩因操劳过度，突发脑溢血，不幸在北京病逝，年仅 49 岁。

张雪岩以基督教文字工作者、爱国民主人士、社会活动家、九三学社的创始人等多重身份谱写了他丰富的人生乐章。他的一生是充满坎坷和挫折的一生，是不断探索真理、追求进步的一生。从他光辉的一生中，我们可以看到他矢志不渝和忠贞至诚的报国之情；在他的身上，集中体现着九三学社老一辈爱国、坚持接受中国共产党领导、不断进步的优良传统。

在张雪岩逝世后，全国政协、政务院和九三学社为他举办了隆重的悼念仪式。政务院副总理董必武致悼词，并将他安葬于北京香山东麓的万安公墓。他的墓地在“文革”期间遭到破坏，墓碑被毁。在中共中央统战部、九三学社中央和中共北京市委统战部等部门的大力支持和帮助下，张雪岩墓地得以修复。2007 年 4 月 19 日，九三学社中央在北京万安公墓举行了隆重的修复竣工暨追思仪式。时至今日，人们仍在以不同的方式来缅怀他、纪念他。

九三学社中央历来重视社史工作，注重加强社史资料的收集整理，积极开展重要社史人物的研究与宣传，坚持将社史工作与社的思想建设、组织建设紧密结合起来，深入挖掘社史内容，以史为鉴，存史资政，进一步增强广大社员的光荣感、使命感和社组织的向心力、凝聚力，使广大社员自觉地接受中国共产党的领导，更加坚定不移地走中国特色社会主义道路。

张雪岩的家乡也非常重视对地方历史文化人物资料的发掘和保护。20 世纪 90 年代初，潍坊市寒亭区政协组织编写了由周培源题写书名的《张雪岩史料选编》。后来，陆续发表了关于张雪岩的系列文章。2009 年，在九三学社中央和九三学社山东省委的指导帮助下，九三学社潍坊市委与寒亭区政协共同策划，在寒亭区建立了“张雪岩纪念馆”，并于当年 4 月 19 日在寒亭区于家大院广场举行开馆仪式。全国人大副委员长、九三学社中央委员会主席韩启德亲自为纪念馆题写了馆名。九三学社中央委员会副主席邵鸿，山东省副省长、九三学社山东省委主委王随莲出席了纪念馆开馆仪式并为纪念馆揭牌。

为进一步弘扬张雪岩的爱国爱民思想，九三学社潍坊市委员会向九三学社中央申报了编写《张雪岩传》的课题，顺利中标。九三学社潍坊市委、政协潍坊市寒亭区委员会、四川大学宗教学研究所具体负责该书的编写事宜。

在张雪岩逝世60周年纪念之际，我们通过编著《张雪岩传》的方式来缅怀他的光辉业绩，就是要继承他的优良品质和崇高精神，坚持走中国特色社会主义道路，更好地坚持和完善中国共产党领导下的多党合作和政治协商制度，切实加强参政党建设，为构建社会主义和谐社会和实现全面建设小康社会的宏伟目标而不懈努力！

在此书的编写过程中，我们走访了张雪岩家乡的乡亲，远赴北京、南京、重庆、成都等地图书馆查阅资料，走访知情人，特别是张雪岩的亲属张国华、张中华为本书的编写提供了很大帮助。同时，我们还吸收了之前有关张雪岩的研究成果，在此一并致以谢忱。

由于时间仓促，错误在所难免，敬请各位领导及读者批评指正。

九三学社潍坊市委员会

政协潍坊市寒亭区委员会

2010年12月20日

目 录

第一章　长剑一杯酒，高楼万里心

第一节　渤海之滨的农民儿子

清光绪二十六年十一月二十二日（1901年1月12日），一个新生命降生在山东潍县（今潍坊市寒亭区）固堤镇大常疃村的一个普通农民家庭，取名叫张松峰，后更名为张雪岩。

哺育张雪岩成长的地方自古以来就是钟灵毓秀之地。潍县位于山东省中东部，北濒渤海莱州湾，处于泰沂山北白浪河冲积扇的前沿，属平原地带，自然环境优越。境内气候适宜，土地肥沃，水源充足，农业发展的基础好；由于临海，渔业和盐业均较繁荣；居于山东东西通道的中心，交通便利，自古工商业都比较发达。

潍县的历史悠久。境内发掘到前埠下遗址、鲁家口遗址、狮子行遗址等原始社会遗址，其中，在前埠下遗址中发现的后李文化距今已有8000年的历史；鲁家口遗址中出土了大汶口文化和龙山文化时期的大量石器、骨器和陶器等。这些遗址说明：早在距今8000年前，人类就在此繁衍生息。夏朝时，潍县属于寒浞的封地，据《后汉书·郡国志》所载：“寒亭，古寒国，浞封此。”

潍县的文化底蕴深厚。年画和风筝相当出名，具有潍县文化艺术的代表性。杨家埠木版年画堪称民间绘画艺术瑰宝，明代已出现，到清代更加兴盛，与天津杨柳青和苏州桃花坞两大年画齐名。有学者对其评价道：“我国北方勤劳智慧的农民群众培育出了杨家埠年画这朵民族艺术之花，杨家埠年画作为真正农民的画，又反转过来集中地、典型地体现了我国北方农民粗犷、奔放、勤劳、幽默、爱憎分明的性格与高尚的道德情操，反映了他们在劳动生活中的喜怒哀乐与健康的审美情趣。”潍县的风筝也很有特色，与木版年画巧妙结合。在清朝中期，潍县杨家埠风筝的手工业制作已相当发达，几乎家家户户男女都会扎、糊风筝。潍县每逢清明前后，桃红柳绿、百花争艳、风和日丽、春意盎然，是放风筝、荡秋千的最佳时光。农家不管耕种多忙，也要扫墓、过寒食节和清明节，其他主要活动还有放风筝与荡秋千，以此方式庆贺明媚春天的到来、迎接风调雨顺五谷丰登之喜。潍县的年画和风筝都富有农民文化气息，反映了农民的文化生活情况。

潍县人杰地灵。三国时期的“建安七子”之一徐干，著有《中论》；训诂学家刘熙，其《释名》被誉为汉语语言学之经典；五代时期官至中书侍郎的韩熙载、宋代官居兵部侍郎的綦宗礼，均以著述彪炳国史文苑；明代曾任刑部尚书的刘应节，清代先后任过户、兵、礼、工、吏部尚书和协办大学士的陈官俊，或以武略，或以文治，遐名海内；著有《周易解》、《中庸解》、《大学解》的韩周，其《养蚕成法》是国内最早的养蚕专著；金石学家陈介祺，开创国内仿古青铜器和铜印商品化的先河；另有张尔忠（明崇祯四年辛未进士）、付廷兰（清嘉庆十年乙丑进士）、于荫霖（清咸丰九年己未进士）、宋占魁（清光绪十二年丙戌武状元）等政治历史名人。

光绪年间，在潍县固堤镇大常疃村后街的桥西路南，有一家家境贫寒的张姓农户，户主名叫张汝鑫，膝下有三子，长幼依次为张松亭、张松峰（张雪岩原名）、张松寿。

张雪岩在5岁的时候，母亲逝世，父亲张汝鑫领着三个尚未懂事的孩子，根本无法正常度日。张雪岩的童年在孤苦中度过。这种家庭环境也促使他逐渐养成了异常刚强、不屈不挠的性格。

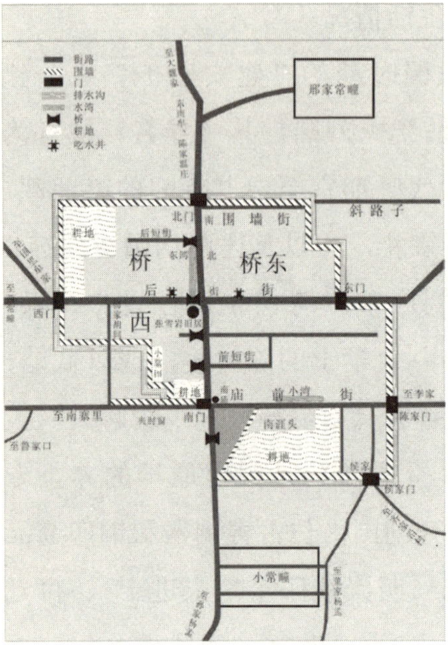

民国时期大常疃村原地形图（根据大常疃村村民张瑞福提供的原稿绘制）

张雪岩8岁时到了上小学的年龄，由于父亲务农，家境不富裕，只好为他选择在可以减免学费的本村教会小学读书。张雪岩自幼天资聪明，稍长后又勤奋好学，1914年小学毕业后，即13岁时，考入潍县乐道院文华书院[①]读中学，入学之初得到美国长老会长老张贯道的资助。当时文华书院共有83名学生，全部安排住校。学制三年，分为甲、乙、丙三个班，张雪岩分配到乙班。张雪岩在英语课堂上非常活跃，比较爱说，英文学得比同班其他同学都要好，深得教授英语的校长维里华森喜欢。

虽然文华书院是教会学校，学习费用也低，但是由

① 文华书院，前身是1883年美国基督教长老会牧师狄乐博创设于乐道院内的文化馆，1915年改名为文华中学，1931年与文美女子中学和培基小学合并，称为广文中学，1952年更名为潍坊二中。

于家境过于贫困，张雪岩读了半年之后，不得不中途辍学。1915 年，返回家里的张雪岩在大常疃村南庙做起教书的工作。有一次他带领学生到固堤镇参加会考，由于学生没有考好，他气得三天没有好好吃饭。1916 年前后，张雪岩放弃教书，到潍县惠东药房当伙计，做扫地、抹桌子等活，工钱相当低，仅够个人糊口。在这期间，他很想读书，但家里没有经济条件，心情倍感苦闷。

张雪岩的少年生活就是这样面临着家境贫寒的窘况，无法正常完成学业，迫于生计而从事教书和做伙计的工作。他自幼就亲身体验了半殖民地半封建的旧中国农村贫穷落后的状况，对农民群众所遭受的苦难抱有深厚的同情。

第二节　欧洲战场的华工翻译

1914 年，第一次世界大战爆发。英法等协约国因国内的壮丁大部分调赴前线，工厂缺乏工人，农业废弛，到中国大批招募华工补充其人力资源的不足。被招华工在铁路、马路、工厂、矿务、船坞、农田和森林工作，有的人还参与制造军火、支援后勤运输等。

1916 年冬，英国在潍县火车站设置招工局，招募劳工赴欧。英国传教士具体负责，到处张贴告示，详细罗列种种优惠待遇，对那些初步预选的华工当场发放一个登记本和120块银元的安家费，并承诺在他们出国以后，由家属每月持登记本到招工局领取10块银元。这对当时遭遇大旱、庄稼几乎绝产、饥寒交迫的潍县农民来说，无疑是个比闯关东更具有诱惑力的选择。

在惠东药房做伙计的张雪岩认为这是一次难得的好机会，因为他觉得这不仅是暂时谋生的途径，而且在文华书院所学的英语可在欧洲派上用场，还可寻求机会继续深造，改变自己的境遇，于是未同家里人商量，便毅然跑到招工局报名。报名时，张雪岩的个头比较矮，年龄也尚未达到招工年龄，便多报了两岁。招工局的工作人员本打算不让他参加，却发现他懂英语。因为华工需要有人管理，更需要有人担任翻译工作，而当时潍县会讲英文的人不多，有些会的又因家里经济较宽裕，也不愿冒险出国到战场上做华工，所以，张雪岩就凭自身的英语优势被录用了。家族里的人们一听说张雪岩要到欧洲当华工，就急忙让其三叔劝说他不要去。他坚持自己的决定，说："在家过不下去了，出国总是条出路。"同村另有几个年龄相仿的青年也去报名做劳工，他们家境情况大致一样，几乎一贫如洗，为了挣口饭吃才不惜冒九死一生的危险，远渡重洋到欧洲战场。

英国在山东招募的华工先由青岛乘轮船集中到威海

卫，然后由英国派船运赴欧洲。中国劳工在英法联军控制的法国西线战场，经过短时间军事、工兵业务和码头装卸搬运等训练之后，整编为“华工军团”列入英法联军的军事序列。前方打到哪里，“华工军团”必须跟到哪里，要保证完成修路、运粮、伐木、挖战壕、修工事、装卸武器弹药、打扫战场等任务。张雪岩和同去的华工们干的是最苦、最累、最脏的搬运工作——装卸战争物资。他们严守军纪，服从军令。张雪岩刚开始做打大米的搬运工。工头是英国人，不懂汉语，平时没有麻烦事便罢，凡遇麻烦事双方便争吵不休，无法沟通。张雪岩尽管对英语算不上精通，但尚能交流，且华工中除了张雪岩外都不懂英语，那位英国工头便让张雪岩为其担任翻译。后来，那位工头发现张雪岩喜欢读报，又叫他兼任送报纸的工作。另外，张雪岩还被特意派送到某个英语培训机构学习了一段时间英语。在欧洲战场服役期间，张雪岩立志救国，通过刻苦自学，掌握了外国政治、军事和文化等方面的知识。残酷而艰苦的欧战生活不仅使张雪岩磨练了意志，而且增强了爱国热情。

1918 年 11 月 11 日，德国投降，协约国战胜了同盟国，第一次世界大战宣告结束。

1919 年底，张雪岩与其他遣返的华工们一起回到了祖国。对于华工在第一次世界大战中所发挥的作用，有学者曾这样评价道："欧战爆发，中国初采中立，后虽宣布对德、奥宣战，但因内争与财政及运输上之种种困难，并未真正出兵欧战与协约国共同作战。惟中国为履行参战义务，曾与日、美、英、法、意等国联合出兵西伯利亚，并以大宗粮食输运协约国，然贡献最大者，却为派遣华工约二十万人赴欧之壮举。"[①]

1919 年 1 月 18 日，战胜国（协约国）和战败国（同盟国）在巴黎凡尔赛宫召开了和平会议，史称"巴黎和会"。会议标榜通过媾和达到世界永久和平，中国以战胜国身份派代表团参加，向会议提出取消列强在华的各项特权，取消日本帝国主义与袁世凯订立的"二十一条"，归还大战期间日本从德国手中夺去的山东各项权利等要求。会议在帝国主义列强操纵下，不但拒绝中国的要求，而且在对德和约上，明文规定把德国在山东的特权全部转让给日本。作为战胜国之一却受到如此不公和屈辱的待遇，消息传到中国，立刻激起了中国人民的强烈抗议和反对，五四运动爆发，反帝反封建的爱国主义运动浪潮迅速波及全国。

① 陈三井：《华工与欧战》，中央研究院近代史研究所出版，2005 年 8 月版，第 6 页。

第三节　才学兼备的基督徒

张雪岩回国没多久，就到了春节。他在自家门口贴了一副对联：“长剑一杯酒，高楼万里心。”这不仅是其三年欧洲劳工生活的情怀抒发，而且是其壮志不灭的写照。村里的“小字汇”（农村文化人）解释这副对联为：“‘长剑’是军人的象征，雪岩出国虽然当的是华工，但终究是参加的第一次世界大战，所以他用‘长剑’开头。接下来的‘一杯酒’和‘高楼万里心’说明他在国外洋人的驱使下，心情并不愉快，时时惦念着祖国，‘万里心’就是这个意思。”在国外，张雪岩盼望着祖国的强盛，但回国后看到的是政府的腐败、社会的满目疮痍，加之生活的艰难，父亲张汝鑫在其去欧洲后不久已病故，使他的内心倍增了几分忧愁。

张雪岩（后排右一）与家人合影

1920 年 5 月 25 日（农历四月初八），

在二叔张汝铭的主持下，张雪岩与潍县固堤区固柳乡河西李家埠（现名南王家埠村）的李耐梅结了婚。婚后，张雪岩到文华中学讲授英语。此前他饱尝了人世的艰辛——当小伙计，任凭老板驱使；远涉重洋，到欧洲做华工。虽说他本人未经过大的磨难，但因国势微弱所遭的白眼也大大刺痛了他的心。虽然明知教书难遂他的强国之愿，但迫于生活压力，他还是选择了这条路。他在回国后曾到文华中学拜访老校长维里华森，谈论他在国外的经历，维里华森从谈话中了解到他做了三年多时间的战地翻译，英文讲得比较好，便留他在学校当英文教员，并协助校长处理一些学校的杂务。由此，张雪岩与维里华森建立了深厚的交情，也从他那里进一步接受了基督教思想。

在文华中学教书几年，张雪岩觉得这样下去不会有多大作为，而且这也并不是他所要追求的生活，于是，他奔赴烟台，寻求实业救国之路。通过在烟台做水上警察的大哥张松亭的关系，张雪岩进入了正记轮船公司。正式上班后，老板分配给他的工作几乎与惠东药房时的工作一样——抹桌子、扫地、打水等。无奈之下，他只好忍气吞声做下去。有一次，他正在厅房内扫地，从国外打来一个长途电话，当时公司里的几个高级职员怎么也听不懂，老板守着话筒也是干着急没有办法。这时张雪岩向老板表示他可以帮一下忙，老板似信非信地问他行不行，他回答说试试看，老板便把话筒交给了他。他接了电话后，对老板说这是从泰国打来的，说他们有艘装有什么货的船想在烟台卸货，询问行不行，如果不行，他们就转到其他港口。老板表态后，他用英语给对方做了答复。这一次与国外的通话，使张雪岩的工作一下子出现了新的转机——从勤杂工上升为高级职员，专门从事英文翻译和打字，工资也随之增加了许多。烟台公司是天津正记轮船公司的分公司，总公司听说张雪岩在烟台能力出众，就把他调到天津。在天津，张雪岩与国外人士接触的机会更多，然而，外国人的蛮横和老板的仰人鼻息却令他陷入新的痛苦之中。实业救国的爱国壮志在这种环境中难以实现，他又萌生出从军的想法。

张雪岩在天津正记轮船公司期间的留影

1928 年 5 月，张雪岩离开天津，经朋友介绍前往沈阳张作霖部参军，可是不巧，在 6 月 4 日，发生了皇姑屯事件，张作霖被炸死。张雪岩无奈又被迫返回老家，参加了地方武装李学成的队伍，曾到潍北、昌邑一带拉过队伍。只因他是个书生，同那些旧军人搞不到一块，常常受怀疑，时时被监督，没有待多久，不得不在苦闷中找了个治病的借口，离开了那支队伍，南下上海另图发展。张雪岩就这样在极短的时间内，结束了从军报国的梦想。

1928年8月至9月间，张雪岩到达上海，在广学会寻找到一个编辑的职位。[①] 广学会（The Christian Literature Society for China）是英美传教士在中国创办的最大的基督教出版机构。在当时的文化界，对于学历相当崇尚，同样，在广学会做编辑，除了本事能力之外，也还需有较高的文凭。然而，张雪岩没有接受过大学教育，且未完成中学学业便跨进出版界，难免遭受同仁的歧视和冷落，其他编辑月薪150元或120元，而他却只能拿到80元。张雪岩在广学会工作了大约一年半时间，有一次，在街上遇到了原文华中学的校长维里华森（时已更名为卫理士，任美国长老会驻华总干事）。他们在聊天的过程中，张雪岩透露了心中对不合理待遇

① 1927—1928年度第41期《广学会年报》的职员名单中有“Mr. Chang Hsueh-an（张霍安）”。据1928—1929年度第42期《广学会年报》的职员名单“Mr. Chang Hsueh-an（张雪岩）”可知，“Chang Hsueh-an”无疑是张雪岩的英文名字，“霍”当是“雪”之排字误，而“安”则是译音之误。第41期的资料截止时间是1928年9月30日。

的不快，期望有机会继续学习深造。之后，卫理士帮助他联系到南京金陵神学院学习神学。

1930 年 8 月，张雪岩进入金陵神学院。在学习期间，他凭借英语专长兼任英文教员，依靠每日教两节英文课月薪 50 元的收入，读完神学院三年的课程。他完成学业之余，根据自己的兴趣和心得，翻译和撰写了许多诗文，例如，在号称中国基督教杂志之鼻祖的《真光杂志》上先后发表《圣餐》（诗歌）、《旅途》（诗歌）、《基督徒对罪应有的研究》、《怎么样才算纪念基督圣诞》、《圣诞短诗》（诗歌）、《宗教在教育上的地位》、《文字布道之重要》、《基督徒的灵修工夫》、《福音应向谁传》、《读了陶希圣君的〈孔子与耶稣〉以后》、《真平安在那里》、《释缚》（戏剧）、《宗教可以制止战争吗》、《以基督徒的人生哲学来建造人生》、《得救的步骤》、《信仰与生活》、《马其顿的呼声》等文。他的写作才能在此时已崭露头角。其中，诗歌《旅途》是张雪岩入学后不久写下的，特别描述了对人生旅途的感悟：

旅　途

我在漫漫的长途上，
晓行夜宿；
一天一天，

一站一站，
跋涉不住；
不管霜雪，
不顾风雨，
好像赛跑的人，
用尽全力，
要达最后的目的，
得那最高的赏赐。

这漫漫的世途，
着实丛生着荆棘！
宇宙的大旅店内，
又窝藏满了盗匪和娼妓！
肆行截劫！
专事诱欺！
一不小心——
就要掉在他们所设的
幽淤泥里！
要想挣脱，
却永寻不到那样的天梯！

途程说长吧，
但回首一顾，

却见它的短——
不过眨眼的一忽！
察历史所记
人类旅行的统计，
究竟七十不多八十稀；
他们是好像昙花一现
一代一代的凋谢的！
我呢？也是人，
自然不能跑在圈外得些特异！

人生的道路呀，
你既然如此不平，
这样短促！
我又奉着使命必须走尽，
所以请问：
如何我可不至半路失脚
陷在坑里？
喂！你不知基督是生命的食粮，
足前的明灯？
何不就了他来在亮下前行！
倘若老在暗中摸索，
至终是要跌倒的！

警醒呀！警醒！

十九，八，十三，于首都金陵神学院

这首诗表达了张雪岩勤奋不已、持之以恒、不畏艰险地全力追求自己的最终目标的愿望。他认识到人世间的罪恶横行导致了人生道路的不平坦，感叹人生之短暂犹如眨眼一忽和昙花一现。面对如此的人生，为了脱离黑暗中的摸索，为了避免跌倒在罪恶之坑，他选择信仰基督教，以基督为生命的食粮和足前的明灯。

张雪岩所写的《耶稣生平》在中华全国基督教协进会[①]举办的1932年李提摩太悬奖征文中荣获第二名，获得奖金300元。[②]李提摩太悬奖征文是中华全国基督教协进会遵照李提摩太的遗嘱而设，以李提摩太遗款的利息作为征文的奖金。李提摩太要求："每年须举行有奖征文一次，名为李提摩太悬奖征文，应征者须为中国人，以中国文学作文一篇，论及中国教会的重大问题。因我所希望的，是要辅助中国基督徒，使其著作的天才，得有

① 中华全国基督教协进会于1922年5月2—11日在上海召开的全国基督教大会上成立，是协调全国各不同宗派的教会统一合作的机构。

② 张雪岩：《耶稣生平》，中华全国基督教协进会月刊《中华归主》第136期（1933年5月1日，第3—10页）和第138期（1933年9月1日，第6—11页）。

发展云云。”[1]此后，张雪岩走上妙手著文、倾心编刊的文人之路，的确是没有辜负李提摩太的一番苦心。

1933年4月4日，山东潍县广文中学举行50周年校庆。此前，张雪岩应校长崔德润[2]之邀，于2月4日在金陵神学院撰写了一篇名为《给母校庆寿》的长文。这篇文章开端谈五四运动以后的中国其实是新名词与旧文言共存、喜新与盲从的民族性并列，自己给母校写庆寿的文章并非就是陈腐的形式：

> 月前接到德润学长来函，说母校于四月四日举行成立五十周年纪念，并拟出广文专号，以申志庆，最后并要我为专号写点东西。这个难却的感情，促成了我懒笔的活动。但零零碎碎的感想很多，究竟从何说起呢？思来思去，以为既是五十周

---

① 《民国二十一年李提摩太奖款征文简则》，中华全国基督教协进会月刊《中华归主》第125期，1932年4月1日，第11–12页。

② 崔德润（1902—1994），名鸿泽，山东潍坊人。1915年，本村高里小学毕业考入潍县乐道院文华书院；1919年考入齐鲁大学文学院；1925年，先留齐鲁大学教育系任教，后到南京东南大学进修心理学；1926年，返回齐鲁大学教育系，并兼任齐鲁大学附属崇德小学校长；1928年，美国基督教会设在潍县乐道院的文华中学、文美女子中学和培基小学三校联合校董会选其为校董会书记；1931年，三校合并为广文中学；1932年1月，校董会任命其为广文中学校长；卢沟桥事变后，随着日军入侵山东，广文中学被迫停办，1938年末，到大后方四川自贡市任蜀光中学教务主任；1939年，在成都齐鲁大学任副教授兼男生部主任；1941年，在四川理县任中华基督教会全国总会边疆服务部川西区部主任；1947年，留学美国康奈尔大学；1949年春，回国担任边疆服务部总部主任。

年纪念，何不因时制宜的说些庆祝的话。

庆祝这个名词，似乎有些失掉了时髦性；就因为它颇含封建意味。其实这不过急进者和维新派的多虑；因为这个实用名词之不会随时代而变迁而入墓，正在十足的表现着一种不尽然的批评——中国人素来厌故喜新。若把这个充满着讥讽意味的批评摩登化一下，那就可以变成爱国者深恶痛绝的一句话——中国民族性喜盲从。这个批评不能说完全不对，但未免过于武断。因为它所见的，只是中国民族性的一方面——盲从。其实因为天经天义而永也不能废除和改变的地方也不少。从事实上可以看出这个双层的民族性是在作着平衡的发展。五四运动以后的确盲从的地方不少；例如各种主义之信徒们的纷纷而起，什么社会主义啦，共产主义啦，无政府主义啦……这些信徒中除了极少数的少数略有研究和观察外，大半是穿上了不管自己社会之需要与否（人云亦云）的盲从的外套。文艺方面呢？至少拼命搬移新名词的一件事是在如此的表现着。例如什么摩登啦，浪漫啦，模特儿啦，安琪儿啦……真是五花八门，不一而足。这时旧的一切都在颤抖着，大有山雨欲来风满楼之势。但情境虽然如此严重，保守的阵线却也很为巩固，其势不下于十九路军的抗日。例如在提倡白话最有力的时候，偏偏负有倡导之责的革命政府，日报和期刊等却在拼命发表着骈四骊六的古味盎然的文言作品。在通令全国着用国货及中山装时，却偏又洋毛洋呢的长袍马褂——硬说是大礼服——在作着强有力的抵抗。这些一切，都在表现着我们民族的离不开中庸之道。所以我之不惮烦琐的这样苏噜，也是为了证实我用似带封建性的庆寿这名词来祝贺母校，不见得是陈腐是落伍。

张雪岩接着讨论了普通庆寿的意义，认为大约不外两个意义：一是为了年高德重，二是为了有财有势。单单庆祝年高没有价值，只有德重才算是庆祝的真义。"因为广义而积极的说，德重是含有造福乡邦的意思。即退一万步狭义而消极的讲，至少寿者的品德是可以为邻里之范。从这个探讨上我们寻出一个真理。那就是寿之所以要庆，一方面是感其既往的功德，一方面愿意这样功德兼备的人物长生人间永为社会国家和人类之式范。"张雪岩想对母校要说的话，就是依据这个意义来的。于是，他又列举出了可以为母校庆寿的五个方面：

按年龄说，母校已到控制过中国思想两千多年的老夫子的“知天命”之年。回顾以往踌躇不敢前进的态度和今日顺应潮流的改变，真是十足的表现了“知命”之说。这样老当益壮的母亲，真是值得庆祝。

第二个值得庆祝之点，就是她的功勋，五十年来，造就了千余个服务乡邦的好儿女——他们十之八九都是由乡间而来，所以穷乡僻壤之因了他们的努力而改良而进步的地方实在不少；至少他们自己的家庭是获得了这种益处。所以这样丰功伟绩是多末值得庆祝。

第三个值得庆祝的地方，就是她造就了些富有

广文中学五十周年庆，教职员每人植树一株留做纪念

道德的国民。因为受了宗教道德的熏陶，所以大全都有健全的丰满的人生。所以如此，就因为前途有个可以把握的信仰上的目标——人生之舵。他们不但独善其身，且作了世界之盐，世界之光。这是何其值得庆祝的事。

第四个要庆之处，就是她的转危为安。因为年余前听说母校曾一度得了霍乱急症，闹得上吐下泻，几乎性命不保！但幸国手德润兄应聘施术，方得更生。并且听说不但恢复了原来健康，因为玉体获得了更好的补养，较前更为强健了——全校男女共五百余人，这样空前的盛绩，真是非常值得一庆。

最后要庆的是她丰富的前途，她对社会国家和人群都负着无限责任，她明日的子孙，是造福地方的中坚，是复兴中华民族的先锋。望她的事功和努力都能永获福寿康宁。愿她将来的生存是中华民族筑立在山东半岛的向将沉的黑暗神州放射光明的探照灯。黑暗变作白日，中华魂得以起死回生。

教育需认识时代，了解社会的需要，造出的人才须是国计民生之利器，不应是贵族厅房里摆设的古玩。愿母校扬鞭前进直跑到与天地齐年。

为了充分表达为母校庆寿的感情，张雪岩还于2月

8日编写了一个独幕剧剧本《窘》，描述处在某个大都市中一位科学家的父亲和任工厂主的长子、炮队队长的次子、化验厂实习生的三子共四人在战火中对话的故事。分为两场，第一场介绍了在次子攻城之前，父亲与长子和三子谈论次子的攻城给他们带来的“窘”；第二场是在次子攻城成功后，父子四人尤其是父亲和次子之间对战争和科学家关系问题的对话，最后揭示战争与科学家的发明有关，借助次子之口建议科学家的研究和发明应当转向到造福人类的一切创造上。这个剧本显然包含了基督教希望和平、反对战争的教义在内。

1933年6月，张雪岩从南京金陵神学院毕业之后，回到上海，进入中华基督教会全国总会①工作，担任宗教教育干事。中华基督教会的宗教教育工作是“以各地教会为中心，注意各地个别发展。对于宗教教育工作的情形，约有下列四点：（子）对于各区会工作，主张与促进会通力合作。（丑）学生与家庭工作，正在努力推进中。（寅）在广东，福建，两湖，汕头（客属），东三省五大会，已有宗教教育委员会及干事。（卯）训练工作，日有增加”。②在总会工作时，张雪岩曾专门写过一篇《受托

① 中华基督教会全国总会于1927年10月1日至11日在上海正式成立，由全国20个行省的16个宗派在教会合一运动的浪潮中联合组织而成。

② 刘廷芳：《一九三三年基督教的宗教教育》，《中华基督教会年鉴》第12期，第15页。

主义与教会自养》，大力倡导中国基督教会的自养。

1934年春天，李耐梅的三弟李俊言和其大哥的儿子李华林来到上海，经过几番辗转，好不容易找到了位于上海闸北的张雪岩家。李耐梅突然看到七八年没有见面的侄子李华林出现在面前，格外高兴，顺手把他拉到了怀里问这问那，在高兴之余隐藏着几分悲伤，因为李耐梅看到侄子后就想起了她的儿子金生[①]，说着说着禁不住哭了起来。这时，张雪岩走过来对她说："你不是想万增（李华林的乳名）吗？孩子来了你倒哭了起来了！"李耐梅又转涕为笑说："我是高兴的哭，哭就是笑嘛！"张雪岩乘机把话题引开，问他们祖父和家里的情况。除了金生之外，张雪岩和李耐梅还有张菊魁（1926年生）和张国华（1933年生）两个女儿，李华林在上海期间，与两个表妹相处得十分融洽，像亲兄妹一般。过了七八天，张雪岩带领李俊言和李华林到他工作的地方——中华基督教会全国总会去参观。总会的办事人员大都是30岁左右比较年轻的知识分子，李华林到张雪岩的办公室坐着，顺便翻看了他们出版的一些书籍和刊物。

李华林本来到上海是打算寻求出路的，或者继续上学，或者能找点事情做。然而，张雪岩在这年夏天要到

① 金生，1928年农历四月十三日下午溺水身亡。

山东济南去工作，全家随迁，于是李华林的这些想法都落空了。李耐梅坚决不同意他在上海工作，她对李华林说：“你才十四岁，小学刚毕业，在上海能做什么？”最后，张雪岩劝他回潍县老家继续上学，并且表示可以资助他，建议他报考广文中学，还为他写了一封介绍信给当时的崔德润校长。李华林便听了张雪岩的劝说，高高兴兴地随同其三叔李俊言返回老家，一边在家务农，一边准备考中学，后来被顺利录取。

耶稣对门徒说：“你们是世上的盐。盐若失了味，怎能叫它再咸呢？以后无用，不过丢在外面，被人践踏了。你们是世上的光。城造在山上，是不能隐藏的。人点灯，不放在斗底下，是放在灯台上，就照亮一家的人。你们的光也当这样照在人前，叫他们看见你们的好行为，便将荣耀归给你们在天上的父。”耶稣要求他的教会和信他的人成为这个世界的盐和光。张雪岩认为当时中国是一个黑暗、罪恶、痛苦的世界，千千万万的人需要盐与光。他在给母校祝寿的文章中谈到广文中学造就的学生“不但独善其身，且作了世界之盐，世界之光”。其实，张雪岩就是一个怀抱着“作盐作光”抱负的基督徒。同时，他又是一个受到五四运动爱国主义精神感染，主张爱国、民主和科学的进步知识分子。他以后将顺应历史的进步潮流，干出一番有益于祖国和人民的事业！

第二章　农民是国本，知识是力量

第一节　创办《田家》

1929 至 1933 年爆发了破坏性大、影响范围广、持续时间长的世界经济危机，整个资本主义世界的经济处于大萧条的状态。这次危机始于 1929 年 10 月美国纽约华尔街股票交易的股价暴跌所引发的金融危机，伴随着发生了工业危机和农业危机，如工业生产停顿、企业破产和失业人员剧增；粮食、农作物、畜产品等农产品的价格下降等。

20 世纪 20 年代末 30 年代初，中国的农村经济衰落，金融枯竭，赋税繁重，农民贫困流离，生产力下降，土地荒芜，农业面临着严重的危机。西方国家为了缓解和转嫁其本国的经济危机，保护其农业经济，遂提高中国农产品的进口关税或者禁止进口中国农产品，同时向中国大量倾销其农产品。这导致中国农产品价格的低落，出口减少，制约了中国农村经济的发展，使中国农业和农民深受其害。天灾人祸加重了中国农村的经济危机。这一时期的自然灾害频繁，包括水、旱、虫、风、雹、冻、疫等灾害，全国大部分地区都出现了灾荒，直接影响到农业的收成和农民的生活。持续不断的军阀战争也致使农业不能正常生产，对农业生产造成极大破坏。

30 年代初，面对农村经济危机的严重性，社会各界有识之士也积极呼吁并参与到“救济乡村”、“复兴乡村”和“建设乡村”的乡村建设运动中。乡村建设运动是一场社会改良的运动，具有民间自发性的特点，涉及经济、政治和文化教育等各方面。中国基督教会也参与到这一运动中。

1933 年 4 月 7 日至 20 日，中华全国基督教协进会在以平民教育而闻名的河北定县召开了识字运动和乡村建设讨论会，会议以“基督教对乡村建设应当有何贡献”为主题，专门讨论了农民对文字的需要及解决的方案。之后，河北、山西、山东等地也举行了多次会议，“结果于华北乡村联合服务团内设一文字部，进行出版农民基督教读物”。①

---

① 来会理：《文字事业》，《中华基督教会年鉴》第 12 期，1933 年，第 125 页。

中华全国基督教协进会干事孙恩三[①]曾在传教士办的英文期刊《华西教会新闻》（*The West China Missionary News*）上刊登信息，指出创办农村报刊的必要性和迫切性："五六年来，遍布乡村的基督教领袖一直感到乡村民众对基督教杂志的明显需求。作为识字水平方面稳步增长的结果，在教会内和在一般乡村民众中，近几年来这种需求的紧迫性已经大大增加了。根据我们最近的估计，仅仅在教会就至少有10万新识字者和半识字者，他们急切需要某种刊物，这种刊物是在他们的阅读力和财力所能承受的范围之内，并定期给他们带来在日常宗教生活和世俗生活所需要的帮助。我们正在努力满足这一紧迫需求。"

---

① 孙恩三（1900—1951），又名孙天锡，山东博兴人。齐鲁大学毕业后进入中华全国基督教协进会，任干事之职；1934年8月1日，与张雪岩共创《田家半月报》，同时兼任齐鲁大学教授；1935年9月初，赴美留学；1937年5月，分别获康奈尔大学、芝加哥大学硕士学位；归国后，继续担任《田家半月报》总编辑；1938年夏，任中华全国基督教协进会华中兼华西区干事；1938年12月，参加了世界基督教协进会在印度玛度拉城附近的坦博朗镇召开的世界基督教代表会议；1940年2月，到重庆主持全国基督教协进会的合作生活实验区工作；1941年，发起基督教历代名著的翻译计划；1942年，任中国乡村建设育才院社会专修科主任；1943—1946年，被民国航运巨子卢作孚聘为民生公司的顾问；1944年10月，任卢作孚赴美国和加拿大参加国际通商会议的秘书和翻译；1945年8月至1949年底，在齐鲁大学任教务长，期间兼任过史社系主任和社会学教授、外文系主任、乡村建设研究所主任、中国乡村建设学院社会系主任等职务；1950年，任广学会出版干事。

1934年1月里的一天，张雪岩与孙恩三在上海博物院路的登托摩西餐馆会面。在餐叙中，孙恩三提出以文字下乡推动乡村建设的计划，力邀张雪岩参加，说道："怎么样，能脱离总会否？如能，可偿服务最大多数宿愿的创造计划到手了——藉以提高农村大众的文化水准使文字下乡，出版农村刊物。"此时，张雪岩正在上海全国中华基督教会总会担任宗教教育干事的职务，进入总会工作已有7个多月，但他自感工作上还未有成就，要选择离开，从人情和公事来讲都有不妥。然而孙恩三所提出的这个计划极富挑战性且亟待付诸实施，没有更多的时间容许其踌躇徘徊、多加思索，他只好答应慎重考虑、尽快回复。当他想到生活在中国社会最底层的工农大众的时候，便毅然决定与孙恩三共同担当此项重任，因为他认为："中国生活的最底层是工农大众，他们缺少文化，特别是农民，其文化水平则更为落后，要救国就必须唤起农民觉醒，必须给他们文化知识。外国人传教是对中国的文化侵略，而中国人应该履行自己的爱国主义义务。"他随后与总会的负责人经过一番商量，终于得到允许前去尝试。1934年4月，张雪岩与孙恩三一起到山东济南齐鲁大学筹备办刊事宜，主要做了以下几件事：

首先是确定刊名和宗旨。

张雪岩和孙恩三到达济南后，经过费尽心思不断考虑，多次与相关人士开会商量讨论，集思广益，才将刊物的中文名称确定为"田家"[①]。其实，刊名是先有英文"Christian Farmer"，后有中文"田家"的。张雪岩对此曾解释说："因英文Christian一字，不易找到合宜中文译名，非太冗长，即不合原意，最初以只要内容与基督宗旨符合，名词方面不必苛求，更不必以英文为主，而勉强求合。这即决定以'田家'为名的经过。"孙恩三在《田家》试刊号中也明确指出了定名"田家"的原因："田家就是种田的人家，田家半月报就是种田人家看的报。"同时，他还对《田家》的出版提出了四点希望：

> 第一，我们希望《田家》走到的地方，夏天趁荫凉冬天晒太阳的老百姓，彼此闲谈起来，不光说张家的黄毛狗生了几只小狗，王家的孩子才同谁打了一架，也要谈谈国家的新闻，天下的大事。并且能谈谈县里的事，省里的事，全国的事，乃至全世界的事，应当怎样改良。
>
> 第二，我们希望《田家》走到的地方，大家不

①《田家》曾采用过三个刊名：《田家半月报》、《田家》和《田家半月刊》，其英文名统一为"The Christian Farmer"。为了叙述简便，以下行义中统一简称为《田家》。

要等到家里的小孩生了病，田里的蝗虫飞满天，再去上庙许愿。要人人学会些科学先生教给我们的新方法，并且把这些方法用在过日子上头，叫人们少生些病痛，田地里多出些籽粒。

第三，我们希望《田家》走到的家庭，再听不见姑嫂对骂，妯娌对打，小孩吵架的声音。听见的只有壮年人做工的声音，老太太读书的声音，和孩子们唱歌的声音。

第四，我们希望读《田家》的教友，不把耶稣看作一尊代替观音如来的外国菩萨。要真正认识他，敬拜他，在各方面显出做他门徒的样子，并且能把教会的事担当起来，把乡村教会造成一个真正中国信徒的教会。

《田家半月报》封面

上述四点希望表明，《田家》初创的目的，是致力于报道国内外的时事新闻；指导农民科学种田和身体健康；协调家庭关系，建设和谐社会；宣扬基督教的思想和教义，建立本色教会。

其次是选择社址。

《田家》的社址设于齐鲁大学文理学院的农专科附近，也就是校园的最南部，篱笆院围着几间朴素的平房，门上有一个木牌，写着“田家村”。屋内陈设朴素清洁，窗明几净。张雪岩和孙恩三选择齐鲁大学为社址，主要是考虑到：“（一）负责出版的机关——华北基督教农村事业促进会，既属华北，刊物出版，当然应在华北。（二）华北语言，大体一致，以通俗国语为文字标准，在华北易于推行。（三）齐鲁大学有规制可观的图书馆可供利用，有龙山农村服务部可供考查取材，有农场可以介绍农业科学知识并解答农业实际问题，有驰名全国的医学院，能获得卫生

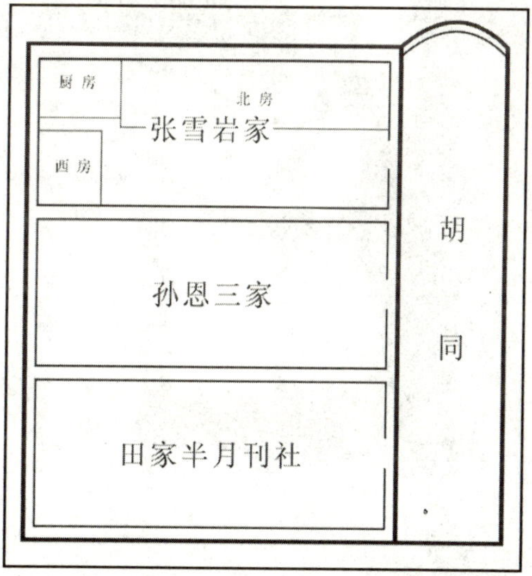

齐鲁大学内田家社平面图（据张国华提供的原稿绘制）

医药方面的帮助，同时儿童家事，科学常识文艺诸方面，都可由校中专家们得到助力。最重要的是校内有神学院，对宗教材料，自然可以有贡献。（四）与齐大农场合作的华洋义赈会可贷款建造房舍。（五）济南交通方便，寄递不感困难。（六）济南印刷校内校外都有。这些便利都是挑选齐大的基本原因。”

最后是筹集资金。

“巧妇难为无米之炊”，筹办刊物需要启动资金。到1934年7月，由北美长老会驻华总处（资助4500元）、推动基督教文字工作的宏文社（津贴2400元）、汉口圣公会吴德施主教（募捐500元）三方共集资7400元。这笔资金成为支持《田家》编辑、出版等开支的保证金，为其成功创办提供

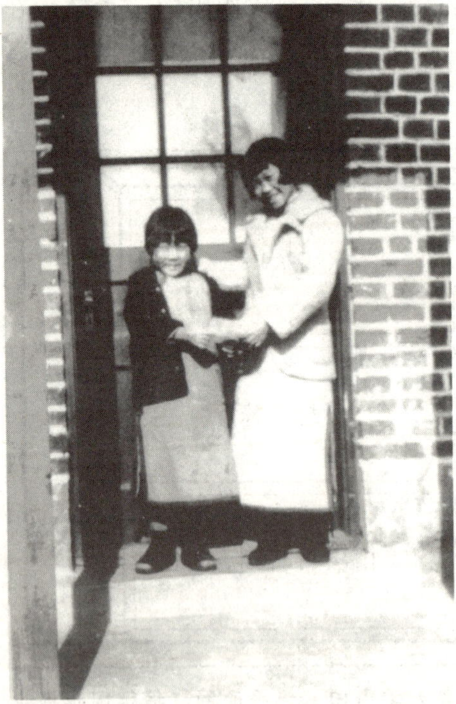

张雪岩两个女儿在田家社门前（1936年）

了经济保障。[①]

华北基督教农村事业促进会负责《田家》的出版，该组织是华北各教会和几个学校组织的联合团体，又称华北基督教农村联合服务团。1931 年 7 月 11 日，华北公理会、卫理公会、伦敦会和全国基督教协进会派代表在北京召开筹备会议；9 月 18 日，华北基督教农村事业促进会成立大会在北京灯市口正式举行。该会由河北、山东、山西三省的教会联合组织而成，规模比较大，并设河北、山东、山西三个支会。其中河北支会由公理会、美以美会、美会妇女部、北长老会、伦敦会、友爱会、燕京大学、齐鲁大学和金陵大学联合组成；山东支会由公理会、北长老会、美以美会、美会妇女部、英浸礼会、齐鲁大学和金陵大学联合组成；山西支会由中华基督教会、公理会、友爱会、男女青年会和铭贤中学等组成。[②]华北基督教农村事业促进会对《田家》不负经济责任，但专门成立了文字部推动《田家》的出版，并且规定每年选择合适地点开会一次，遇到特殊情况，文字部须单独临时召集会议。具体而言，该组织对《田家》的责任是："（一）工作上的指导，（二）经济开源上的建

① *The International Review of Missions*, Volume 24. 1935, P27。
② 张福良：《农村教会》，《中华基督教会年鉴》第 12 期，1933 年，第 63 页。

议，（三）推销的携助，（四）与各地实际工作之联络。”

经过紧锣密鼓的积极筹备，不足3个月的时间，张雪岩和孙恩三等人便于1934年7月出版了《田家》的试刊号，8月1日正式出版创刊号。8月1日是马礼逊逝世一百周年纪念日，张雪岩等人将此日定为创刊日并不是巧合，正是为了纪念马礼逊的目的。张雪岩在创刊号上发表的《为什么纪念马礼逊》一文中写道：“（一）因为他是来中国送耶稣宝贝道理的头一个人。（二）因为他能在诸般困苦患难中始终不离耶稣，作了效法耶稣的好榜样，传道七年，才得一个教友，这样忍耐到底的好精神，若没有坚固的信心，那能办到。（三）因为他设立学校，翻译圣经，开了许多人知识的眼睛，使好些人从圣经和别的先知先圣的书本上看见了耶稣，认识了上帝，并且立志为他工作，为他传道，以至于死。（四）因为我们从他的志向和祈祷中（求上帝差我到最难的地方去传道）看见了上帝的恩爱，为了感谢上帝，并努力效法他的忠事基督服务教会，不能不纪念他。”

刊物问世以后，张雪岩仍然不时地阐述办《田家》的目的和宗旨。张雪岩在刊物两周年纪念时说道：《田家》是“站在基督教正义仁爱的立场上，为真理说话，为公义作战。为了维护真理，主持正义，决不怕患难，更不怕痛苦。我们所认识所努力的，只有上帝的和平，基督的仁爱，一切别的，都不在我们的眼底。所以我们觉得报纸的天职，就是说真话，伸正义，这是上帝特别的恩赐，无论什么危险艰难，都不能怎么样它。若因眼前有点难处，就不敢说应当说的真话，不敢主持公道，这是报纸的耻辱，也是重把基督钉十字架的大罪恶。”说真话，伸正义，这正是中国进步知识分子在国家面临生死存亡关头表现出来的凛然气节。

1937 年，《田家》印刷的月份牌将刊物的使命精炼地概括为：培养热心的基督徒、培养进步的新农民、培养爱国的新儿童、培养忠勇的新国民、促进基督化的家庭、促进自立自养的教会、促进互助合作的新社会、促进自由平等的新国家。张雪岩还强调刊物需要与时俱进，要宣传时代需要的新文化，他在抗战期间著的《田家瞻望》中写道：“《田家》的产生，完全是由时代的需要，它是随着文字大众化的呼声而出世的宁馨儿，它是大众教育的工具，是宗教服务的利器。它要尽报章杂志应尽的服务，负起领导群众的神圣使命，发扬时代需要的新文化。”

《田家》是 16 开本的半月期刊，其名为报纸，实质上是综合性的杂志。《田家》一年出版 24 期，每期一般为 20 页，出版时间定在每月的 1 日和 15 日。后来因战乱、物价上涨、经济困难和教会的资助受到限制，以及迁移等因素的影响，出版的页数和时间随之发生变化。

其栏目设置大致可分为基本栏目和附设栏目，每期的基本栏目一般包括：

“言论”，对教会和国家事务做简要评论，一般由编辑部人员撰写或向有影响的教会领袖邀稿，大多是有关社会和宗教问题的内容。本栏的使命正如张雪岩所说：“（一）决以民众福利立场而做民众喉舌，（二）为真理效前驱，（三）为正义做斗士，（四）为科学张旗帜。换言之，危害民众福利的罪恶我们要口诛，虚伪欺骗的恶行我们要笔伐，垄断欺压的败品我们要针砭，合乎科学的创化我们要鼓励提倡。因为如此，所以我们采取了公正不阿的态度，抱持了勇敢迈进的精神。”可以说，“言论”代表着《田家》的立场和宗旨。

“新闻”，最初称为“天下大事”，该栏具有很强的时事性，一般刊载农村消息、国内外大事、教会消息、趣闻等。农村消息，介绍乡村建设等重要消息，关注农民自己的创作发明；国内大事，是以国内最为有名的各大日报所刊登的重要电讯为依据，介绍战局情况、有关国计民生的大事和政令、政府策略等；国外大事，介绍国际大势及与中国相关的国际事件等；教会消息，介绍国内各地教会的重要计划及事工的推行情况；趣闻，注重启发思想、增进健康，介绍鼓励创造兴趣的科学发明和促进社会改良的新知识。“田家不出门，便知天下事”是《田家》自创刊之时就提出的一个口号，而这正是该栏目的目的。它借用俗语“秀才不出门，便知天下事”，认为“天下事天下人都应当知道，光有几个秀才知道是不够的。现在‘田家’出版了，希望从此‘秀才不出门，便知天下事’的话，可以变成‘田家不出门，便知天下事’”。

“常识”，刊载各种不能被其他栏目容纳的实用信息，诸如历史、地理、政治、经济、社会、法律和各种科学知识等都在介绍的范围内，古今中外的贤哲传记也列入其中。该栏目不仅可以使人们了解许多基本知识，而且在人格陶冶和道德修养方面对人也颇有教益。

“文艺”，登载与农民生活有关的通俗作品，选材标准达到通俗白话即可。张雪岩提出该栏目刊载的文章应达到的目标是：“（一）具有启发性而能发人深省者，（二）能动嫉恶好善之情感者，（三）能激发创造兴趣者。”而体裁不限，有诗词歌赋散文，也有短篇系列故事、民间传说和戏剧等。此栏的使命除了间接地介绍名家作品，还重视并鼓励读者直接创作，以此发展读者的才能、发掘读者的潜力。

常识与文艺二栏因篇幅所限，隔期交替出版。

“宗教”，包括家庭礼拜所需的祈祷文，在乡村教会服务的领袖们的布道文；关于圣经和基督教团体的一般知识，比如圣经故事、圣经中的模范人物、创造教会的伟人、优美的赞美诗和重要的基督教领袖传记；宗教艺术和文学，比如著名的故事、画卷、诗歌和绘画。

“读者园地”，登载读者的来稿，反映读者读报后的感受、意见和建议等，以及读者提出的其他话题等。此栏是与读者交换意见的平台，更重视鼓励读者的创作。

“答问”，编辑会在此栏目中对读者提出的问题、意见和建议做出回应，包括法律问答、生计问答、家事问答等。

“综合”，刊载游戏、谜语、填字、笑话、本报启事、编辑后记等。

除了以上基本栏目之外，还有附设栏目，通常冠以副刊之名，这些栏目是关于专门话题的增刊部分，大概根据材料所获得的数量而半月出版一次或一月出版一次，有的由编辑收集准备，有的由协助编辑的专家提供。附设栏目主要有以下几个：

“卫生副刊”，介绍一些常见疾病的预防与治疗，尤其是传染病的防治，如结核病、天花等；设有医药问答或卫生问答，是由中西名医对医药和卫生方面问题的解答；介绍基本的卫生常识。张雪岩指出此栏的使命是：“（一）以科学医生指导民众养成公共卫生习惯，藉以促进其健康之发展，（二）以科学诊断及医疗代替浪费的迷信和有害的偏方。”这部分文章都是由在医药、病理方面有研究和有心得的专家所撰写，最初由齐鲁大学的乡村社公共卫生部和医学院提供。

“儿童副刊”，介绍有利于儿童身心健康、促进儿童社会人格发展的各种材料，按张雪岩的说法就是：“促进身体健康的卫生习惯，使心理健全的智德追求，养成团体精神的健康游戏与娱乐，引动创造兴趣的科学知识，无不尽量选择，尽量介绍。”该栏目注重儿童的科学知识普及，材料来源于其他报章杂志和专家们投稿。同时，积极鼓励儿童参与创作，除了特别征文外，每期都刊有小读者自己的作品。此外，还有介绍外国儿童的创作和良好生活习惯的译文。

“家事副刊”，关注妇女问题，重视妇女在家庭中的重要地位，介绍家庭关系的处理、儿童教养、烹调缝纫、家庭卫生、家庭娱乐等知识。

“生计副刊”，介绍贴近农民生产生活所需的专门知识，帮助农民种好庄稼、过好日子，包括增加农业生产和改良民生的方法，如农作物栽培方面的防除病虫害、科学选种施肥、改良耕种、改良技术、兴修水利；畜牧业方面的改良家畜；基本生活用品的制造；提倡合作和副业等。此栏由农业专家和专门农事机关、学校负责提供材料与解答问题。因篇幅有限，卫生、儿童两栏和家事、生计两栏轮流隔期刊登。

由以上所述可以看出，《田家》呈现出栏目多样性和内容丰富性的特点，张雪岩等编辑们密切关注并紧紧围绕农民在生产与生活中的实际问题而设栏目、选材料，农民读者们从中获益甚多。

《田家》创刊之初，编辑工作只有孙恩三和张雪岩两人分工开展，孙恩三任总编辑，张雪岩做副编辑。后因《田家》备受乡村读者喜爱和欢迎，销数日增，工作量随之加大，编辑部又增添了二人，一人执掌杂务和发行，一人负责账目并登记。编辑校对由一人负责，而在发行工作方面，还需要再分工，即除了发行者掌管剪裁报签外，卷贴工作均有临时雇工负责。负责登记者除理账登记外，也要负责写报签油印。总之，这种分工虽然常因人少而令张雪岩等人感到紧张，但是，从组织和工作效率上讲，他们觉得都还算满意、值得欣慰。

1935 年 8 月 6 日，田家社委员会在北平开会，会议通过准许孙恩三请假两年到美国留学，希望他能顺便再多请几位美国朋友帮助《田家》的工作。会议同时决定在孙恩三出国期间，田家社的事务交托给副编辑张雪岩负责。9 月 14 日，华北基督教农村事业促进会河北支部在北平开会，通过与《田家》有关的议决案：第一，希望该报以后多插图画；第二，请促进会文字部与南京金陵神学院接洽，在孙恩三先生出国期间多与本报合作。

随后，刘龄九[①]加入到田家社工作，为张雪岩分担了编辑方面的繁琐业务。

《田家》的创办是出于服务乡村民众和乡村教会的目的，最初设定的读者大致有三类：阅读福音书没有太大困难的教会成员、识字班和类似学校毕业的成年人、乡村普通识字的民众。张雪岩等人在编辑《田家》时，力求用字简单，所选材料的内容通俗易懂，以符合读者群体的阅读水平。在编辑过程中，他们需要对稿件做进一步处理和加工，使所用汉字大部分都在《农民千字课》的范围内，对必要的难字则在页边的空白处印上注音符号，对难理解的或生疏的词句在脚注中给以解释。随着《田家》发行范围的扩大，其读者群体不仅仅局限于农村识字的信徒、非信徒和乡村教会成员，还有从事乡村建设工作的人员、学校的教师和学生、城市中的市民和教会、军政界人士。尽管如此，《田家》一直保持着文字简明浅显、通俗易懂的语言风格，照顾到其主要

① 刘龄九，山东淄博人。1935 年到田家社工作；1937 年，七七事变后，与一名 15 岁的工友一起携带《田家》的所有材料到长沙；1938 年 10 月，受粤汉战事日趋紧张的影响，只身一人携带着《田家》的一切文件前往成都；1942 年秋，因生病而离开田家社；1943 年夏，担任中华基督教全国总会边疆服务部主任秘书；1948 年，出任中华基督教全国总会边疆服务部代理主任；1951 年 11 月，应中华基督教出版协会邀请返回田家社，主持《田家》的复刊工作，并担任《田家》的主编直到该刊于 1957 年 12 月终刊。

服务的对象——农民大众的识字水平。

田家社的人手和资源有限，因此十分重视外援，加强与其他相关机构和团体的合作，比如金陵大学在农业方面，齐鲁大学在卫生、儿童、科学常识方面；金陵神学院和齐鲁神学院在宗教方面，通县潞河服务部、保定樊家庄之乡村服务社在生计方面，齐鲁大学龙山服务社在家事方面，昌黎妇女乡村服务部在家庭、妇女及教育方面等，都对《田家》的编辑工作有所贡献。

《田家》初创时的发行未做宣传，消息便不胫而走，很快呈现出盛况。在初创《田家》时，张雪岩曾抱着尝试的态度，因为他顾虑到全国方言迥异交流困难、交通堵塞邮递不便、农村文盲太多等问题，没有想到此刊物问世后，很快就普及到全国农村。他以形象的比喻描述道："新种下地，肥芽萌出，未经几月，禾苗大盛，不毛荒地，渐成绿野矣。从此子粒新结，不只华北，远如云南、广东亦陆续有定户矣。由是信念大增，工作益猛，因初试成功，深知通俗文字可以克服各地方言之困难，以此'村村有定户，家家有读者'的抱负于焉诞生。"

《田家》在山东济南出版的三年，定户遍及全国各省：北至黑龙江，南至海南岛，东至沿海各省，西至四川，乃至甘肃、新疆，都有读者，其中大多数读者分布在山东、河北、河南、山西四省，并行销海外。据《田家》披露的统计信息，其创刊五个月后，即 1935 年 1 月 1 日，其正式定户接近 5000 个，读者有 1 万～2 万人，分布在全国 20 个省；1935 年 8 月 1 日，定户约 8000 个，读者至少 4 万，发行范围除国内 22 个省之外，还行销到英国、美国、暹罗（泰国）、朝鲜；1936 年 8 月 1 日，定户将近 1.5 万个，读者有 7 万～8 万人，分布于全国 24 省，海南岛也有不少定户，国外的暹罗、朝鲜、英国、美国仍有定户；1937 年 9 月 1 日，定户增至 3.5 万个，读者有 40 多万人，遍布至全国各省及上述四国。定户数量和读者数量出现不同是因为“乡下的朋友定了报，不但自己看，别人还要借去看，有时候不但本村的人借去看，连邻村的人也要借去看”。许多读者来信说道：“自己定的报，每逢读完以后，都是再传给亲戚朋友看，并且有的说至少传五六人，有的说传十几个甚至二三十个人。”定户数量可以真正反映《田家》的发行量，读者数量则更能体现其受欢迎的程度。七七事变前后，是《田家》销行最广、田家社工作最盛的时期，按当时的发展势头来看，不超过三年就可销到 10 万之数。

在发行方面，田家社的编辑们也采取过一些措施。如 1935 年 6 月，开展“介绍新定户比赛”，据揭晓结果统计，介绍新定户最多的达 107 份；在《田家》创办 1 周年纪念刊上提出“村村有定户，家家有读者”的口号，呼吁读者一人传十、十人传百地给予介绍。从 1936 年 8 月起，为给读者提供定报的方便，田家社专门印制了“田家半月报代定簿”，由愿意为读者服务的各地方教会领袖担任代定人，利用代定簿的方式负责帮助广大读者定报，每本代定簿有 20 页，每页包含 3 张印好的小联单，一张是寄交田家社的寄报订单、一张是给订报人的收据、一张是代订人留着的存根，代订人只需寄信索取保单，填好后寄回田家社，就可获得代订簿，并可以按季度或半年结算报费，又能享受八五折的报价优惠，也可减少订报人在寄信、挂号和汇款等方面的麻烦，这种方式实质上相当于设置了固定的代订处。这一措施既方便了读者，又促进了发行。

《田家》为何能够大量发行，受到广泛欢迎呢？张雪岩分析其中的原因，认为大致有以下几方面：“（一）文字浅显，人人能懂。（二）材料丰富，切合农友需要。（三）出版迅速，发行敏捷。（四）定价低廉，不论穷富，都可订阅。（五）乡村布道同工，多自动代为推销介绍。（六）乡村小学教员学生多以此为课外读物，并向亲友自动介绍。（七）同情乡村文字运动的知识阶级及外国宣教士常常替人代定，藉事提倡。”张雪岩作为《田家》的编辑者和领导人之一，他的分析显然是有事实根据的。

《田家》的发行并非一帆风顺，也遇到过不少困难。

1936年，《田家》的发行受到了日本侵略势力的阻挠，这年8月出刊的《田家》回顾道："从今年春季起，朝鲜及山海关一带，就已经有读者来信，说那边读报已有难处，有的甚至要求立刻停寄，免得受害。最近连接冀东非武装区域内好些读者的来信，说那边已有某国人常去调查，不准再读本报，并要求立刻停止发报。我们得到这种信息，真觉得难过万分，在自己的国土上，不能随便看自家所出的书，编的报，您说有多么痛苦！"另外，交通不畅、邮递迟缓等问题，均给《田家》的发行带来制约性的影响。

1937年1月23日，华北基督教农村事业促进会文字部在北平灯市口公理会开会，促进会在河北、山西和山东的各支部都有代表参加，会中主要商定的事情是："（一）欢迎孙恩三先生回国后仍回本部任事；（二）金陵神学院出版的农友和田家半月报性质相近，似有重复，为省人力财力，很该合作，所以公推张伯怀[①]、孙

① 张伯怀（1899—1981），学名张学德，山东益都人。先后求学于青州守善中学和济南齐鲁大学；1921年齐鲁大学毕业后，在守善中学教书；后留学加拿大多伦多大学和美国芝加哥大学，获得硕士学位；回国后在齐鲁大学神学院任教，对基督教经典研究颇深；抗日战争期间，曾发动基督教青年组织战地将士服务协会，在河南一带战地工作；1939年，任成都齐鲁大学文学院院长；1939年12月，在重庆筹备组织"中华基督教会全国总会边疆服务部"，任边部主任；1941年秋，辞去齐鲁大学文学院院长职务专任边部总部主任；1948年，辞边部主任，到上海担任中华基督教出版协会总干事。

恩三、张雪岩三位先生于孙先生回国后，商量合作的办法。”3月，山西教会特约张雪岩到山西进行游行演讲，他分别到了太谷、汾州、太原、文水、平定等地，参加的聚会有汾州公理会的年议会、太谷的农业及义务工作人员两个训练班以及其他各地的学校青年会等。在所到之处他都寻找机会将《田家》介绍给当地的教会人士，使他们对《田家》能有更清楚的认识，明白这是文字布道最重要的工作，并希望在推广宣传《田家》方面能得到他们的帮助。

孙恩三留学回国后，于1937年5月18日到田家社继续担任总编辑，重新负责起《田家》编辑、出版、发行等总体事务。6月25日，华北基督教农村事业促进会在河北通县举行促进会全体委员会议，孙恩三和张雪岩都出席参加，会上对于下半年度的工作进行了详细的商讨。接着，孙恩三和张雪岩于26日到北平参加了华北基督教农村事业促进会举行的文字部会议，会中商量的重要事情是：孙恩三刚刚从国外回来，张雪岩又定于8月底到美国去读书，今后的《田家》应当怎样谋求更大的发展。

两次会议商定孙恩三主持《田家》的发展计划和张雪岩到美国留学等事宜。孙恩三接手田家社的社务之后，对《田家》取得的成就颇为赞叹。1937年8月

1日，在《田家》出版三周年的纪念刊上，孙恩三由衷地感激张雪岩两年来所付出的辛劳："我第一句要说的话，是谢谢我的同工张雪岩先生。张先生从本报开办的那一天，就在社里工作，最近两年，完全担负社里的一切责任，本报能有今天这个样子，张先生实在是第一个功臣，他这几年的劳苦，不但我个人十分感激，我想就是读者诸君，也一定愿意对他说声谢谢的。"在张雪岩出国之际，《田家》刊载的消息再次褒扬他做出的贡献："张先生是本报开创元勋之一，本报能到今天，论功行赏当以他为第一，所以他和本报的关系密切极了。"

张雪岩的确无愧于此评价，他为《田家》操劳达到了废寝忘食的境地。张雪岩的夫人李耐梅一般每顿饭都要到其办公室喊他三四次，他每次都和蔼地回应说："我手里还有一点字没写好，等写完马上就来，你们先吃吧！"李耐梅看饭菜凉了，热了一遍又一遍直到张雪岩回来，可是，张雪岩一吃完饭不会在家停留，将饭碗一放就奔向办公室，继续他的工作，这成为一种习惯。星期天本属于休息的日子，但张雪岩却不肯闲着，不是给学生辅导功课，就是参加演讲宣传爱国思想。

1937年7月7日，日军在卢沟桥燃起战火，发动七七事变，开始全面侵华，并扬言三个月灭亡中国。当时的战事气氛异常紧张，一般人推测，华北五省（直鲁豫晋察）恐怕难以久保。与《田家》有联系的外国人士畏惧日寇的侵略气焰，忧虑刊物的前途，建议即使敌兵来临，济南陷落，也没必要搬走，理由是：《田家》是宗教刊物，不必随着国家主义的爱国路线走，如敌人不允，则可改为纯宗教的刊物，这样无论谁来都可以继续维持出版、服务教会。当时张雪岩听了这些劝告夹杂警告的言语，立刻给予严正的答复："《田家》是中华民族需要的产物，也是上帝爱人的昭示。换言之，即应与中华民族共存亡，与基督共生死。在国家被侵略民族受欺凌的时候，反而认贼作父向敌屈膝，是何心肝，又是何种宗教！这简直是污辱了基督以真理正义的仁爱所铸成的十字架。别忘了，上帝是忌邪的。我们应以上帝的心为心以基督的念为念，决不给敌人办报，更不事奉汉奸，神圣的《田家》，一定要跟着中国的自由走，向着民族解放的大路行！我们亲切的感觉，真实的相信，这是上帝的启示，基督的导引。"此时，准备出国留学的张雪岩根据上述原则，与孙恩三商量决定在不得已时可将田家社迁到华中或华南，以便保持《田家》言论自由为真理作证的生命。以防万一，他在走之前将 4 万多读者的通讯录检出两份，分别邮寄到南京金陵神学院和成都华英书局保存。

第二节　服务农民

张雪岩等创办《田家》的宗旨包含两方面的内容："第一，是努力服务乡村同胞——尤其是农民大众——全部生活的需要。第二，是努力发扬基督教牺牲博爱的精神，使凡与本报接触的朋友，在个人与集团生活两方面，都能感到耶稣所赐'丰富生命'的滋味。"与此宗旨相对应，张雪岩坚持"为真理说话，替正义作声；农民是国本，知识是力量"的办刊原则，通过编辑《田家》对农民进行识字教育、向农民传播科学文化知识。他指出：

> 本报的产生，既是由于全国农村民众的需要，其内容也就很自然的要处处切合实际，事事有关生活。这是由观察研究所得的结论，并不是凭空杜撰。我们结论的逻辑是，中国农村民众最急切最重大的需要，莫过于求知的基本工具——文字，有了这点本钱，然后才可购买现代各种知识上的货品，而把自己的头脑装璜成现代科学的新国民，有这把金钥匙，然后始能启知识宝库之门，获得予取予求之方便。教育虽未完全普及，但经近年来公私各方面对平民教育之势力提倡，文盲实已扫除不少，农村民众识字者亦日渐加多。有些基础，当然不必因

噎废食，极应急起直追，迎头赶上，以通俗刊物之广汎并切于生活之兴趣材料，按期的大量的并系统的介绍给这般已握求知求新之基础工具（文字）的民众，使其获得继续前进和便利自修的机会。这样一方面可补平民教育之不足，另一方面可间接鼓励诱动不识字的民众，因亲友所获进步及益处而对文字发生兴趣和学习的热诚。

为了方便农民学习识字，张雪岩等编辑的《田家》在语言风格方面，文字浅显易识，内容通俗易懂，具有普及教育的特点。张雪岩还时常向农民朋友介绍识字的方法。如《使人人都识字的好法子》一文，指出成人识字的难处：年纪大了记性不好、工作太忙而没有工夫、大姑娘跟年轻的男先生学习不方便等，而要解决这些

《田家半月报》封面：教农民识字

难处并使人人都识字，可以采取让识字的小孩子做小先生的办法。又如《教母亲识字的妙法》，讲述了一位名叫爱华的小学生教母亲识字的故事，希望将此方法作为推广农民识字教育的一个范例。

张雪岩曾撰写《多难兴邦》，从国家和民族利益的高度强调农民应当识字的重要性，论述了不识字所带来的五大后果：不明白世界大势；不知监督政府；不知创新改良；不知请求卫生；不知团结。他还告诉农民朋友："大家当知道，我们是国家的主人，做官的不过是我们出钱（拿税）雇的佣人，干好了当然继续用，干坏了自然要赶他走！做官的所以敢随便胡来，就因为我们不能尽本分，丢了主人应有的权利和责任。这种权利责任所以丢弃了，就因为无知识，所以要想挽回权利，负起责任，最要紧的，是读书识字。"张雪岩办《田家》，让农民识字，就是要使教育能够在全国乡村达到真正普及的地步，使农民大众的知识科学化、思想前进化、态度合理化、行动建设化，整个人生全部生活都能达到现代强国国民最高的水准。

除了主张对农民开展基本的识字教育之外，张雪岩还重视发挥《田家》介绍新闻时事、教育、家事、生计、卫生等科学知识教育的作用，这些方面都是通过《田家》栏目给读者提供充实的内容来实现。在新闻时事方面，张雪岩认为新闻时事可开阔农民的眼界、增长农民的见闻，“人不论智愚，有个通性，就是喜新厌旧，衣食住如此，读书做事亦无例外。这种求新爱新的兴趣，如能以教育原理与方法诱发之推动之，会成个人上进的基石，社会进化的动力。同时中国农村多交通不便，孤陋寡闻，对新闻的需要特别的大，因此本了这种分析与认识，本报自始即把新闻放在最前面，结果异常圆满，凡属读者，无不感觉新闻之兴趣与需要，无数读者，并频频来信，自承由新闻栏获得增广见闻的知识特多。旅游边疆之朋友，甚至远到闭塞边区之夷民谈及国内外大局，亦可滔滔不绝，希特拉，史达林信口说出，据友人讲，这种现代化的常识，能在深锢绝闭的边区发现，实在惊人，最后方知是一位田家的读者。这证明新闻之重要！它最能抓住民众求知求新的兴趣，发挥启迪的力量，并达到使农村民众在思想见地上都臻现代化的目的”。

在家事方面，张雪岩指出：“家庭是社会组织的基本单位，中国又是家族本位的文化。所以在意家事，自然成了本报的重要责任。因为妇女在家庭中占着特别重要的地位，负着异常重大的责任，所以本报的家事栏对妇女问题格外注意。”

在生计方面，张雪岩说：“中国人口虽无澈底调查精确统计，但农民占全人口的百分之八十五，一般都还相信离事实不远。若果因此，则这最大是人们（三万万多）的生计问题，却与国计直接有关。中国的农民，都在贫穷乡下，又是大家承认的事实。民生如此凋敝，也是国家软弱的原因，欲图富强，非改良民生不可。改良之道不外数端，大即改良技术，改良耕种，兴修水利，预防天灾，提倡副业，提倡合作，这是富国裕民之道，所以本报把生计一栏看的特别重要。”

在卫生方面，张雪岩分析道：“中国被目为东亚病夫已久，这虽有些侮辱，但我们也不讳疾恶，要勇敢承认是事实。不论从身体和心理的健康上说都对。欲洗这种耻辱，决不是单凭意气，恨恶别人，就能办到，根本的办法，是坦白承认自己的弱处，然后再求具体的补救。有病的人，如果承认医生的诊断是对的，就当彻底医疗，如此方有恢复健康的希望。本报的卫生栏，完全本了以上的认识而辟设的。因为农民的疾病太多，尤其传染病，又无卫生习惯，科学预防和医疗的设备，以致平均寿数太短，死亡率过高。再加上牢不可破的迷信消耗，使疾病死亡更形严重，更加没有办法。一个国家的强弱，是与其国民体格之好坏成正比的。所以欲使中国富强，民族复兴，国民强健的体魄应为其先决条件。”张雪岩对“东亚病夫”的认识非常理性，而不是对此提法意气用事、简单抵制而已。鉴于农村医疗卫生条件比较差的状况，他深刻意识到在农村开展卫生宣传教育的必要性。

为了保障农民的根本权益不受侵犯，张雪岩还有意识地培养农民读者的民主观念和法制意识，告诫农民读者要充分享用法律所赋予的民主权利。当宪法和国民选举法将要颁布的时候，张雪岩详细解析了宪法和国民选举法对于民主的重要性，提醒农民大众应当注意相关要素，并向政府提出了具体的要求，他指出："宪法是规定政府的组织和职权，以及人民的基本权利和义务，这是政府与人民的关系的一种法律。再清楚的说，宪法是人民管理政府的一种法律，所以政府的好坏，和他能不能按照民意好好替国家办事，全看人民有没有拥护宪法的决心，和执行宪法的勇

《田家半月报》封面：服务农民

气。国民大会要办的事，既然这样重要，我们就不能不注意，不能不参加。我们注意参加的事，就是选举，我们要求个个老百姓，都有参加选举的权利，我们要求废除圈定的办法，我们更反对有钱有势的人包办操纵选举，我们要直接参加，凭良心选举道德学问都高尚的人作我们的代表，因为惟有这样的人，才能代表民意。”同时强调“国民选举法也很要紧，因为这是每个国民应享的权利，也是应有的本分，如果大家看清这事的重要，郑重其事的来参加选举，单凭良心举好人，决不被坏蛋利用，从此国家的大总统及一切官员，都是些爱国爱民的好份子，那怕国家不强，那能再有坏人欺负”。即使在当时的环境下，真正的民主政治无法实现，但这些浅显易懂的解释仍有利于读者更好地理解民主权利知识。

由于农村文化落后，农民的法制观念淡薄，张雪岩重视向农民读者开展法制教育。《田家》曾专列法律常识，说明“打官司应该知道的几件事”，指出：“为了保护自己的权利，免得受人家的气，吃无谓的亏，却是人人应该有点打官司的常识。”具体列出了诉讼的机关、诉讼的种类、民事诉讼的步骤和费用、刑事诉讼的步骤和费用等普通法律知识。在常识栏设有“法律问答”，由法律方面的专家来解答读者所遇到的法律问题，主要涉及婚姻法和继承法等，这方面的文章有《关于婚姻的几条重要法》、《关于继承法的几条重要条文》、《遗产税法实施细则》、《财产继承法》、《女子的承继权》等。这些法律问题的解答和介绍，使广大读者得到法律知识的学习和教育，进而增强法律意识。

第三节 宣扬爱国主义

张雪岩具有强烈的爱国主义情怀，时时将宣传和实践爱国主义贯穿在他一生的活动中，这在抗战之前和抗战时期表现得尤为明显。1935 年 9 月，在纪念“九一八”事变的时候，张雪岩撰写《九一八又到了》一文，告诉读者：“若想把‘九一八’这种耻辱洗去，把国家转弱为强，我们做国家主人的老百姓，当赶快读书识字，学做明白人。负起监督政府的责任，尽尽拯救国家的本分，好叫国家的事天天变好，日日长进。”他还借纪念国庆日的时机，号召民众相互合作和团结。“我们如要对得起那些为国死了的人，应当在这纪念的日子立志，本着他们为国牺牲的精神，论做官的为民的，都能学好做好，为国尽忠，彼此真诚合作，把这又大又美的中华民国保住，只有这样，才算真的纪念。”

1936 年 4 月，日本侵略军霸占华北之后又进行开发，张雪岩义愤填膺地对此提出“日本为什么开发华北”的疑问，进而揭露了日本侵华的险恶用心：“近来日本要花很多钱用很大力量来开发华北，要做的事，主要的是开发农业、工业，例如设立农场，改良稻麦、棉花、肥料，及提出农村副业，设立合作社等。日本为什么这样办，真的因为看见中国老百姓苦，动了菩萨心肠要帮忙吗？如果真是那样，又何必今天发兵，明天来飞机，东抢一块，西夺一块呢？所以开发华北的真意思，并不是汉奸们所梦想的那种天空掉馒头的福气，乃是从此不能自主不能自由，一切要听人家摆布的，因为这样，日本可以独霸华北，独发大财，不但中国的老百姓要好好的受他管理，就连英国、美国的买卖势力，也要从此被赶出去。自己的家自己不能做主，您说可怜不可怜。望老百姓早觉悟，望政府快想办法。”张雪岩希望以强烈的爱国心从事抗日救亡的宣传，政府和老百姓能够一起反抗日本侵略行为。

6月初，在日本侵华步伐加快深入的时候，两广军阀以抗日名义出兵北上，向南京国民政府军采取军事行动。张雪岩站在从国家整体利益考虑的高度，及时写文章告诉读者这一消息，并期望两广军阀为国家民族着想，在国难当头之时，千万不要发动内战，做出亲者痛、仇者快的事情。文章说：“前几天忽传西南（广西广东）对中央政府有军事行动，凡是中国人，听了这个消息，一定万分痛心。后经南京与西南两方面竭力证明，说是没有这回事，人们心里才感到无限安慰，但谁料这个消息现在倒证明是千真万确了！我们不能作别的，只有凭着爱国的天良，对西南的大官们作最后的哀告，请大家不论在对内对外的政策上怎样不同，尽可用难兄难弟朋友的态度和平商量，万别再动刀枪，自家相打，给外人看笑话，给敌人找便宜，中国已到了最后阶段，自己若再有不妥不慎的动作，那却是自取灭亡了。谁是谁非，我们老百姓都不管，不过国家是我们的，凡扰害国家，斩伤国脉的，不但要失败，也是我们老百姓不容许的。我们现在噙着热泪，向西南的大官们求告，万不要让我们的祖宗在地下哭，而使仇视我们的人在旁边笑！”进入七八月份，两广军阀的军事行动并未停止，继续向北进军，内战危险一触即发，张雪岩又接连发表《再向西南哀告并向中央进言》、《两广与南京》、《内战的危险》、《识大义的余汉谋》、《敬告李白》、《再劝李白》、《我们所希望于中央政府的》、《祈祷和平》、《庆祝国内和平》和《敬告中央政府》等数篇言论，期求国内稳定和平，全国上下能以爱国为重、团结起来一致对外。

张雪岩坚持认为全民团结共赴国难在抗战过程中具有重大的意义：“敌人所最怕的，不是我们的政府和军队，乃是我们全国民心的齐一。农友们，醒起来吧！我们的齐心，不但能给抗敌将士作真正的后盾，也是中国转弱为强的唯一道路。”在这种思想的指导下，他通过《田家》的宣传激发民众的抗战热情，鼓励民众积极支持和慰劳前线将士，为前线将士捐款捐衣，为抗战救国出钱出力。

《田家》作为一份基督教报刊，读者群体中有相当一部分是基督徒，因而张雪岩在动员全国民众爱国的同时，也通过宣传基督教爱国主义，以及基督教思想和基督教精神在抗战救国中的作用，来推动基督徒参与到抗战救国的活动中。随着日本侵略势力进一步在华北渗透，民族危机日趋严重，张雪岩在1935年12月撰文《基督教该不该说话》，指出基督教应该坚持的态度和立场，呼吁基督徒行动起来反对侵略战争：

> 中国现有所碰到的大难处，就是因为有人要把基督教所倡和平公义的主张打碎。但不信基督教的人，倒能有胆子有血气通电反对虚伪欺诈，主张正义。素常喊破嗓子，主张人间应有和平真理正义的基督教，反而闭口不言，不做声响，请全国基督教的领袖扪心问问，毛病究竟在那里。是害怕什么？若如此，基督十字架的道理就完全无意思了！大家

信不信保罗所说的话："谁能使我们与基督的爱隔绝呢？难道是患难吗？是困苦吗？……是危险吗？是刀剑吗？"如果大家还信这话是对的，为了基督和平仁爱的主张，就当和战争的罪恶拼上，尤其是侵略人的战争！把基督和平的王旗夺过来，叫他在世界上作王，危机当头，绝不应当不说话，望全国教会领袖率领全国的几十万基督徒，通电给全世界各国的同道，一同起来，反对战争，主持正义，为基督和平仁爱的真理奋斗。因为战争的邪灵要在世界上掌权，起来吧，基督的诸门徒，束上真理的带子，戴上公义的护心镜，拿起信德的令牌和圣灵的宝剑，为基督打胜仗，为天国作精兵。

在张雪岩看来，基督是主张和平仁爱的，可是当基督教提倡的和平与公义受到破坏时，教会领袖和基督徒就应该站出来说话，并联合世界各国的基督徒共同去反对战争、维护和平、捍卫正义，用教会能够采取的手段挺身而出，"为基督打胜仗，为天国作精兵"。

在国土沦丧、灾民遍野的社会现状下，为唤起基督徒的爱国热情，张雪岩专门针对基督徒应当如何爱国的问题做了论述：

基督徒是最明白真理，最主张正义的，遇到真理正义受侵害的时候，他也是最能不顾生死的上前线去维护它的，爱国违反真理不合正义吗？如果你那样承认就罢了。若承认它没有不合耶稣教训的地方，那么我们当怎么起来做爱国运动，使基督教的真理藉此发光。注意个人属灵个人得救很要紧，但属灵得救之后的更大本分，想到了没有？……暗中祷告，私下查经固然要紧，但若光是做这些事，未免太便宜太方便，耶稣这时要我们做的，是为真理做见证，为正义说硬话，自己不去扛枪打人，也反对以枪炮杀人的家伙们，自己不做汉奸，也反对做汉奸的坏东西，为和平说话不容易，为真理打仗也很难，但耶稣已经清楚告诉我们，要跟从他，必须准备天天背起十字架走艰难山，现在国家的艰难山当前，须要我们信他的人一同抱着他所赐给我们的舍己为人的真理，为国家打开一条生路，使国内国外的人，都知道耶稣是人类的救主，是全世界的保障，我们若不能藉爱国把耶稣的十字架高举起来，那是我们的失败，在真道上也算真是没骨气没出息。望全国的同道都起来，在爱国上为基督作见证。

张雪岩在此文中指出基督徒爱国的行为符合“耶稣教训”，与基督教的思想相一致，是对受伤害的真理和正义的维护。遇到真理正义受侵害的时候，基督徒是能够上前线去维护它的。同时认为基督徒的爱国既能帮助国家排除艰难、争取抗战的胜利，又可宣扬基督教思想，使“基督教的真理藉此发光”，并希望全国的基督徒都能以爱国的精神参加抗战救国，以此来“为基督作见证”。

为了尽早实现“抗战必胜、建国必成”，张雪岩也积极通过《田家》向国民政府建言献策。就“团结民众”来说，该口号本来是知识分子阶层和政府喊出来的，但长期以来实施的效果并不佳，未能真正达到团结民众的目的。在抗战救国的关键时刻，团结民众的力量显得尤为重要，张雪岩明确指出政府应当尊重民众、信任民众：

> 若真的要团结民众，至少要顾到两点：就是第一，尊重民众；第二，信任民众。尊重民众，不止是尊重他们的利益，更得要尊重他们的人格，果真要尊重民众的人格，至少要做到三件事：（一）不欺骗民众，（二）不包办民众，（三）不压迫民众。能尊重民众才能信任民众，然后才有团结的可能，真正的团结，不是用武力压迫可以得到的，乃是用尊重和信任换来的。民众要政府尊重信任的，是言

论、出版、集会、结社的真正自由。如果政府能把这些自由完全还给民众，定能换到民众对政府的绝对信任。所以团结民众，只有人民和政府互相尊重，彼此信任，才能得到。如果官家只求人民信任政府，政府却不肯信任人民，而剥夺他一切的自由权利，这样想团结民众，那是比登天还难的。

张雪岩坚信团结民众的力量即可击溃日军的侵略，而国难教育是使民众力量团结的有效方式，所以，他呼吁政府不要忽视对老百姓的国难教育。他在《国难教育和老百姓》中写道："中国政府因为国难当头，全国学生都为救国着急，念不下死书去，所以行政院叫教育部赶快为国难创制特别的教育方案，叫全国学校一律照办。免得学生走投无路，全国不安，这是很急要的事情，我们很赞成这种办法。不过我们要提出个要求，就是国家还不光是青年学生的，也是农人工人的，望政府在国难教育上做打算的时候，别忘了我们这穷苦乡下人。我们爱国的心，不在学生以下，团结的力量，更不比学生小，只因我们的知识差些，对敌人和汉奸的认识，有时不很清楚，以致容易上当，容易受骗，所以我们需要国难教育，比学生还急切，望政府为我们做打算，望青年学生们也别忘了和我们携手，你们合理的领导，正当的指示，我们都愿遵从，望政府随时把国家的难处和危险告诉我们，望学生把救国的办法指示我们，因为救国也是我们的责任哪！”张雪岩在这里特别强调了国难教育的对象不应仅仅局限于学生，还要扩展到工人农民，尤其是乡下穷苦的农民，同时，他建议有知识、有文化的学生在接受学校所组织的国难教育之后，也应当积极参与对工农大众的国难教育。

1936 年 10 月，在中日谈判和交涉期间，日本驻华大使川越提出以“华北特殊化”和“中日共同防共”为议题，这种不合理要求遭到中国谈判代表外交部部长张群当场反对，日方在没有办法的情况下，又提议将华北五省的范围缩小为冀察（河北和察哈尔）两省、对防共暂且指定一定的地方试行，这一提议同样被中国代表拒绝，因此，谈判陷入了停顿的僵局。张雪岩得知此消息后，立即撰文发表言论，向政府声明了其所代表民众的主张：“在这一言一语都与中国存亡有关的紧要关头，我们老百姓不能不把天理良心的主张拿出来，请政府注意。我们认为中日双方今后的交涉，不论日本方面是什么意思，我们主张中国政府应当本着下面四个原则来谋解决：（一）中国绝对不能再受领土的威胁，（二）不能再受主权的限制，（三）在所给必须有所取才行，决不能光叫一方面吃亏，（四）在交涉中须以全中国为交涉的整个主体。”

然而，中日谈判并未从实质上制止日本的侵略步伐，日军的铁蹄依旧肆无忌惮地在华北地区蛮横践踏。1937 年 7 月 7 日，日军发动卢沟桥事变，其全面侵华的野心由此彻底暴露。七七事变发生后，张雪岩随即撰写《宛平事件与华北存亡》，表达其对日本侵略行径的愤慨，提醒全国民众关注，以民众的呼声力劝政府要态度强硬，不可退让。他敬告全国民众和国民政府：“外国军队随便在中国土地内演习打仗，并任意开枪攻打中国的城池。最后还要两方一齐退兵，才能讲和，这像什么话？世间还有公理吗？日本的国民们，请你们也想想：如果中国军队照样到你们国内这样干，你们答应吗？这件事与华北存亡，太有关系，所以我们要求中央政府赶快下最大的决心，命令华北负责的当局准备一切，敌人要真的不客气，那只有迎头痛击，并藉此把察北和冀东的土地和政权完全收复过来。不这样，华北恐怕不容易保持，因为敌人的野心是没有止境的，政府如果再有退让，凡属中国的国民，是决不答应的；如果敌方有真心讲和，那只有他们赶快把出动的军队退回原防，并保证今后要老老实实，不能再有越轨的行动。中国军队是万不能再有退让的，这是全国国民咽着酸泪向政府说的话，望政府务要急切注意。”

1937年8月初，张雪岩又写了警示全国民众认识日军侵华的言论——《猛醒吧全国国民时局已到最后关头》，对卢沟桥事件做了深刻分析：“这次北方发生的卢沟桥中日冲突事件，已经烽火连天，几天内再没有和平转机，大有引起二次世界大战的危险，时局的确已到最后关头，中国的或存或亡，全在这一场应付的好坏。换句话说，就是这次事件，虽然严重到了万分，危险到了极点，但若能毫不畏惧的奋勇抵抗，至死不屈的凭理力争，不但强暴蛮横的敌人可以打退，国土主权可以保存，可以收复，整个的国家和民族，也是要从此抬头，从此复兴的。反过来说，如果对这次事件再和以前一样，处处表示害怕退缩，那却真要中敌人的奸计，达到他分裂中国吞灭中国的目的。”他强烈呼吁每个国民在中华民族的生死关头认识到这一事件的严重性，做好紧急准备。与此同时，张雪岩还发表《为国家和世界的和平祈祷》一文，渴望全国乃至整个世界停止战争、实现和平。

对于全面抗战之前的日本侵略行径，张雪岩多次表达了掷地有声的爱国观，他宣扬的爱国主义在其文字中展现得淋漓尽致，而这些文字都通过《田家》的传播影响到读者，激发起他们的爱国主义感情。

第四节 赈灾与改良社会风俗

20世纪30年代中期，全国各地不同程度地遭受着水灾或旱灾。张雪岩向来关心民生问题，面对各地灾情更是觉得责无旁贷。自《田家》创刊，他就通过新闻、言论和文艺等栏目，介绍相关灾情信息，希望以此引起读者的关注，发动广大读者参与到救灾救济的行动中。

为使读者更清楚地了解灾情和帮助灾民解决旱灾，《田家》转载《时事月报》上的《我国最近旱灾的状况及其救济》，文中详细介绍了受灾各省区域范围和损失情况，分析了旱灾的原因和影响，特别强调解决的具体措施可分为救急办法和根本办法。救急办法有：办平粜、设立运输局、不准囤粮、不要紧的事不办、举办工赈；根本办法有：开掘浇地的河道、凿井引泉、实行用抽水机浇田、建筑农业仓库、提倡农村副业。张雪岩等人转载介绍这些措施和办法，意在对灾区民众的救灾起指导作用。

张雪岩还担任起劝募者的角色，借助《田家》的宣传功能为灾区募捐。在张雪岩的主导下，《田家》从1935年8月开始发起救灾礼拜捐，之后多期连载呼吁捐款的声明。《田家》公布救灾募捐之初，给予回应和支持的读者并不多，一个月的时间仅收到捐款三块多钱，张雪岩为此写道："托本报不托本报，丝毫不关重要，最重要的，是大家能本耶稣基督舍己救人的精神，慷慨捐助，趁此机会，藉真实爱人救人的工作，把耶稣介绍给苦难的同胞，使他们从此认识耶稣是他们的救主，不然，我们信的道，讲的爱，就成了鸣的锣响的铁了。如果有愿意托本报的，请赶快，本报打算每逢凑够十元，就汇寄上海全国基督教协进会，由他们转到被灾的地方施放。"田家社与全国基督教协进会保持着密切的联系，当捐款达到一定金额，随即通过全国基督教协进会转交到灾区。张雪岩曾代表田家社向全国基督教协进会致函：

敬启者：

本社以今年水灾过重，特向本报读者提倡赈灾捐款，惜本报的读者，多系乡间穷苦农民，自己温饱尚成问题，行善惠人，实不容易谈到，虽然如此，自提倡以来，仍能各尽所能，踊跃输将，数虽不大，基督爱人之精神，却已表露无余，现将已经收到之捐款大洋贰拾元零伍角贰分汇寄贵会，请即代为转交灾区同胞为荷。以后本报拟每于收到捐款拾元之数即汇奉贵会，代为施放，关于捐款，除将捐者姓名在本报一一批录外，亦祈贵会将此项消息刊于贵会之《中华归主》，以照郑重，为盼。岩此奉恳即颂，道祺。

济南齐鲁大学内，田家社谨启

随后，各地纷纷响应的读者和团体慢慢增多，张雪岩便根据捐款人数或团体的多少，在《田家》的封底开辟相应版面，登载捐款个人或团体的名字和捐款数额，以做公示与表彰，并希望以此能激励更多的人参与捐助，所收的赈灾捐款连续刊载报告了 22 次之多。

张雪岩将救灾视为人命关天的大事，曾为此撰写《救命运动》一文，与读者倾心交谈救灾的道理："因为这不只是救灾的运动，实在是救命的运动。不要认为这件事与你没多大关系，如果你能设身处地，把自己的父母兄弟也当作灾民，那恐怕你连性命都不顾，也要去救他们。基督徒天天学耶稣，要舍己救人，这样学耶稣的好机会，千万不要放过，连这点都做不到，那恐怕要变成卖耶稣的犹大。"同时，《田家》还刊登"多捐一文钱，多救一条命"的口号，并以此口号为题着重描述灾情以唤起全民救灾：

中国今年的水灾，真是向来未有！灾区有十六省之多，灾民有二千五百万，湖北好些地方成了汪洋！山东、河南等地的大难还没有过，江苏北部的灾难又一天一天的紧起来！听说一夜工夫，可以淹没农田一万亩，村镇数十个！灾民老的投水，壮的坐对着哭，妇女孩子拴在一条绳子上淹死的很多！

这些灾民，都是我们的同胞，他们都是劳苦民众，都市中的阔人们素常所吃的美味，穿的华衣，都是他们一点一滴的汗血所换来的。他们靠着活命的田产，多被淹没，自己的骨肉都死了，连尸身都不能一见，自己挨饿挨冻，还得忍心看着老亲和幼小活受罪！

吃饱饭的同胞们，请你们发发慈悲心，少吃点鱼肉，少化点零钱，省出几文，救救被灾同胞的命吧！不要认为这是功德，实在是替自己赎罪啊！

《田家》除了用语言文字做募捐宣传外，还刊登了许多反映灾区民众受灾状况的图片，图片下附有简洁的文字说明，真实的图景画面给人以更大的心灵触动和震撼，产生的效果也要大于单纯的文字描述。如第2卷19期封底上的两幅图，《被大水淹没的村庄，只露树顶》和《被大水逼的无家可归，在树顶上打铺避难》。《田家》读者看过这两幅图后，写信诉说感慨并为之捐款，其中一位读者来信说道：

接近几月的报刊，贵社本着基督爱人的精神，绘形绘图宣布灾民困苦，苦口婆心，屡次募捐，因此无形中也提起了我们的恻隐之心。我们是几个女士，每月不过得四五元工资，除吃以外，余可想知。我们处于这样窘迫的环境中，本是可以不捐的，只是鉴于贵报上那些巢居于树上人民之惨状，仿佛无法使我们不关切！……我们同工三人，每人尽力捐钱五毛，今特把这一元五毛寄上，请贵报费神转交被灾的同胞，不过我们的名，却不愿提及，要知道这区区之捐的原动力，仍不能不推功于贵社之田家报了。

鉴于灾民中出现不守规矩和闹事的行为，张雪岩号召全国民众要团结互助来共渡灾难和共赴国难："我们全国的同胞，都在受人家的欺负，东北四省被人家抢去，华北时常不安，全国人民，没一个不痛心，不流泪。所以从国难上说，不论被水灾不被水灾，大家都是难民，都是患难弟兄，在患难中还不能相处，不能团结，中国真没指望了。"田家社在停收赈灾捐款之后，接着代收慰劳绥远将士的捐款、慰劳抗战将士的捐款、救国捐款、救国寒衣捐和流浪儿童救济捐（又称"难童捐"），在出现灾情后又再次代收赈灾捐款。这些工作都与张雪岩的大力提倡密切相关。

除了赈灾，张雪岩还领导田家社开展其他社会服务活动。张雪岩竭力主张移风易俗，反对社会陋俗，希望通过《田家》的宣传，促进社会的健康发展。在《田家》中所提及的社会陋俗主要有女子缠足、养婢女、吸毒贩毒和奢侈浪费的婚丧活动等。

女子缠足，可以追溯至南唐，宋朝开始大量出现，明清时期更是普遍，因积习已深，近代仍然流行。1928年5月10日，国民政府颁布了《禁止妇女缠足条例》，各省随之相继出台了取缔或禁止妇女缠足的办法。尽管如此，妇女缠足的陋俗一时难以消除，《田家》先后刊登《怎样解除乡间女子的痛苦》和《耳坠子和小脚的害处》等文，建议农村女子通过放足来解除缠足之痛，并呼吁政府加强政策的实施以彻底消除这一社会陋俗。

关于禁止养婢女，国民政府内政部于1932年9月向行政院提交了《禁止蓄奴养婢的办法》，其中提道："查蓄奴养婢为吾国数千年之恶习，不惟有背于民主国家人民自由平等之精神，亦且有伤于人道。……惟以积重难返，铲除不易，近据各省市呈送风俗调查纲要仍有蓄奴养婢之风，若不规定办法，切实取缔，诚恐难收禁绝之效。"①但是这一办法未被行政院及时采纳和实

①《中华民国史档案资料汇编》第五辑第一编文化（一），江苏古籍出版社，1994年5月版，第476页。

施，直至1936年1月才公布《禁止蓄婢办法》的指令。1934年12月，张雪岩撰写《家庭里该不该养婢女》一文，阐述了其对养婢女的看法，认为“拿金钱和势力买人命，是很不人道的。希望信基督的人，常把‘爱人如己’这句话，放在心上，在改革家庭制度上，做个真正跟从耶稣的人”。指出“登记”和“去留”两种遏制办法的不足，并向政府呼吁：“为了使穷苦女孩子见天日，还希望政府做好事，想办法，多提倡工业，收容吃不饱穿不暖有冤没处诉的小小女同胞。”

民国时期，社会上毒品泛滥，有的军阀还利用权势在其势力范围内大肆鼓励种植鸦片，贩毒和吸毒的现象依然严重，在农村社会中也不乏此事。张雪岩等《田家》的编辑对此极力反对，为达到反毒禁烟的目的，他们收集了许多反毒禁烟方面的材料，专门给吸毒者以劝告和警示。如一首《劝君莫吃烟》的诗歌：“吸烟，吸烟，一年不知化了多少钱，一日吸百钱，百日吸一千！有用的金钱，变了一缕无用的青烟！莫吸吧，你听，你看，东北的同胞喊救命，大街的难民号饥寒！请你呀，做点好事省点钱，救救穷苦人的急难！”

对于婚丧礼仪，张雪岩主张简化仪式，反对铺张浪费。《田家》曾登载《丧葬节俭歌》、《出殡娶媳妇应当俭省》和《家庭中应革除的旧习俗》等文章。

第五节　参与其他教内外活动

张雪岩在编辑创办《田家》，为农民服务、宣传爱国主义以抗日救国、赈灾和改良社会风俗的同时，还积极参与其他教内外活动。

自金陵神学院毕业后，张雪岩就一直关注乡村建设和平民教育问题。1935年夏，潍县广文中学校长崔德润感觉广文中学的学生虽然大部分来自农村，但是一般中学课程大都与农村无关，于是他便到邹平参观梁漱溟所办的乡村建设学院，同梁漱溟谈论此问题，梁漱溟建议从各方面进行宣传引起社会注意。随后崔德润到济南和张雪岩谈了在邹平参观并且见到梁漱溟的事，张雪岩对他说："正巧今年基督教青年会所组织的教会中学生夏令会由你负责。往年都是在青岛、泰安等地举行，今年我们就到潍县广文中学去举行，以乡村为背景，主要讨论乡村改良问题。我们可以请梁漱溟先生光临，讲演指导。"崔德润觉得这个建议相当好，便与张雪岩商定分头筹备，张雪岩负责学生的捐募组织等事，崔德润负责会场和代表们的食宿接待等，并给梁漱溟写信讲明会议的内容安排和他们请求他光临指导讲演，梁漱溟很快就回信答应参加。当时的广文中学虽然处于城外，但不是在乡村，他们考虑到要研究乡村问题，必须真正到乡村去，便选择了乐道院附近的一个比较开明的村庄虞河头。在广文中学正值放暑假的时候，张雪岩从济南赶过去参加夏令会，为广文中学的师生做了一次演讲。梁漱溟此时也应邀前来，演讲了乡村建设的重要性、中国乡村的前途、研究乡村问题应注意的事项。除了演讲之外，他们还参加了学生的实地调查，学生们上午听报告，学习讨论，下午分组到农民家中访问调查，对中国农村做实际的认识和了解。

夏令会结束后，张雪岩回到济南，在《田家》上列专栏对此夏令会做了详细介绍："学生夏令会，是每年夏天总要开的，不过向来的夏令会，多半是少爷小姐们凑在一块儿游玩散心的聚会，和庄户人家过日子从来不曾发生过关系。至于和庄户人家的生活打成一片的夏令会，前几天刚刚结束的山东苦干夏令会是第一个。苦干夏令会是六月二十八至七月八日在山东潍县广文中学召集的，到会的有十三个中学的代表，连领袖共九十多人。每天的工作，不论做饭，扫地，抹桌子，都是大家轮流着干，一点不求别人。上午在校中聚会，演讲，讨论，上课；下午全体出发，到择定的一个村庄（虞河头）去工作。这个村庄距离聚会的广文中学约有五里地，下乡的工作有五项：（一）公共卫生，（二）平民教育，（三）家庭改良，（四）合作训练，（五）说书。因为他们下乡的态度，不是要到乡下装先生，乃是要跟老百姓学见识，同乡下人交朋友，所以那边的乡下人从头到尾都很欢迎，在工作上非常合作，每逢到那边去，他们总是烧水备汤，不论教他们识字，或劝他们改良家庭，注意卫生，他们都能诚心接受，年轻的学生们也因此干着格外起劲，虽然汗流满面，也不觉丝毫痛苦，因此两下的感情，越弄越厚，以至临别时，彼此恋恋不舍。他们看出了读书人并不是光会喊口号骗人，实在能脱去长衫帮着乡下人一同流汗，把他们所学的知识，无条件的奉献给老百姓。”

1936 年 4 月 10 日至 12 日，张雪岩出席了齐鲁大学在龙山乡村服务社举行的退休会，并做了演讲和主持讨论。会议期间每天分有灵修、演讲、讨论和娱乐等项目，主要讨论的内容是：注重乡村青年工作、每月举行工作讨论一次、各部竭力供给《田家半月报》材料。此外，在最后，该会还讨论到龙山乡村服务社的宗旨，与会者一致赞同该社的宗旨确定为：“要本基督牺牲博爱的精神，改造乡村，服务民众，达到基督教救国救民的目的。”

1936 年 8 月 14 日至 20 日，河南中华基督教第四届学生夏令会在彰德省立高级中学（袁世凯的旧宅）举行，到会的学生代表有 70 多位，非学生有十几位，夏令会主题是“国难期中基督徒青年应有的认识与行动”，每天的日程除演讲讨论外，还有学课及实行下乡的工作，大会领袖除全国教会的几位名人外，当地的政界及教育界也有重要领袖参加指导，张雪岩被邀请为夏令会的讲员。

1936 年 8 月 31 日至 9 月 1 日，张雪岩出席华北基督教农村事业促进会在北平召开的年会，会中通过了一些重要议案：“（一）由本会发起华北基督教农村建设团契，宗旨是本基督精神，专为各教会的乡村建设事业做打算；（二）各支部分别组织家庭课程委员会，专为推进家庭事工，预备材料；（三）成立训练工作委员会，专为训练教会乡村工作人员，增进服务教会的能力；（四）各支部分别组织无线电播音委员会，以便做宣传工作。”其中，针对“华北基督教农村建设团契”入会途径问题，华北基督教农村事业促进会根据三个支部的具体情况，选择了不同地区比较有影响的教会人士担任其联络负责人：“在山西的，向太谷铭贤学校穆懿尔牧师报名；在河北的，可向昌黎美以美会海珥玛教士报名；在山东的，可向济南田家半月报社张雪岩先生报名。”

1936 年 9 月 5 日至 12 日，张雪岩参加了河北省美以美会在北平西山卧佛寺举行的女领袖进修会，目的是增进美以美会女领袖的灵修和知识，会上主要讨论有平民教育、公共卫生、家庭改良和乡村布道等内容。

1936年秋，全国各地教会团体为寻求真正自立自养，发起义务工作人员训练运动，山东西部北部各教会团体成立一个委员会来推动此项工作，同时请了几位专家，为初级义务工作人员编写各种应用的课本。根据张雪岩的建议，1937年1月15日，该委员会在济南田家社召集会议，审查已编写好的各课本，并决定将可用的几本先油印出来，分交各地教会做初步试验，然后再将试验的结果报告给该委员会，以便做最后的决定。该委员会还计划将在该年4月间召集全体大会，讨论各种相关的事情。

1936年11月4日，北平中华基督教全国总会派遣了一个干事团体到广东及海南岛各地教会宣传各种宗教工作，促进其教会事工的发展，并希望当地教会能对总会有更清楚的认识和更密切的联系。干事团成员有诚静怡、崔宪祥、祁育真、耿元学，张雪岩也被邀请成为其中一员。他们所要讲的题目主要是教会的自立自养、基督徒青年、家庭改良、基督教与乡村建设等方面。11月9日至15日，干事团在广东连州参加该处举行的进修会，虽然正是农忙时期，参会代表不很多，也只有崔宪祥和张雪岩两人演讲，但是每天听讲的人还是满堂，青年学生也有不少。除演讲之外，还讨论了很多重要的事，议决许多需要脚踏实地施行的议案。11 月 20 日至 25 日，干事团又到广东中山县中华基督教会参加进修会，参会有 150 多位代表，中外男女都有，包括青年学生，由崔宪祥、祁育真、耿元学和张雪岩四位做讲员，讨论的题目有基督徒化家庭、布道事工、乡村建设等内容，同时议决了不少待办事项。张雪岩随同干事团其他成员在广东海南各地辗转演讲了一个多月的时间。

张雪岩关心国家大事和教会事务，积极参加各种教会活动，其才学人品深受教会中人的敬重。1935 年底，在齐鲁大学改选董事的时候，山东长老会推选张雪岩任该校董事，但张雪岩因忙于《田家》的编辑事务，实在无暇再尽董事的职责，所以坚辞不就。张雪岩虽然没有担任董事之职，但仍然关心学校的发展。1936 年 12 月 4 日下午 4 时半，张雪岩在齐鲁大学 10 号住宅出席了校长刘世传召开的促进山东基督教学生宗教事业的会议。①

1937 年 7 月 15 日至 29 日，中华基督教会全国总会第四届总议会在青岛的阳信路崇德中学召开，张雪岩作为特约来宾参加了这次会议。7 月 17 日，上午的议事会讨论特委报告，张雪岩介绍了“受托意识”，会议通过了《举行受托主义运动周案》、《实习受托生活案》、《实

① 《促进基督教学生事业》，《齐大旬刊》第 7 卷第 11 期，1936 年 12 月 20 日，第 94 页。

行受托预算案》。7月22日，张雪岩在晚间演讲会上主讲了《今日的中国大局》，他说："中国现已到了非常时期，所谓生死关头。然而多难兴邦，我们当利用它为复兴民族的关键。最近卢沟桥之战，是日人以华制华之策失败后，藉端增兵，侵占华北，以谋对俄。然而八九次交锋，对方未得寸土，徒苦士兵。"接着说道："在我国之进步，例如内政之刷新，吏治之振作，经济之改革，交通之开发，外交方针之确定，国际地位之增高，都有惊人的成绩，无限的希望。"最后指出："基督徒之使命，吾人当以书报鼓吹，铸成健全舆论，唤起民族意识，发扬民族精神，更以宗教精神，团结民众，主持正义，伸张公理，以期摧毁强权，实现和平。"此番演讲反映了张雪岩对国内外大事的密切关注和对中国命运的精辟分析，反映了一位中国知识分子的爱国情怀。这是张雪岩临近出国留学前夕做的一次重要演讲。

第六节　业余生活与儿女亲情

张雪岩工作非常繁忙，但仍然挤出一些时间安排业余生活。他每天下午下班后会去打一会儿网球，还喜欢游泳、摄影和旅游等。此外，他就将精力投入到教育两个女儿方面，指导她们的学习和课外活动，教她们学习英语、自行车、滑冰、游泳、放风筝和赛跑等，利用家里常备的急救箱，教她们一般的急救常识和护理常识。他在教育孩子方面相当细心，带两个女儿看的电影均是富有教育意义的儿童电影，二女儿张国华小时候不喜欢吃菠菜，他不是当面批评，而是带她去看电影讲小孩吃菠菜的好处。女儿喜欢美国电影中的演员秀兰·邓波儿，他就常给她买一些相关的画报。每当暑假，只要有夏令营活动，他必定会带全家人去参加，一般每年选择去一个点，持续时间为一周，主要活动是游泳、爬山、采野果、识别植物等等。有一次，齐鲁大学举行大学生花样滑冰比赛，张雪岩让两个女儿（当时是唯一的一对小学

张雪岩一家在泰山度假（1936 年）

生）也报名参加，比赛结果两个女儿得了第十名，大家都称赞说：这是张雪岩的功劳成绩！张雪岩由于在山东省城济南的报社工作和齐鲁大学教书，所以在家乡亲友中较有名气，但是他常教导两个女儿："不要到那儿，一见人就先说我是谁谁的女儿。你们的学习和工作都要靠自己努力，靠自己去开拓。"两个女儿自小就遵循着他的教导，后来分别成长为医师和高级城市规划师。

张雪岩到济南后，除了忙于办刊事务，还在齐鲁大学兼职上课，其所得收入，并未用在改善生活方面，而是用于买书和救济学生、为穷苦学生支付学费。李耐梅出身于农村，在思想上有点保守，常常想积蓄点钱在老家买块地种田养老，张雪岩就解劝她说："一是我没有多余的钱可积，二是即使有点余钱首先是应当接济想读书而有困难的贫苦学生。国家有了人才，国家才能强大。国家富强了，人民自然就有福了，还怕生活不好，没人照顾吗？"李耐梅听了这番话，也就打消了买地养老的念头。

1935 年，李耐梅的侄子李华林因"一二·九"运动后生病和家庭经济的缘故再度在广文中学失学。1936 年上半年，他在家做叔父的帮手干起农活。但他为失学感到苦恼，还想继续上学，于是就给二姑父张雪岩写信求助。1936 年夏，李华林到达济南张雪岩家，然而，此时济南的中学招生都已错过，继续上学的愿望看来就要落空，李华林倍感苦闷，终日闷闷不乐。闲来无事，李华林便翻看张雪岩的藏书，古今中外书籍很多，尤其是文学书籍，还有令李华林感兴趣的刊物，有关苏联的刊物、国内出版的如《新潮》等刊物，这些刊物使李华林对苏联有了初步的了解；有关中国共产党和揭露国民党打内战、投敌卖国活动的材料等对他也有一些启发，给他留下深刻印象的是：共产党是代表劳动人民利益的，是反对打内战、主张团结起来抗日的，而国民党是代表资本家和财主的利益、腐败无能、打内战、投敌卖国的一帮家伙；知道了“朱毛”不是一个人的名字，是指朱德和毛泽东，红军已经到陕西北部等等。

在7月底、8月初的时候，有一位先生去看望张雪岩，并在张雪岩家里吃饭，当客人走后，李华林向张雪岩询问：“这位先生是干什么的？”张雪岩告诉他：“这位先生是费县师范讲习所的校长，名叫徐乐亭。”李华林当即对张雪岩提出送他到那里上学的请求。费县在鲁南山区，距离李华林的老家较远，但是距离他父亲做生意的沂水县较近，特别是这个学校收费低，而且考取第一、二名可以免学费。经过反复商议，张雪岩和李耐梅最后决定答应李华林去费县上学。因为学校快要开学，不能耽搁延误，张雪岩给了李华林三十块大洋，便送其前往费县。李华林后来在回忆录中这样写道："回顾我的这段经历，由于二姑父张雪岩的帮助，我在两次失学后都得以继续上学，并由此走上革命道路。这既是一个穷学生的偶然的机缘，也是当时社会必然的结果。可以说，张雪岩先生早年对我的这种关爱、影响和培养，在一定意义上改变了我的命运，是我终身难忘的。"

第三章　留学海外，心系祖国

第一节　国外求学

1937 年 8 月 17 日，张雪岩离开济南田家社出国留学。在临行时，他发表与读者告别的文章，文中谈到其出国的原因时写道：“因为同情本报爱护本报（指《田家》）的人一天一天的加多，所以鄙人才更加感觉到责任的重大，和自己知识与能力的不够，必须到外国去开开眼界，学点新学问，求点新知识，以便将来回国，更能在工作上使大家满意，这就是这次鄙人决计出国读书的原因。”他能够在此时抽身出国还有一个重要的条件，即《田家》的总编辑孙恩三已经留学归来，重新担负起田家社的领导责任。

张雪岩出国之时，正逢中华民族全面抗战的开始。他于 8 月 18 日到达徐州，随之乘陇海线、平汉线和粤汉线列车到达香港。当他路经汉口的时候，由于军运繁忙，南下的列车很少，不得不在汉口滞留，等候一周多时间才得以动身。张雪岩在等候期间遇到了其所谓的“永远不能磨灭的兴奋事，及今思之，虽不胜感慨，但深刻的印象，是永也不能消逝的”。原来，他在汉口遇到流亡此地的老友高永恩夫妇，接受了他们的饯别宴请。席间，高夫人问及他回国的时间和途径，他回答道：不出三年即返，回程拟先游欧洲大陆，然后取道苏俄由西伯利亚经东三省回国。高永恩夫妇听罢，露出兴奋的笑容，肯定地说：“按照全国空前的士气和民气讲，不出两年，胜利定属于我，不但华北失地可以收复，即东三省亦必全部拿回。那时你道经辽宁故乡（高君夫妇系辽宁籍），我们必设盛筵，摆美酒，大家痛饮，祝你学成归国，为祖国效劳，并为新中国的自由庆，为民族的解放贺！”张雪岩听了这番言语，兴奋无比，从离开汉口到国外留学，直至回国，他对这希望和信念始终不曾放弃过。

张雪岩到香港后未作停留，于9月4日便乘坐轮船继续前行。虽然离开炮火硝烟的国土，他仍密切关注着抗战形势，鼓舞爱国热情。他在香港写下了从济南到香港一路的主要见闻和感想，并寄往田家社发表：

一、爱国健儿上前线。这次路上所见的头一件重要的事，就是有许多军队（爱国健儿），奉了政府的命令开往前线去，为保卫祖国和侵略我们的敌人拼死命。他们都是年轻有力的小伙子，和你我一样，家中有老有少，有许多家中还依赖他们生活呢。但是他们为了保卫国家的利益和土地，情愿远离家乡，撇下老小，并抱定有敌无我，有我无敌的决心，去和敌人在战场上拼死命。这些青年同胞的爱国，不光在嘴上讲，更不单是心里想，乃是脚踏实地把自己的性命献出来。诸位读者请想想：他们的冒险，可以换得国家的安全，他们的牺牲，可以换得国家的存在。你我在后方的安全与生存，都是他们用热血和性命换来的，既然这样，我们做农人的也应当赶快联合起来，组织起来，在政府的命令，和领袖的指导下做种种生产建设的工作，以便长期作他们有力的声援，这才不愧为一个新国民，惟有大家一齐起来，我们的国家才能得到最后的胜利。

二、水灾与食粮节省。一路看见丰收的地方虽然很多，但闹水灾的地方也不少。全国正在与敌抗战，用粮米的地方很多，所以除了急急救济灾民以外，丰收的地方，还要尽量节省，并储蓄粮食，同时更要听守政府的命令，万不要食利往外卖，增加敌人攻打我们的力量。这件事，农友们都能办，希望大家都能大发爱国热心，尽量举办一切拥护政府抗敌救国的事情。

轮船驶出香港，发往北美须绕道日本，9月7日船到神户，9日到横滨，这两个城市是日本东南部的两大商港，由于此时日本侵略军加大了对华侵略步伐，张雪岩到这两地，愤慨之情油然而生。他说："如果在往常，一定好好的浏览一番，然而如今，一听见'到了日本'的呼声，全身筋肉几自紧张了起来，直到离开日本，才松了一口气。"9月15日，轮船驶到美国的檀香山（今夏威夷），这是日本和美国之间的一个海岛，张雪岩描述当地环境和当时的心情时写道："风景的优美，真非言语所能形容，从中国内地，突然走到这里，简直好像进了仙境。每年都有很多有钱的富人，特来游玩看景。可是，想到祖国正在烽火连天中，几百万健儿在前线浴血杀敌，几千万同胞人亡家破，一念及此，不禁泪下，就是真正仙境，也无心赏玩了！"9月底，张雪岩抵达加拿大多伦多大学。

张雪岩人在多伦多，心却系着遥远祖国的安危。令他感到兴奋的是：在国外，不论中国人还是外国人，都支持中国对外抗战，外国人民不但在精神上同情中国，更在实际行动上抵制日货来为中国声援，英美两国的人民对此显得尤为积极。张雪岩曾同几位朋友去参观多伦多的一个大博物院，发现在陈设的展品中，从商朝到民国时期的大批中国文物最为引人注目。与管理员交流后，他进一步得知凡参观过这里的外国人无不交口称赞，认为中华民族在人类的文化历史上占有极其重要的地位。张雪岩看到中华民族的光辉文化在国外有如此反响，情不自禁联想到当时国内遭受侵略的现状，对于这种巨大的反差对比，叹息道："这是我们的光荣，可惜今天，我们这般没有出息的后辈子孙，不但不能继续发扬光大祖先伟大的创造精神，反而弄得河山破碎，连祖先的遗产都不能保守。这又是多末的愧对祖宗，愧对天地。"

在多伦多大学读书期间，张雪岩还曾往家里邮寄了一张照片，照片正面是他独自一人坐在异国的海滩上，背面题写了一句"滩前思祖国"，这句话凝聚着他深深的爱国思绪。

张雪岩在多伦多大学修读一年半后，转学到美国康奈尔大学，于 1939 年 2 月在该校注册学籍，进入社会学系继续学习和研究。张雪岩除了埋头苦读之外，还寻求机会同关心中国教会乡村事业的教会领袖们商讨发展《田家》的宏大计划，经过几番商谈，他发现："国外同道们对于本报都极看重，且对本报抱有无穷的希望，并已拟定帮助本报的计划。" 1937 年 11 月，张雪岩收到了

《田家》为躲避战火迁移长沙的信件。他深知《田家》所处的困境，便在国外积极地为之筹集资金。1937 年冬，在加拿大多伦多举行的北美国外布道联合会议中，张雪岩与 Dr. John H. Reisnen（罗渠博士）结识，并进行了倾心交谈，罗渠对张雪岩的求学经历和《田家》都倍感兴趣。张雪岩转学到美国康奈尔大学后，与罗渠又有机会经常见面，聊天之余，张雪岩将《田家》的困难状况加以陈述，希望罗渠能够设法给予帮助。罗渠当即表示十分乐意，但指出须有详细的预算报告才能劝募。张雪岩鉴于当时通过邮件通讯往来耗时过长，就根据其出国时携带的战前预算项目和刘龄九所寄的经济现状概略报告，起草编制了一份临时预算案，将之提供给罗渠。没过多久，张雪岩就收到罗渠募捐到的 300 美金。此后，罗渠仍坚持为《田家》劝募而奔走呼号。

在 1937 年至 1938 年间，张雪岩在加拿大多伦多大学读书时与女同学董谟芳[①]相识。董谟芳仰慕张雪岩的才学，对其创办的《田家》更是深感兴趣，经常与张雪岩谈论《田家》如何更好地发展，提供过很多建议和意见。

1938 年夏天，张雪岩从加拿大多伦多到美国绮色佳

① 董谟芳，1938 年从北平大学工学院化工系毕业后，国家公派到加拿大多伦多大学留学。

（纽约市附近的小城镇）的康奈尔大学读暑期学校。在临行之日的早上，他很早就到了汽车站，由于距离发车时间还比较早，他买了车票之后就顺便在附近的小餐馆吃早点。他一手提着衣箱，一手拿着一支九节洞箫，在靠墙饭桌旁的长凳上坐下，将手提箱放在桌旁，洞箫置于长凳上，而长凳是外高内低，洞箫就自行滚动到靠墙的地方。他吃完早点，便急忙提着箱子去赶车，把洞箫遗忘在了餐馆的长凳上。他到康奈尔后才发现洞箫不见了，但又记不起丢在了餐馆还是车上。他心想不管丢在什么地方，找回来的可能都很渺茫。尽管如此，他还是抱着一丝希望，写信给为其送行的董谟芳，询问是否看到他出了餐馆后上汽车时拿着洞箫。一个星期后，张雪岩收到了回信，得知董谟芳去车站旁的餐馆寻找，掌柜问明了情形便将洞箫交还给她。张雪岩离开多伦多已接近两个星期，洞箫的失而复得真是出乎他的意料，在惊喜中对美国这种“路不拾遗”的良好风尚赞叹不已。

1939年春，董谟芳患疾住院，经检查是肺病，并且比较严重，由于其性格豁达，虽然海外卧病，但未感到伤心。这一年圣诞节，张雪岩从美国康奈尔大学前去探望，发现她虽然没有痊愈，但是精神异常愉快，而且还大发宏愿，决定在康复之后，放弃学位，回国筹办肺病疗养院，将一生献给国内同病的同胞。张雪岩当时听了，感觉突如其来，便问她："为何会有此重大变化？"董谟芳微笑着回答："这是宗教信仰的贡献，更是信仰实践的激发，自己想到国内有许多同胞在害这种医药罔效之病，外国有这样完备的疗养院，又对穷人不收费，中国呢，得了肺病，到那里去，即便有个小规模的疗养院，也因收费太贵，只有富人享受，穷人是不得进门的。想到这里，我觉我的病是有上帝的旨意，他乃藉此训练我，使我藉着自身的病痛，想到别人的疾苦，产生对别人的同情，扩大爱人及服务社会的范围，这个思想，如获灵感一般使我发生一个志愿，就是决意于病愈后放弃学位，回国办一疗养院，藉使得肺痨的穷苦同胞，能得调养便利，俾复健康……"张雪岩听了她这番话语，深感兴趣也深受感动，于是问她是否愿意与田家社合作，将来把疗养院算作田家社会福利计划之一，她很爽快而肯定地说："那好极啦，在福国利民的事业上携手，是最快乐最应当的事……"张雪岩为此感到鼓舞和兴奋，并时常鼓励董谟芳写信给国外朋友和国内亲友阐明这件事，以便引起关注同情进而展开募捐。凡知道此事的人都认为抱负非凡，其志可嘉，应予鼓励。张雪岩后来又得知，董谟芳开始为此事储蓄，还出售国内亲友寄赠给她的礼品。1940 年 9 月，张雪岩学成归国时，董谟芳仍留在加拿大。1942 年 12 月，张雪岩在其所著的《田家瞻望》一书的扉页上写道：“谨以此册献给爱护田家并为本书提供意见的谟芳女士。”

1939年9月，张雪岩利用学校休假的时间参加纽约世界展览大会，详细记录了大会的概况，包括大会的主题、会场所占面积、游客人数、设备、参加的国家和总花费等，最后从世界和平的视角表达了个人的感想：“拿这样有意思的一个全世界展览大会的花费和一个国家军备费相比，简直是九牛一毛，这种花费的益处有很大，增进和平，唤起谅解，各国庞大的军费呢，正相反——都是为了彼此破裂，彼此残杀。如果把各国的军费都改作各国的世界展览大会，不但各国国民得益处，因了互相谅解，人类的和平，会得实现，从此只有互助的人类，再没有残杀的野兽。”

张雪岩时刻关注着祖国的命运，常将自己的抗战想法寄给田家社，号召《田家》的读者投入到抗战中。1939年11月1日，他在给《田家》读者的一封问候信中写道：“诸位读者，岩与《田家》相别，已两年多了，虽因远离祖国，不曾多写文章，与大家谈心，但思情却未曾离开《田家》，更没有忘了《田家》的读者。现趁学校休假之便，特与诸位谈谈阔别。……《田家》在平时的服务目的，是启发民智，改良生活，建立德性。在战时稍有不同，为达到‘抗战必胜，建国必成’的最高目标，除照原定目的继续努力外，又须在牺牲爱国方面，格外加以提倡，期使每个《田家》读者，不论直接间接，都是抗战的勇士，建国的能手。我们的口号是：‘人人读田家，个个知爱国’。只有这样，才能产生抗战建国的力量，才能消除为害无耻的汉奸，达到灭敌救国的目的。”该文指出《田家》在抗战时期的目标应有所转变，即与祖国的命运联系在一起：“敌人的毒计，是要灭亡我们的国家，在没有把他打败之先，他是不会放松的。我们的政府为了应付强敌，早已下了苦斗到底的决心，誓达最后胜利属我的目的。不过胜利的关键，不只在坚甲利兵，最重要最基本的条件，还在人民能不能听从政府的指导，和肯不肯拿出牺牲到底的决心。这是田家的朋友们特有的责任，除自身竭力实行做人模范外，更当广劝邻里和亲友，一同起来，携手努力。‘只有国家，没有个人’，这是抗战中心理上重要的准备和应有的态度。如能人人这样，最后胜利属我的话，才有把握。”他所强调的是每个国民都应在抗战时期保持“国家至上”的爱国观念。

张雪岩还借演讲的机会把《田家》读者在抗战中的贡献介绍给美国民众，动员他们支持中国的抗战。他曾记述道：“《田家》的读者在抗战建国方面，已经有很大的贡献。‘读者园地’中救国捐及流浪儿童的通讯及报告，就是最好的凭据。例如第六卷第八期中白世光先生所提的卖耳坠的马秀亭小姐捐一元，马秀宅小姐将拾得的一双耳坠卖三角，也捐上。第九期三个小朋友陶望福、陶望道、陶塞缪尔各为流浪儿童节省一元，救济他们。又第十期读者朱正华因读报受感，砍柴献捐，这种悲天悯人的态度，和牺牲爱国的精神，不但国内同胞读了受感，争气效法，就是外国的朋友听了这种消息，也有好多感动的掏出钱来，帮助我们。最近在美国某地中国学生为救济国内流亡难民，举行一个游艺大会，藉以卖艺筹款。在会序中我曾顺便将以上三件可歌可泣的事报告出来，立即有人愿捐五元，跟着有好些人效法，结果当场捐助的比卖票所得的还多！”

1940 年 6 月，张雪岩在康奈尔大学完成学业，获得社会学博士学位。他的博士论文题目是：*The Lunar Calendar as a Social Control Mechanism in Chinese Rural Life*（《在中国乡村生活中作为一种社会控制机制的阴历》）。论文运用社会学的方法考察了中国乡村中各方面的民俗，分析了农历在中国乡村生活中的作用。全文分为十三章，具体内容如下：

第一章：前言，包括目的、假设、问题的验证、历法掌控的工具、历法掌控的技术、论文的结构、资料和方法等。

第二章：中国历法的哲学背景，分析了时间的形而上学观（1. 阴阳历原则，2. 五行）和历法系统的发展。

第三章：中国历法的历史，考察了中国历法的早期发展、历法如何掌控、历法的变化。

第四章：历法的内容，介绍了时间划分、二十四节气、吉日和凶日、历法的诸神。

第五章：出生和生日，谈论出生之前和出生之后（第一次洗澡、起名、剃头、满月、一百天和其他习俗）。

第六章：订婚和历法，涉及占卜比较、和谐测验、交换信物、仪式、结婚礼物、礼品特点、结婚前的盛宴、装饰等。

1940年，张雪岩获康乃尔大学社会学博士学位时的照片。

第七章：婚礼和历法，谈及婚礼之前、结婚日、入洞房、结婚聚餐的时间、逗笑的时间、长寿灯、婚礼之后、婚姻的终结、解除合同与离婚。

第八章：葬礼和历法，包含葬礼的准

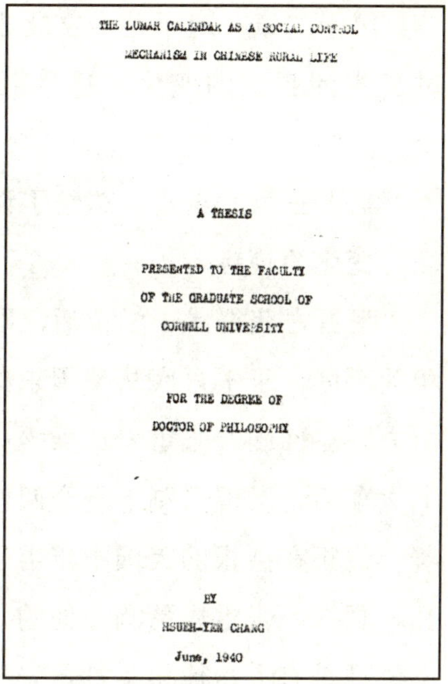

THE LUNAR CALENDAR AS A SOCIAL CONTROL
MECHANISM IN CHINESE RURAL LIFE

A THESIS

PRESENTED TO THE FACULTY
OF THE GRADUATE SCHOOL OF
CORNELL UNIVERSITY

FOR THE DEGREE OF
DOCTOR OF PHILOSOPHY

BY
HSUEH-YEN CHANG
June, 1940

张雪岩博士学位论文封面

备、头七、十四日、二十一日、四十二日、四十九日、哀悼标识的取消、埋葬、送葬列队的顺序、棺材的下放、寡妇和鳏夫、尸体的变化、埋葬之后、敬奉祖辈的仪式、祠堂的建立。

第九章：春节的庆祝活动，分为准备工作、清洗、礼物和食物的准备、关闭账户、装饰、除夕、告别过去的一年、初一、破五、人日、对星星的崇敬、天气预测、演戏、立春、元宵节、元宵宴、灯谜、打开密封物。

第十章：不同的节日，列举了龙抬头、清明节、朝拜人祖、浴花节、赛龙舟节、药的神秘、龙王、建桥、盂兰节、中秋节等。

第十一章：在整个文化中的历法控制，论述了生命哲学及其世界观（儒家和历法、道教和历法、佛教和历法）、历法和社会组织、历法和经济活动、历法和农业。

第十二章：对于整个文化来说历法变化的影响，探讨了生活哲学的变化、社会组织的变化、经济制度的变化。

第十三章：结论，总结了调查结果、历法的社会特征、变化的趋势。

张雪岩获得博士学位后，即做回国准备，办理完毕相关手续，于7月底从美国东部乘火车到美国西岸旧金山去赶船回国。张雪岩在乘坐火车时遇到一件趣事。挤上火车后，发现只剩下一个两座相连的空位，靠车窗坐着一位正在读报的美国中年男子，其身旁的空位上放着几本画报，张雪岩猜测是他的，便上前客气地问他那个空位是否有人，他扭头打量张雪岩一下，之后转头继续看报，随口说了句："你到吸烟室去好了！"张雪岩明白这个人不愿意让人挨着他坐，但又感到奇怪，同时心想自己三年来还没碰过这种钉子，于是略微生气地回问那位美国人："为什么叫我到吸烟室？我从不吸烟，车票也是客座，何以有空位不能坐？"边说边把提包放下，并将画报移开，大大方方一屁股坐下，那美国人看没有办法，就哼了一声说道："同日本人坐在一起，我认为最霉气！"张雪岩随即理直气壮地对他说："谢谢你对我们的同情，知道不？我们中国已经拿无数生命和财产为你们出气三年多了……"那人听了这话，立刻起来同张雪岩握手，并一再说："对不起，不知道你是中国人，误认为日本货！"那位美国人在这时已把怒容变成笑脸，并殷勤地问长问短，表现得十分亲密。张雪岩在回国后谈到这件趣事时，发表感想道："这点前倨后恭的态度，看似滑稽，其实正代表了美国人反日亲华的真面目，他们反日，不是盲目的，是来自不平之念，正义之感，亲华也不随便，乃由我们自己争气。"

1940年9月1日，张雪岩返程至香港，9月12日抵达成都。至此算起，张雪岩在国外留学整整三年。他曾在出国途经汉口时与友人谈及回国计划，想先游欧洲大陆，然后取道苏俄由西伯利亚经东三省，再回到济南田家社。然而，抗战尚未胜利，东北、华北地区仍处于沦陷状态，使得他的归国路线不能如其所愿。张雪岩对此并没有感到遗憾，仍然坚守着抗战胜利的希望和信念："虽事与愿违，不曾实现预定的计划，达到预期的目的，但看看敌军泥足深陷，和我军愈打愈强的情况，以及本报虽因流亡边陲不曾停刊过一次，而且销行情形较战前为佳的盛况，对收复失地（东三省在内）的最后胜利，不但希望未减，信念未摇，反而因全国在血战中所受的锻炼，所表示的强韧，益发增高，益发坚强了。"

第二节　美国见闻

张雪岩虽然具有强烈的爱国主义精神，但对于其他国家值得借鉴的优点并不排斥。美国是一个新兴的资本主义国家，拥有许多西方文明的科学技术和文化，所以，他在美国留学时除了刻苦学习科学知识，也特别留心考察美国社会的方方面面，从中寻求值得中国借鉴的东西。他归国后，将在美国的所见所闻，尤其是反映美国文化特点的、有趣的且具有参考价值的方面，写作成文，分期刊载于《田家》上，向广大读者介绍。他指出："出国三年，见闻很多，好的不少，坏的也有。不过为择善弃恶，特将对于读者有益的多写一些，不但大家可以开广见闻，同时也真正跟人家学些好处。"其中，教育是他尤其关心的重点，希望中国的教育能够从中受到启发。

一　对美国教育的考察和感受

张雪岩生于贫穷家庭，走过了一段艰难的求学之路，对于穷人难以接受教育感受颇深；他成长为一名新式知识分子后，对中国落后的教育制度尤为担忧。于是，他在美国细心地考察了美国的教育普及程度、教育制度、中小学的"集中学校"教育、教育新趋势、大学教育、社会教育、民众教育等方面。他回国之后，在《田家》

上分期撰文，详细介绍美国的教育情况，并不时与中国的现状相比较。他首先介绍政府办教育的概况：

美国是实行强迫教育制度的国家，凡属国民，到了学龄（六岁或七岁），一定要进学校，直到中学毕业。不是经过医生证明身体不健全的儿童，不论穷富，必得照办。不过这种基本教育的经济责任，完全由政府担负，因此施行起来，自然便利容易了。近年来我国虽高唱普及教育，法令规章创制的也不少，但所以至今行不通，政府没有把经济责任为民众（尤其穷苦的民众）担负起来，也是重要原因。

不过在美国为民众负教育责任的，并不是中央政府，乃是各省县的地方政府，因此各地的教育经费，大半由赋税抽攒或特别捐募。但因各地情形不同，办法也就因地制宜，随处不同。因为教育经费实际上是由民众所出，所以在拟定教育方案和支配经济方面，地方政府也不操纵垄断，多与地方教育委员会商议，这种民众政治的精神，美国人在教育方面表现得特别好。

接着，介绍美国的义务教育制度——“集中学校”：

美国的乡村从前也有私塾，近年来因为交通发达，教育改新，所以把私塾取消，一概建设新的集中学校。这种学校大半以乡村社区为地理基础，设在全区交通方便的经济活动中心（多半是小市镇）。校舍的建筑，都很讲究，设备极为完美，一切都求合乎教育原理，使其成为儿童身心俱得充分发展的理想环境。新式的集中学校，都是小学和中学在一起，平均起来，总有两三千人。所以叫“集中学校”，就因为目的是把全社区的小学和中学儿童都收集一起，把教育和经济力量完全集中，好把学校办得格外好。除非远道的外区学生，本区的学生，大半走读（每天回家）。不过有的社区很大，南北东西的距离各有直径——四十华里，有的甚至还多，这样走读不成问题吗？不，绝对不成问题，因为每个学校都有自己定做的公共汽车好几部，每部车的容量，至少二三十人，有的管东，有的管西，其他各方都有专车接送学生，车辆的多少，以早上七点至八点一个钟头之内把所有的走读学生，不论远近，统统接到学校为原则，办法是每辆汽车各按学校地图指定的路线，及各生住居的地点每早七点或六点半开出去，按名单挨家把学生接来，午后四点钟下课后，再将学生分别挨门送回家去。

张雪岩介绍了美国教育的三种趋势，即课外活动、职业教育和以集中学校为全社区生活发展的中心。他说：

> 美国教育（特别是中小学校教育）有三种新的趋势，值得特别一提。
>
> 一、课外活动。这种提倡近年极为盛行，所有学校，不但予以重视，且把它列为正式课目之一，并且有明文规定，凡属学生，不论男女（尤其进中学校后），必须本其兴趣选有关体育，智育，德育的课外活动三种。这种活动的着重点有二：(一)注重校内团体生活的训练，特别注重互助合作勇于负责的精神；(二)注重服务社会的种种实际工作，目的在使教育服务化，社会化。
>
> 二、注重职业。近来美国的小学和中学教育的第二个新趋势，就是为避免以往爬梯子式的升学制度，致把农村青年大部拖走，因而闹出田园荒旧的恐慌现象，特在职业（特别是工，农及其他实业）方面加以注意。办法是除普通中小学应设科目外，亦就当地需要情形设职业科目，如系农区，当然注重农业科目，工业亦然。这种办法，一方面可使智力财力都能升学的学生，还可照旧升学，其余不能升学的，可早本自己特有的兴趣专习某业，以便由

中学毕业后，可以参加专门职业，使人人得尽其所长，参加建设事业。

三、社区中心。美国教育的第三种趋势就是使集中学校成为全社区生活发展的中心。近年经多方试行，极着成效。办法是学校的房子和教员，在无碍学校所定之课目与活动外，地方人士如有需要，可尽量利用。有的学校在建筑校舍时，特辟建民众会议厅一处（当然学校也可利用），这种议厅，不但专为民众集会之用，也为民众娱乐之所。逢特种节会时，学校作倡，特为筹备游艺节目，如演剧，如电影等等。如征有收费，即均划归地方财政委员会保管处理。这种收费，大半用于社会福利事业。有的学校每周为民众举行科学演讲大会一次，范围限于地方和民众的需要，恳亲会，母亲节，都是学校与民众共乐的盛节会，不但有演讲游艺，更有学校与民众共同参加的展览大会。学生的成绩，农家的出产，工界的发明等等都有，既能联络感情，又可增进知识，真是一举两得。

有的学校为成人开夜校，有的组织地方服务团，也有的与地方领袖共同组织地方福利委员会。更有的设有民众图书馆和公共阅读书报处。总之，一切打算，一切计划都是要把学校成为造福地方的中心。中国的中小教育（特别乡村方面），如能向这条路上走，民众不会不欢迎的，希望有心人能作提倡，更望政府予以注意。

张雪岩谈论了美国的大学教育状况，对大学图书馆设施甚为赞叹，对捐资助学的风气加以推崇，同时评点了中国留学生的情况。这些内容在今天看来仍然具有启发意义：

美国不但中小学教育发达，大学及专门教育也比任何国家进步。这里所谓进步，不只学校数量之多，学生人数之众，最要紧的，还是青年求学精神之专一与研究态度之诚恳。不过这并不是说美国青年学生比别国青年好，这种勤学深研的风气，是由好些因素所造成，最显著的，如：（一）国家社会对专门教育，都充分注意并积极负责；（二）教育环境良好；（三）设备完善；（四）社会安全；（五）教育稳妥；（六）出路丰富。

美国的大学，平均计来，每个学校，总有三四千人，差不多各国学生都有，都是男女同校。美国大学最令人满意的一件事，是图书设备的丰富，收藏之多，真是惊人，每年出版的新书，不论那个门类，差不多都要购置。所以教授和学生们参考起来，非常方便。尤其研究生，除了学校给每人一个特别修读研究的屋子外，图书馆也备有特别桌椅，专为研究生之用。用功的学生，为了参考写作的方便，除吃饭休息外，差不多终日埋在图书馆里。只有这样苦读，才望有成，这如中国读书人所说的“十年寒窗下”的情形，有些相同。他们的窗虽不寒，埋头苦读的情形，却无异致。

美国人最富，对读书上进还如此注意，令人敬服。最大原因，是家庭与经济制度的不同，家庭对儿女所负经济责任，是有限的。到毕大学业或应独立的年龄，不论结婚与否，是应自食其力。不然即为社会所卑视。因此为了充实自己工作服务的能力，努力学问，也成自然之事。

其他各国的留学生，不论公费自费，大半都知努力，中国学生争气的也不少，不过有的却也令人伤心，有的因为年轻，对本国的社会文化和历史，认识不清，以致对求学意义和目的都弄不明白，见了美国优厚舒服的生活，不知不觉被浪漫的电影，跳舞和饮酒等的生活所迷醉，不但误了学业，且耗损了精力，毁坏了人格！有的甚至忘了祖国，瞧不起祖国，简直不想回来！这样，虚掷有用的光阴，浪费国家的金钱，以致令外人看不起，除给国家丢脸，也真是民族的罪人。这种事令人见了伤心，听了头疼。深望政府派遣留学生早有调整及严格限制的办法，对自费生应特别注意。刚由大学毕业的学生，应禁止出国，最低限度的资格，除学课成绩优良品格健全外，至少应有国内二年以上的服务经验。

美国大学的建筑，极其巍峨堂皇，不过这种建筑，除非政府所办，私立大学大半由私人捐助，也多半是为纪念一位热心教育或对某种学术特别努力特别有贡献的人，图书设备等也是如此。例如有人对中国文化特别有兴趣，就捐中国图书一大宗，有人对家政热心，就捐资盖座家政大楼，有的对妇女或儿童教育特别注意，就捐出笔钱，作为奖学金，专门鼓励帮助有志妇女及儿童教育的学生。这种投资社会及教育事业的好习惯，中国人应当特别注意，好好仿效，养成为后起造福为社会负责的态度。

张雪岩介绍了美国的社会教育。作为《田家》的负责人，张雪岩对于社会教育是十分关注的，因为《田家》对农民担负的文化知识传播就属于一种社会教育。他在文中强调美国社会教育成功铸成了良好的社会风气：

美国社会教育的一个特点，是注重公德，家庭中有这种培养，学校中有这种训练，社会生活中更有这种提倡，因此铸成了国风民气。公德是团体生活的基础，是任何进步的国家民族所不可缺少的宝器，美国在这方面社会教育的成功，可以从下列几方面看得出来。

一、负责任。在任何自由团体和聚会中，除偶然的少数例外，无论何人，对团体或会中所分配的任务和生活法则，莫不欣然执行，竭诚服从。在公家所分配的责任上，不论团体生活的时间多短多暂，绝少见到推推托托缺乏责任心的不健全的现象，只要工作轮到自己身上，不论苦甜，总是欢乐承担，快活进行。这种勇于负责的态度，最值得我们取法。

二、友爱。美国人民因为获得了社会化的家庭和学校教育，所以一进社会，就能以友爱与人相处，就拿最容易引起权利意气之争的聚会来讲，不论选举讨论，只要多数通过，反对的少数，就能遵从众意，停止意气之争。这是重事不重人的法治精神，这种友爱是有基础的，是有其公共及社会目的的。……

三、守秩序。因为美国是法治国家，又是民主政治，所以有秩序就成了人民自然的习惯。不但上下车船先让妇女及老幼，即进出娱乐场所，也多本此而行。在热闹的公共场所中，最容易看出他们守秩序的精神，进屋脱帽，低声窃语，这是最普通的现象，如在中国戏院茶馆之嚷闹无礼，是见不到得不到的，最可怜的，是在最高领袖提倡的新生活运动之下，竟连这点守秩序的事办不到。有不少中学大学的学生及其他各界受过高等教育的领袖，竟都对戏院中“进屋脱帽”的标语，熟视无睹，照旧戴帽，看看人家，胡能无愧！……

四、公共卫生。美国人的社会教育，由注意公共卫生上，看得格外显明。在我们中国随处看得见的有碍公共卫生的不良习惯，在美国都看不见。如随地吐痰，到处吸烟，乱抛纸屑果皮。就拿吃饭一事做比，不论肉骨，鱼骨，果皮和瓜皮，每人所剩，总是堆置食桌自己的一方面，直待食毕一块除去，绝不随吃随即向地上乱吐乱丢。街上走路不乱食，更不乱向街道上扔果皮物屑。……

五、急公好义恤老怜贫。扶弱救孤，是美国家庭学校共同注重的社会教育。儿童溺水，总有人争先抢救，有人路上跌倒，只要有人望见，必会急去扶持，“车碰人碎”，看热闹的没有，帮忙施救的很多。因幸灾乐祸的看热闹，美国人最瞧不起，也的确不合人道。美国人不注重把家业财产传给子孙，

> 最讲究为救济、教育等慈善事业帮忙。故遇有为民众谋福利的善举，捐输的踊跃，有足惊人者。……

张雪岩还说明了美国的民众教育重视科学思想和科学方法的特点，主要介绍了民众教育的一种有效手段——播放电影，这是美国政府与大学合作利用电影技术分类制作成各种科教影片，由政府赠送或购买以向民众放映：

> 美国的民众教育，和学校教育一样，都是注重科学思想的发展和科学方法的提倡。在学校方面，因为建筑设备的关系，一切似乎不困难。惟对离开学校散处各方的一般民众，同样提倡科学教育，就不易办到了。不过美国因为电影事业发达，所以政府与好些大学合作，利用电影的技术，将各种新发明新科学知识，分类制成小型电影片，并用小电影机到各处映给民众看。
>
> ……影片种类虽多，但目的只有一个，就是如何增进民众的福利，改良他们的生活。农业方面，如选种，防除病害虫，耕耘下种等都有。卫生方面，如病的预防，衣的洗换，食的注意，睡的卫生等等。此外如工业制造的过程和手续，如吃的面食点心，怎样由耕田下种，而至锄耘收获，然后由磨

粉运输打包，以至种种面食之制造，一层一层一步一步都清楚介绍出来，其他如罐头，衣服书籍，都用这种方法摄成影片，介绍给全国民众。这种片子，不但美国自用，各国买的很多。我国提倡民众教育，虽然乡村建设的公私团体，也有买的，不过还不普遍。

张雪岩详细考察美国教育后，对比中国的教育情况，认为教育是一个国家致富臻强的主要原因。他说："人人都知道美国是富强国家，但它的富强，却不是凭空来的，致富臻强的原因虽多，最主要的，还是教育的普及，如果拿教育普及的程度做标尺，量度世界各国的强弱，立刻可以得到一种确论，就是凡属教育普及的国家，人民的知识水准必定高，国家也必因此强。反之，教育不普及的国家，人民的知识一定低，国家也必弱。以中美两国做比，最容易说明这道理。中国和美国都是地大物博的国家，但中国比美国的人口多几倍，为何中国不及美国富强。主要原因，恐怕还是教育普及与否的问题。中国不识字的人，至少有全人口的百分之七八十，美国识字的人则至少有百分之九十多，中美强弱之分，于此可知。不过只讲普及教育而不问其教育程度的高低，还不能说明教育是国家富强之因。"张雪岩做的这番论述，充分体现出他主张教育兴国和教育强国的思想。

二　对美国社会生活的考察和感受

张雪岩也通过中美文化的比较，对美国社会生活的方方面面做了细致的考察，特别指明美国文化中蕴涵着先进的、科学的和文明的方面，以期为中国民众在社会生活中提供借鉴。

1. 家庭生活。张雪岩分别谈了美国人在家庭组织、长幼关系、经济关系、子女婚姻、教养子女的态度和方法、老年人自食其力、产业处理、年节、做饭、洗衣、浴盆、恭桶等十二个方面的特点。

在家庭组织方面，“美国家庭完全是小家庭制度，办法是夫妻为主，不论夫的父母或妻的父母都是各自居住，与结婚的儿女不在一起。结婚的男女，其生活以情爱为基本要素，能以经济独立为结婚的先决条件。这是和中国的大家庭制度最不同的一点”。

在长幼关系方面，美国家庭中“因为父母和结婚的男女间，没有什么经济关系，又是分居，所以接触见面的机会很少，因此感情方面，不及中国的大家庭来得亲密浓厚，孝道当然不是责任，父母也不那样想。子女长大成人结了婚，父母对儿女的责任，就算完毕。因为各自独立，所以到了老年的父母，非常孤立，儿女不常见，抱小孙子的快乐，也很少享到”。

在经济关系方面，美国人的“父母对子女所负的经济责任是有限的，名义上是到他们能自己成立家庭为止；不过按照一般的习惯，是以男女能自己谋生为原则。如果收入有限，不能维持生活，父母也可贴补；但美国人却都以此为耻。在经济上，美国家庭与中国最不同的地方，是人家的父母从小训练子女在经济上独立”。

在子女婚姻方面，美国人的“父母对子女的婚姻，只是指导，绝不干涉，从交朋友，从恋爱到订婚结婚，都由儿女自己选择，自己做主。因为两方面的性情，态度，学问，已在做朋友的时候，有了清楚的认识和了解，所以成了夫妻，就很自然的是情投意合互助互爱的好伴侣”。

在教养子女的态度和方法上，“美国做父母的因为都受过相当教育，所以对于教养子女的态度和方法很合教育原理，值得参考。他们爱儿女一点不减于中国的父母，不过他们并不溺爱，小孩吃奶，不论母亲自己的，或是牛奶，都有一定时刻，绝不像中国父母，一听见小宝贝哭，就慌忙抱起，给他吃奶……对再大些的儿童，不论家里多么富有，总是教他们尽量学习做事。例如女的每天下学后，帮厨房，做针线；男的帮田工，喂家畜等，特别是在学校的假期中”。

在老年人自食其力方面，“美国家庭的最大长处，是人人都能经济独立，从儿童学起，直到老年，个人的生活都要靠自己的劳力赚来，不依赖别人。最令人敬佩处，是七八十岁的老年人，不论穷富，也不靠儿孙生活，完全凭自己的积蓄和劳力。即便有积蓄有田土，也是照旧勤劳，直到进棺为止。这点精神，真令人佩服”。

在产业处理方面，“美国家庭对产业的处理，完全由父母做主，死后遗产，不一定分给儿女，因为儿女都能自立，也不希望得遗产。残废的儿女，当然另当别论。因为家产由父母自己做主，儿女又不需要也不指望分产，因此父母临死，多半将遗产捐给公家，做慈善事业，如办学校，立医院，修桥补路等等。人家的国家所以富强，就因为人人能自立，个个有公心，这和中国正相反，是我们顶该效法的地方”。

在年节方面，“美国人最盛大最热闹的节期，不是过年，是每年十二月二十五日的圣诞节。这个节期，不但是家庭团圆的快乐节，更是赈济穷人的慈善节，每个家庭，不论城乡，不论穷富，除了亲友彼此馈赠外，也总量力捐些给他们所属的教堂，做赈济穷人之用。娱乐不忘善行，这点值得效法。中国的年节，如也能仿照这个作法，那真的才算是‘娱乐不忘救国’。这个节期，和中国过新年一样，儿童最喜欢最高兴；因为不但要吃好穿新，最使儿童兴奋的是家庭布置焕然一新，每家不论大小，总要在室内装璜一棵满了雪景（用棉花及有光的银纸碎片撒在树上）并系上些五彩小电灯的圣诞树，晚上把电门敞开，全树彩亮，好看得很”。

在做饭方面，“美国因为科学进步，机器发达，家庭的饮食，也依靠机器了。做饭的炉灶有两种，一种是煤气，一种是电气。穷苦的乡下人，也间或有用煤炭。煤气电气的炉灶，最方便最清洁，一来没有炉灰，二来不用劈柴添炭。……最新的电炉，不但可以做饭，也可洗盘碗，全家吃完饭，将所有盘碗放进洗柜，就可自洗并自行烘干”。

在洗衣方面，“美国家庭洗衣，也多是用机器，是电机，全家一大堆衣服，放在机器洗柜里，但却都用电熨斗。富有的大家，也有如洗衣店一样用机器的，又省时又洁净，烫的又特别平整。总之，美国的家庭生活，因为应用机器，所以一个主妇不费多少时间，就可做很多的工作，因此，家庭中用工人的很少”。

在浴盆方面，“美国家庭，不论穷富，没有不自辟浴室，自备浴盆的，小孩每天都要洗澡，大人有的每天晚上或早晨洗一次，也有的每星期洗两三次，因为各家都有这种设备，所以很卫生，不容得传染病”。

在恭桶方面，“美国家庭因为卫生讲求的好，所以处处都求方便，都要整洁，因为都用自来水，所以恭桶多设在浴室内，洗脸洗手，两感方便。大小便后，将拉手一扯，自来水即可将粪便等顺管子冲刷到阴沟去。因此恭桶老是清洁的，因为无蛆无蝇，所以传染病的危险也就没有了”。

张雪岩对以上十二方面的所述，既介绍了美国文化传统境域下家庭中的各种关系，又将各方面均与中国的家庭做对照，指明中国的家庭所应当向美国家庭学习和效法之处。他也介绍了美国的现代化给家庭生活带来的便利以及美国人对卫生的注重，如做饭和洗衣、浴盆和恭桶等方面，这些方面在当时的中国是不可想象的，而如今在中国的家庭中都基本上成了现实。

2. 电气化生活。张雪岩提到“在美国不只城市里有电灯、电话、电报这些东西，乡下也有，同时也不只大规模的工厂里有电机，就连一个普通家庭的生活，也大半电气化，电灯，电话，电炉之外，更有电条帚，电手巾，电剃刀之类的东西”。在所列电器中，他对电条帚、电手巾、电剃刀、电灶等四种电气化产品做了详细解释说明。

3. 风俗习惯。张雪岩主要列举了款待客人、杂货店中自拣物品、夜不闭户三个方面。在款待客人方面，他说道：“一般的讲来，美国人对客人，不论本国的或外国的，都喜欢款待。在美国读书的外国学生，每逢年节或假期，常有被请吃饭或留住的事。他们喜欢活泼，讲究自然，所以家庭中不论男女老幼，都一样同你谈笑喜乐，毫不拘束，使你处处感到安慰快活。”张雪岩保持着忧国忧民之心，谈到此处随即联想到：“现在有多少战区的难民逃到后方来，如果小康之家，都能仿照美国人招待客人的宽大态度，遇年节假期，也请流亡的男女青年学生和儿童到家里吃吃饭住几天，谈谈各地的情形，交换交换意见，彼此一定能得很大的益处，从此造成睦邻亲友的风俗，使别人都能仿效。”

在杂货店中自拣物品方面（类似于今天的超市），张雪岩指出：“这种办法，真算省时省力了。这其中最紧要最值得参考效法的，是店主对顾客的信任，和顾客道德之高尚。如果我们的生意都能按照那种办法，不但人人可以大大减省，道德标准也证明是很高了。”

在治安方面，张雪岩回忆了他在康奈尔大学读书期间的经历。当时他租了一所房子，靠大路，隔壁是酒馆，除了70多岁的房东老太太在楼底层住几间外，一至三层共住了七八个学生，来自四五个国家。张雪岩刚住进去，发现无论是白天还是黑夜，房门从不上锁，很是担心，于是向房东要了把钥匙，每当出门就将自己住的两间屋子锁上，后来发现其他学生的屋子都不锁。他

与美国房东合影（1940 年）

还听一个来自巴西的同学说，房东老太太每逢到别的地方探望亲友，一去就是几个星期，她自己的门一点也不锁，只是托一个女邻居每天来替她收拾房子，从未听她说丢过东西。张雪岩分析这种夜不闭户的原因，“美国因为是世界最富的国家，所以近来虽有不少失业的人，因为政府有力量，有办法救济他们，所以社会治安不成问题”。

4. 农民阅读报刊的习惯。张雪岩发现美国农民喜读报刊，“因为至少是高小毕业，所以知识水准相当高，求知求进的兴趣和愿望也就格外浓，平均起来，每个农家，总定几份报章和杂志，藉广见闻，助修养，并增进工作的效能和技术的进步”。他列举美国农民阅读报刊的种类，大致包括：当地的日报，大都市的周刊、月报，妇女、儿童、青年、农业、工业等刊物，也随时添购农业、家庭、生活、宗教有关的新书。他还介绍了家庭老太太、年轻母亲和儿童阅读书报的习惯状况，强调这种喜欢阅读书报的习惯是美国富强文明的原因。

5. 交通。张雪岩详细描述了美国的交通系统、道路质量，包括市内交通、铁路和公路交通，对良好的交通秩序和服务态度赞不绝口：

> 美国的交通发达，不论质与量，都能算为世界第一。先从大都市说起，如纽约，芝加哥等，除了市内街面上的有轨无轨电车汽车外，还有地下的隧道，及架在空中的火车，环绕或穿过这些城市的大江大河，都有各式各样的大桥……美国东部最大的都市是纽约，不但河面有桥，河底亦有火车穿行。办法是将河底（哈得孙河）掏穿，用灰石钢铁等材料筑成，再铺铁轨，长数里，车行过时，很像穿山洞，但里边的设备很完全，如警站电灯等都有。河底下走火车，河面上行轮船，再上有吊桥，此外还有架在空中的车轨，算是四层交通，其方便可知。除了四通八达的火车，公路更是遍通全国，长途的公共汽车，不但到处通行，而且日夜不停，从不错时刻。车上的整洁和舒适，不在二等火车以下，冬天车上有暖气，有的夏天还有冷气设备。公路不但都是硬面，而且都很讲究，有的是柏油路，有的是

洋灰路，坚硬耐久，平滑异常。……

美国的交通秩序非常好，公务人员的训练和态度，也都特别好，就拿开汽车的来说，他们谨慎规矩的开车，而且很关照客人，上下车也替他们拿东西，对妇女和老幼，更特别客气，希望我国的公务人员，在这种地方，多学学人家。

6. 旅行。张雪岩将美国旅行与中国旅行相比较，对在美国的旅行携带行李、旅行途中的整洁卫生、所乘交通工具和优良风俗加以介绍。

在美国旅行和中国旅行最大的不同，就是不论旅行的远近或久暂，总没有携带笨重行李卷的必要。因为不论车，船，旅店，都有床铺被褥的设备，就连脸盆，面巾，肥皂，也都供给，所以毫不需要那种麻烦。在美国旅行和在中国旅行的第二个不同，就是人家比我们来得整齐清洁。不论乘车坐船或住旅馆，向来看不见随地吐痰的污秽事，就是吃剩的果皮和食屑，也不随处乱扔，总是放在设备好了的垃圾箱内……在美国旅行的第三个不同，是人力车，轿车，花杆，独轮车等一概不见。因为机器发达，火车通行全国，公共汽车四通八达，有的地方平均每五个人有一部私用汽车，因此连个人骑的自行车也不多见了。……

再一种值得效法的风气，就是不论买票登车，或找座，遇有人多比较拥挤的时候，男子多半很有礼貌的把一切方便机会让给妇女及年老的人，军警和公务员，特别客气。这一点我们应自觉惭愧，因为不但普通人不及人家知道尊重妇女，敬事老者，就连有些读书的学生在旅行时见了妇女老人，也不知礼让，甚至有的还争吵起来。有些公务员和军警人员，原负爱护人民的责任，在旅行时遇到这种应表示礼节和客气的地方，反而有时横眉竖目的吓唬软弱的妇女和穷苦的老人，真是不对！我们是号称文明礼仪之邦的国家，在旅行上应当表现出来，不要叫欧美人讥笑我们无礼呀。

7. 卫生。张雪岩陈述了美国人在衣食住三方面的卫生习惯，附带指明中国理发店的剃刀、手巾和中国人聚餐方式等不良卫生习惯中所潜在的传染病威胁，极力建议改善。

美国人对卫生，是极为讲求的，这从衣食住的生活必需上可以看得出来。一般的讲起来，美国人穿衣服，大概要合乎以下几个条件：一、耐久，二、耐洗，三、轻便。先拿婴儿的衣服做个例，为使婴儿柔嫩的皮肤感觉舒适，所以衣服的布料，多采细软耐久并且耐洗的。春夏秋用轻软布纱或绸类，冬天则用绒布一类的东西。婴儿的衣服不但常常洗换，而且也常常给他洗澡。在美国不论成人儿童，都知道衣服勤洗换是最好的卫生习惯。不但衣服常洗换，铺盖的被单枕套等，也至少每星期换洗一次。因此虱子之类的传染病的虫子就不容易产生。

在中国理发店的剃刀最容易传染病，但在美国，因为不但所有手巾每天洗煮，而且一人用过的，再不给别人用，因此公共卫生保持得十分好。中国人所以沙眼病多，用不常煮洗的公共手巾，是重要原因之一。如果说中国人穷，不能多买手巾，更无钱多备开水煮洗，但是如拿病了的医药费以及因病不能工作的时间讲，多用块手巾，多烧几次开水，还是合算得多。

美国人对食的卫生，特别讲究，例如不吃生食，就是冷食冷饮，也都是煮过开过的，同时所有餐具，不论碗碟刀叉或茶杯，一经用过立即煮洗，这样再有人用，就绝无传染病的机会和危险。还有一个看来似麻烦，其实是良好的卫生习惯，就是分食，每样菜汤，都是按各人的需要由主人分配，各人都用自己的碗碟刀叉，绝无传染病的机会。这与中国人筷子都向大碗里伸，匙子都向汤盘里蘸，以致病菌人人可得，疾病可以传给人人的危险情形，是大不相同的。如果想免病灾，美国人的分食法，是值得仿效的。

美国人的住房，也有几个卫生条件：一、地基高；二、窗多门大；三、厕所必通阴沟以保清洁，或离住房远些。四、院内总有花木。这样的住房，好处很多：一、不潮湿；二、空气足；三、传染病的蝇虫少；四、容易使人感到神清气爽。看看我们的老房子，正与人家相反，要想健康，住居的卫生，更是不能不仿效人家以求改良的。

张雪岩介绍美国的社会生活，并不是要让中国人的社会生活方式完全照搬美国或与美国的相一致，而是希望多学习美国在社会生活各方面所体现出来的文明精神和礼貌行为，使中国人的生活有一个参照物，使中国不失一个文明礼仪之邦的风范。

第三节　出国期间的《田家》

1937年，当张雪岩在8月中旬离开济南时，山东的局势渐趋紧张，时有日机在济南上空侦察。至9月底，日军侵入山东，济南逼近战区。受此影响，在齐鲁大学出版三年之久的《田家》（出版到第4卷第19期），在其编辑出版工作无法再继续的情况下，迫不得已于10月2日从山东济南迁往湖南长沙。田家社选择迁移异地出版发行，不仅是由于战事影响的客观因素，而且还因为《田家》编辑们认识到肩上的重任："本报同人更加认定了本报使命的重大，因为今后的《田家》，不只是宣传福音启发民众的重要工具，更必须是为'真理'、'正义'宣传奋斗的坚强武器，于是决定于必要时移地出版，任何艰险在所不计。"

1937年8月初，《田家》的总编辑孙恩三先行到湖南长沙联系和筹备了新的社址。因经费紧张，田家社的职员在济南基本都就地停薪留职，只有一位编辑刘龄九和一位工友携带所需文件南迁，他们在10月5日早上抵达长沙。起初，田家社在长老会附近的民宅赁居，后来转迁到长老会的一所女子中学，设临时订报地址为湖南长沙文昌阁66号。

《田家》在长沙面临着经济方面的困境，刘龄九曾提道："当我们离开济南的时候，已经欠齐鲁大学会计处三千多元。而手头所有现款尚不足两千元。前后迁移费及安置费共用去了近千元之数。所以当时一面请求有关团体及个人临时捐助，一面减少篇幅（只出八面）。

后来幸有长老会除每年的经常捐助四千八百元外，又额外捐助一千二百元，和几位中外同道的个人捐助，在各项支付紧缩之下，一年中除《田家》得以正常出版外，并还清了欠款。”中外教会和个人的鼎力相助，使得《田家》渡过一个个难关，继续维持出版。

1938年9月，由于战事的发展，赣北鄂东已沦为战区，粤汉两地处于紧急状态。为了躲避战火并获得出版印刷刊物的有利条件，在长沙出版了整整一年的《田家》于10月4日晚搬离，迁往四川成都。10月26日，田家社成员携带相关设备和文件抵达成都。经过一段时间的安顿和筹备，11月20日，《田家》在成都正式出版，刊期为第5卷第20-22期合刊。

《田家》是由于战争的影响才被迫迁移流亡，但迁到四川出版则有着特殊的因素，正如《田家》编辑在《本报迁川的意义》中所说：“抗战到了今天，大家都认定了，只有把民众唤醒，全民总动员起来，才能支持长久抗战，才能取得最后的胜利。本报更认定这责任——唤醒民众——是必须担在肩上的，所以又决然迁到四川出版。四川有无限的宝藏，四川有丰富的物产，四川有山川的天险，四川更有广大的人力，四川真是一个得天独厚的地方，所以我最高领袖，早已认定四川是民族复兴的基础，是持久抗战的根据。……

本报迁来四川，即是决心要结交我川省乡间的父老兄弟，帮助我川省的男女同胞，能明了本身责任的重大，肯负起救国建国的重担。”

《田家》落户成都，受到当地各教会团体和教会人士的欢迎与热心帮助，如中华基督教会（美道会）、美以美会、中华圣公会、浸礼会、公谊会和内地会，以及各教会的文化机关，都给予了人力财力等方面的帮忙。中华圣公会西川教区会督宋诚之和华英书局同工杨汉声分别写文章欢迎《田家》的到来。宋诚之以前瞻性的眼光认为，《田家》“此次迁到四川出版，在这抗战建国严重的时期，对于国家和民众，必有真正的贡献”。而杨汉声则从《田家》不寻常的迁移史角度，表达了其对《田家》能够来到四川继续服务农民的同情和庆幸：“去年因卢沟桥事变，《田家》即由山东迁湖南，今因粤汉紧急，又由湖南迁四川。这真是不幸极了！”但是要使各位读者能够在这种非常时期，“努力去改进农村生活，增加农民生产力量，大家都愿自力更生的去抗战建国，打退敌人，收复失地，不久的将来，‘田家’仍可迁回故里，而四川也成了吾中华的新四川。那时的田家亦可分几处同时出版，销行不止恢复原状四万份，或亦可至四十万份四百万份以上，能同全国农人结成好朋友。这种希望，一定会有一日实现。那末，田家三迁，岂不是不幸中之幸吗？”

更重要的是，《田家》得到当时在华西地区规模最大的基督教出版印刷机构——华英书局的大力支持，该书局属于加拿大基督教联合会，后来归入中华基督教会四川协会。田家社就设在华英书局内，华英书局为田家社的编辑们提供了工作和生活等方面的便利。刘龄九曾对此提及：“到成都后，即往该局内，休息、办公、印刷、食宿均在一个院子里，彼此相处，宛如家人，工作上的便利，心灵上的安慰，可想而知。……说实话，如果没有华英书局同道们的特别帮忙照顾，《田家》在四川的困难定比在长沙时还大。”在印刷方面，华英书局也对田家社的印刷费给予特别优惠。

《田家》从华北南迁之后，虽然仍旧以华北基督教农村事业促进会文字部的名义出版，但由于原执委会员除张伯怀和海珥玛两位，其余会员无法召集，有的四散各地，有的还留在战区，报告也不能邮寄，华北基督教农村事业促进会文字部已无法再对其负起责任，因此无论在对外劝募还是对工作的指导，已发挥不了其应有的作用。为了应对形势的需要，《田家》总编辑孙恩三于1940年2月，邀请了全国基督教协进会华西区干事李美博、四川中华基督教会总干事钟明、华英书局编辑杨汉声、浸礼会胡敬伯、公谊会杨少荃、美以美会卓伟、中华圣公会宋诚之会督等做该报的理事，组成华西理事会，并开会商讨了《田家》的发展方针。此后，《田家》就暂时与华北基督教农村事业促进会文字部脱离了隶属关系，也不再在刊物上注明其出版机关为“华北基督教农村事业促进会文字部”，而更改为发行机关“田家半月报社”。

第四章　为国家争独立，为民族求解放

第一节　艰苦备尝办《田家》

1940年2月间，孙恩三主持成立《田家》的华西顾问委员会后，便去重庆的全国基督教协进会负责建立合作生活实验区的工作。9月初，张雪岩自海外归来，路经重庆，就约同孙恩三一起回到成都，以期共同商讨《田家》的发展大计，尤其是有关田家社的组织问题。

1940年9月21日，孙恩三和张雪岩与华西理事会的顾问委员会委员——钟善学、秦约翰、杨汉声、宋诚之、胡敬伯、杨少荃、卓伟、乔安慰、李美博等，另外邀请张世宁、马克遂、腓立朴、邵镜三等人，在卓伟的寓所召开第一次华西理事会执行会议。会议由孙恩三主持，首先向从海外归来的张雪岩致欢迎词，接着由秦约翰报告田家社的经济状况，刘龄九报告抗战后该刊的经营概况，然后讨论了该刊今后应如何发展的问题。经过数小时的热烈讨论，议定：“（一）前顾问委员会改组为田家社华西执行委员会，并由执委会推五人为常务委员；（二）公推孙恩三、秦约翰、卓伟、杨少荃、胡敬伯为常务委员，孙恩三为主席，常务委员开会时主笔得列席；（三）通过下年度预算，并请各公会及北美宣教会联合会尽量为本报经费劝募；（四）欢迎张雪岩博士为本报主笔，领导本报工作。”这次会议之后，孙恩三成为田家社的社长，张雪岩担任主编。

对于张雪岩归国后回到田家社工作，读者们感到欢欣鼓舞，有一位读者给《田家》写信表达其兴奋之情：“今后本报有雪岩先生在四川主持领导，我们深感前途无限光明，这个好消息，我们想读者听了，谁也会兴奋！”张雪岩担任主编的消息公布后，另有一位读者给《田家》寄了一封“欢迎张雪岩先生归国献词”的信，信中写道：

> 我代表整个田家的定户，及全国各处的读者，用最敬最诚的赤心，来欢迎我们一别三年的张先生归国，领导田家向敬神爱人更加光明的路上迈进！我们是手舞足蹈的欢迎，庆贺张先生艰苦奋斗的成功！
>
> 我们田家读者，十之八九是生存居住在乡村，

工作在田野的人们，对于国外的社会情形，可说是一点也不知道的，希望张先生把在外国亲眼所看见亲耳所听见的事情，凡关于农业，生产，宗教，道德，学术，精神，机器，新奇发明，政治，军事，教育等等，一切可以借镜的实事，一件件的描写出来，以供读者们的欣赏，借收“他山之石可以攻错”的效用。

我希望在每期报上，都能看见张先生的见闻记。这不只是我个人的希望，是全体读者们的普通要求！

我代表全国读者敬祝张先生的事业勇猛前进。

徐建甫写于河南南阳青化镇永昌源号

张雪岩重新主持田家社的工作，既充满自信心和使命感，又深知责任的重大和任务的艰巨。他在《田家》上发表的《回国后的观感》，其实是一篇继续办好《田家》的宣言书。文中说道：

日子过得真快，岩出国整整三年，现在平安回来，继续为田家服务，实在觉得高兴。这固然是本社（田家社）同人的厚爱，同时也是读者和各地同道们平素领导所赐。回来虽然不久，但感想甚多。现在特把重要的写给大家。

关于读者的

第一个兴奋的感想，是本报销数在烽火连天中，依旧继涨增高，虽因种种困难，纸料不得不同后方一切书报一样用次些的货色，篇幅不得不相当减少，尤其难免的，是军忙期间，邮递有时异常迟慢且常遗失，但读者并不因此责难我们，反而随时给本报同人以很大的慰藉与鼓励。这种爱护实在令人鼓舞兴奋。希望读者对本报这种爱护的精神，不论批评和指导，从此更能增加。惟有这样，本报同仁才能知道如何编写你们所喜欢，所需要的材料。

关于同道的

回国来第二个重要的感想，就是各地同道对本报介绍的努力。本报虽因种种困难，不能直接做宣传推广工作，但赖各地同道的爱护，广为鼓吹介绍，短短期间内，得有万余读者，且在天天增加，这种良好的情形，实出同道之赐，感激以外，还要请大家继续努力。因为本报的宗旨目的，是藉文字的工具，做布道的事业，使中国的农民明白真理，信从并效法爱人如己的基督，如中国的农友们都能因读田家，变成寻求真理，敬爱别人的人，社会才得健全，国家才能进步。本报虽负着这个使命，但做的好坏，成功多少，全赖各地教会的领袖以及所有同道们的批评和指导，特别是宣传和介绍方面。

关于其他方面的

还有第三个感想，就是听说读者中有不少中小学教员及学生，军政界的朋友也不少，这不但给我个人很大的鼓励，更证明了中国的读书人和官家在抗战建国的奋斗中，没有把占全国大多数的农民问题忘掉，真是复兴民族的好现象。在我们的教育目的上，军政学界的同情与爱护，是非常宝贵的，力量也异常的大。我们的教育目的，是拿文字做“提高民众知识，改良民众生活，建立健全品德”的工作。如果将这目的达到，非做到“村村有定户，家家有读者”的地步不可；这步功夫，就非大家共同的提携和指导不可了。指导的最好办法，是随时给我们批评和建议。只有这样，我们的工作才能进步，目的才能达到。

最后再重复一句，要想本报办得好，非爱护本报的读者和各界的朋友们，共同负起批评和建议的责任不可。所以凡属有见地的批评和能促进本报发展的好建议，一定虔诚接受，只要能力来得及，也必尽力照办；不过广为介绍，多使人得到求知求进的机会，是本报对大家最大最热切的希望。

1941 年年初，张雪岩为推动《田家》的发展，采取了一些措施。如发起“五万定户运动”，计划使《田家》的定户在 1941 年至少增加到五万；设置“田家奖学基金”，将读者捐给《田家》的茶水之资、笔墨之费全部存入银行，作为田家奖学金的基金，用基金的利息专门奖励读者写作、辅助读者中穷苦的优秀青年儿童上进；编纂《田家读者传记》，以此清楚地了解《田家》读者的实际生活状况。

1941 年 3 月 11 日至 13 日，中华基督教会全国总会在成都四圣祠礼拜堂召开分区会议。在文字事工的报告中，邱德荣报告了华英书局的印刷成果，从 1940 年到 1941 年 3 月间，一年来印刷品共计 1750 多万页，包括有各级主日学教材、各种单张劝世文、各种宗教图画、翻印上海出版的各种宗教名著、《希望月刊》和《田家半月报》两种定期刊物等，其中《田家半月报》有 334 万多页，占印刷品全数的五分之一。刘龄九报告了抗战三年来《田家》的发展情况：“战前有定户四万余，两年前到成都时不过还有三千，如今定户又增加到一万五千多。因了读者的要求，拟着手编辑《读者丛书》、《读者传记》、《田家画报》等，田家能在四川有如此发展，是靠了各地教会同道以及读者朋友的拥护，尤其是靠了华英书局的特别帮忙。”张雪岩随之补充报告了文字工作的重要性，并郑重声明《田家》的立场是为公理正义奋斗到底。

1941年4月，华西基督教文字委员会[①]几度在成都召开会议，讨论文字事工在中国谋求发展的方法和计划，会议相当圆满，其中决定在成都审选上海青年协会书局和广学会出版的应时佳作，鼓励大后方基督教作家根据时代和环境需要努力创作。同时，会上各委员还一致认为需要发展乡村文字，商讨促进乡村文字的计划，建议应采取合作的方式，如中华全国基督教协进会、中华基督教全国总会、广学会、青年协会和成都华英书局等团体和机构在人力和财力方面共同协商进行。张雪岩计划在1941年夏出版《田家读者自传》和《医药问答汇编》等著作，以此作为田家社促进乡村文字发展的计划之一。

张雪岩于1940年9月到成都后，《田家》的销量仅剩6000份，通过增加篇幅（恢复到战前的20页）、力求刷新，发起“五万定户运动”后，销量突飞猛进，至1941年6月底，定户已有3万多，9个月增加6倍。在交通运输极度困难的情况下，《田家》还能保持销到十九省，也就是说凡未沦陷的区域，基本上都是《田家》的销行之地。七七事变前每月新增销量的最高记录

① 1940年冬，中华全国基督教协进会在成都设立华西基督教文字委员会。

是3000余份，1941年竟有数月已超过4000份。

尽管在张雪岩的领导下，《田家》有了相当的起色，但是在战争的环境中，生存危机随时都能感受到：物价不断上涨，纸价和印刷费随之攀升，人工费用亦增加。所有这些都是张雪岩不得不应付的棘手问题。1941年5月19日，张雪岩趁社长孙恩三回到成都的机会，组织田家社召开了华西理事会会议，商讨下年度的工作方针。会议通过多项议案，其中重要的有："（一）现以印刷费天天增涨，本社入不敷出，特决定自本年七月一日起增加报费，单份全年为二元，五份以上合定每份为一元六角。（二）通过下年度新预算，全年为十三万三千元，其中印刷费占十一万之数。收入方面预计报费为五万元，其余设法劝募。（三）致函各教会团体，分别请求津助。（四）致函特别帮助本报的美国北美宣教会及Dr. Reisner表示谢意，并请他们下年度更多加帮助。"其核心即两点，一是提价，二是募捐。张雪岩在会上做了相关报告，希望借助此次会议的召开，使国内外各教会团体能够"予以精神及物质之协助，使此业经普遍并深入民间的乡村布道文字工作，得在艰难困苦的时代和局面中，继续发展下去，永久为基督作证，做农民良友，俾中国农村得向现代化科学化之路迈进，成为富强的国家"。

然而，自1941年12月7日，太平洋战争爆发，英美两国对日宣战，来自海外教会（主要是英美两国教会）的捐款受到影响；国内各教会也因国外捐款的减少，缩减或停止了对《田家》的资助。《田家》因此雪上加霜，频频陷入经济的困境，在捐款收入方面减少3万多元，而支出方面则额外增加6万多元，致使这一年度经费不敷高达10万多元。张雪岩深感《田家》处境日益艰难，在濒临停刊的紧要关头，于12月15日召集《田家》华西理事会委员开了一个紧急会议，讨论如何度过这个难关。全体委员一致表示，不论如何艰苦，坚决尽一切可能，维持《田家》的出版，并且提出三种办法："第一，积极募捐。电请美国教会，增加特别津助本报；请国内同情本报的团体及个人予以接济；呼求本报读者量力捐助。第二，增加报费。以目下印刷费计算，每一份报全年须净赔8元，决定每份报费增加为半年3元，全年5元，以减少赔累。第三，减少篇幅。从本年起，本报页数由20页减为16页，藉以减少一部分印刷费。"

即使如此，《田家》面临整个国家经济的通货膨胀威胁，一时难以克服，张雪岩等编辑多次在报端发布《紧急呼吁》、《向读者申诉》、《紧急启事》、《特别启事》、《向读者呼救》、《继续呼救》等消息，说明《田家》所遇到的困难与采取的措施，希望读者予以理解并能够帮忙解决燃眉之急。选登两篇，可见《田家》所遭遇的困境：

本报自十九期起，以徇读者之请，咬牙恢复半月一期，当时我们即曾声明："以本报经济力而论，这样出仍不可能。"经出版两期之后，各种困难便接着而来，最大的困难即是纸价的飞涨不已。而自本月一日起，照邮局新汇寄报邮费较前，要有十倍以上的增加，也使我们大感困难（比如说从前寄费每期只需五百元，现在就得费五千元）。为维持本报脆弱的生命，自本期起，我们不得已而将篇幅减少。出合刊，无以对读者，不合刊，无以维本报，事在两难，只好采此办法，我们的难过，我们的惭愧，实在是没法说，更令我们担心的，物价的增涨，愈来愈烈，毫无限度，故这种只减篇幅不出合刊的局面能维多久，在我们仍然没有把握，将来是否有又减篇幅又出合刊的一天到来，我们更不敢断言。

百物腾贵，纸价飞涨，印刷日昂，邮费陡增，卷报工资，油印报签，扎报包皮等，亦随之续涨不已，加之国外捐助，因汇价关系，日见其少，本报经济因此极感艰窘，如不急谋补救，势将被迫停刊，故于力谋开源之余，爰本众擎易举之义，自

> 三十二年一月一日起，将报费酌予增加，读者无论如何艰苦，但为爱护田家生命，想必乐愿撙节协助，期延续这唯一农村文化生命于不坠。这是中华民族文化建设的根干，对于维持爱护它，直接间接都有责任，所以我们一方面希望大家谅解我们的苦衷，同时更希望大家勇敢享这个文化建设的大责。

《田家》在各方的援助下苦苦支撑着，张雪岩为此而感叹道："这几年我们在经济上所受的艰窘，却也真是苦不堪言，例如纸价印刷之飞腾不已，国外捐助因汇价限制及因英美参战之减缩，不免时感艰困。又以国内经济窘迫，开源匪易，因而益增焦愁，但能在万般艰困中苦撑至今，实非容易，也真有些神奇。"在张雪岩看来，《田家》其实是广大读者共有的，希望大家都来关心这份刊物的命运。1944 年 3 月，张雪岩发表《向读者呼救》一文，提出了应急和长期两种捐助办法，并希望能够在《田家》创刊十周年时募集百万基金：

> 本着争取胜利和振奋图强的精神，这种启发民智，增进技能，发扬道德，以及加强信仰的文化工作是万万乎不能间断的。读者们，伸出你们的义手来，帮助《田家》行走吧，实际是帮助你自己呀！这个文化大厦，是要以大家的力量来支撑呀！捐助

办法，可分三种：

一、应急。凡属读者尽量自捐并竭力向亲友劝募，在最近期间募足相当数目（自完）汇交本报。不愿将芳名发表的，请特别声明。

二、长期。在抗战结束前恐怕这份工作是要大家共同担负的，因为单凭国内外的特别捐助，也渐感有限而募化不易。按月或按年俱可，最好半年一汇，捐钱捐物都可，物可变成钱。

三、基金。本年八月是本报十周年纪念，为纪念这个受尽艰苦的文化幼童，我们预备出特刊以作纪念。藉此募百万基金，奠永久基础依靠大家努力，达到这个目的。这件事情关系甚大，希望每个读者，都能献出最大力量。

……爱心不落人后和见义勇为的读者们，表现中国人急公好义的仁侠精神吧。同时《田家》是大家的，大家一齐来负责吧。

尽管如此，进入1944年，成都的物价飞涨更加凶猛，《田家》的编辑出版经费实在是不堪重负。《田家》于1938年10月迁到成都，至此已在成都出版近6年的时间。但是，由于客观的经济困境，张雪岩不得不考虑将刊物迁到重庆出版。

重庆于1940年9月6日正式升格为陪都，并且在抗战期间是实际上的首都，其情况相对于成都要好一些，“那边的生活物价俱见低廉，印刷自亦比较便宜，此外还有交通和取材等等便利”。为了更有利于出版工作，《田家》华西理事会开会决定于1944年8月底将田家社迁到重庆。社址起先定于重庆沙坪坝中渡口13号，后改为重庆沙坪坝庙湾特3号，1945年12月，又迁至重庆黄家哑口捍卫路一德村4号。在迁移之前，张雪岩意识到迁移的麻烦比较多，到重庆后另需布置整理，这中间要耗费一段时间，所以，在1944年夏，专门出版了一份《田家半月报·迁渝特刊》。田家社在迁移过程中遇到一系列问题：“水路的耽误，同人的病疾，连绵的阴雨，困难的交通，房屋和器物的租用与购置，以及变更出版登记各种手续的麻烦，凑成延迟复刊的各种因素。”直到1945年1月1日，《田家》才开始正常出版，第11卷第11-12期合刊为在重庆出版的第1期。《田家》在重庆没有选择固定的印刷机构，先后委托京华印书馆、军事委员会政治部印刷厂、沙坪坝消费合作社生产部印刷所等印刷机构为其印刷。《田家》在重庆出版将近两年的时间内，由于物价、纸张和印刷费用仍然在不断地增涨，经费紧张的状况仍未能真正改观，又被迫采用每月两期合刊出版，这种方式一直持续到其迁离重庆。[1]

1945年8月，抗战即将结束，张雪岩借纪念《田家》出版十一周年的机会，发表了在抗战中办刊的感想，谈到工作中遇到的具体困难："一是经济困难，国外来源有限，国内募化不易，报费不能随时增价，物价又在天天狂涨，这是我们最大的苦处。二是印刷迟缓，抗战时期，物资条件不够，各地印刷厂所困难重重，因此本报也亲尝不能如期出版的痛苦。三是邮递迟缓，且每期都有遗失，真是最大的憾事。"

张雪岩虽然历经困苦、饱受折磨，但是没有让《田家》停刊倒下，终于熬到了抗战胜利的日子。《田家》为何能够生存下来？至少有四个方面的原因：

首先，张雪岩及他所领导的《田家》编辑部具有坚强的决心和神圣的使命感。

张雪岩在向读者呼求捐助的同时，表达了克服困难以维持《田家》正常出版的决心："我们愿向各方呼吁，以期获些仁浆义水，活此涸辙之鱼，不过前途困难尚多，即便得些援助，纸价印刷，随着无情物价之飞涨，的确常在威胁本报之生命，但我们有坚决的信念，认为这份以文化建国的事业，和国民精神食粮的仓库，定获

① *The International Review of Missions*，Volume 36. 1947，P16.

天佑，必得人助，我们已经计愿献身，不论遇何艰险，愿始终不渝，永作知识堡垒的卫士，效忠到底。……全国的读者们，请放心，我们不会因难而退，为了守住这座有关国计民生的文字堡垒，我们要做英勇斗士，不但要守住它，还要打前锋，拓新疆，为大家的文字需要多出几种。”

这一时期，张雪岩等《田家》的编辑们表现出“拥护真理和主持正义”的坚定态度，在物价狂涨和大多数报刊都被迫停刊的时候，仍能咬紧牙关克服困难，坚持出版。抗战初期，《田家》的编辑即表态：“国家存在一天，我们便为乡村同胞服务一天，为真理正义奋斗一天。”抗战中期最困难的时候，张雪岩坚持“以基督教牺牲服务的精神，实行救国爱民的工作”，他代表《田家》发出了掷地有声的誓言：“在这抗战建国的大时代中，本报誓为国家争独立，为民族求解放，为真理做辩护，为自由做斗士，这个严正的立场，我们要守得住，这个神圣的使命，我们要肩得起，苦我们当甜吃，难我们要笑迎着。”

在抗战期间，张雪岩结合时代的特点，提出《田家》所要担负的使命：促进乡村建设、改善民众生活、增进国民知识、提高社会道德、激发爱国情绪、发扬民族精神、宣传救世福音、实现世界大同等。他还提出了担当这些使命的立场："一、我们以民众需要乡村建设为服务的基点。二、我们以救亡图存复兴民族为努力的方针。三、我们以自由平等互助友爱为前进的标帜。四、我们以宣扬真理促进大同为最后的目标。"

张雪岩特别强调《田家》在战时的重要性："抗战的烽火，敌人的凶残，惊醒了全体中华民族的儿女们（少数汉奸例外），一致觉悟：国存与存，国亡与亡。因此，国内政治如何？前方战争如何？国际变化如何？人人想要知道个大概，尤其是僻处乡间的大多数同胞们。因此，战时报纸的宣传，同前线的炮火同等重要，本报系深入民间的大众读物，因而所负使命重大，亦因此特别博得了广大读者的拥护；希望它：内容充实，出版迅速，销行广多，基础稳固……全国读者，人同此心。"1943 年 7 月，为纪念七七卢沟桥事变，张雪岩撰写《"七七"纪念与本报》，总结了《田家》在抗战中所发挥的作用："本报以文字启发大众，发扬'国家至上，民族至上'之国族意识上；坚定'抗战必胜，建国必成'之信念上；鼓励'有钱出钱，有力出力'之宣传上，都曾尽了应尽的绵薄之力。"他进一步指出《田家》"要随抗战的胜利，走上建国的大道，准备肩负起文化建国更重大的任务，使中国农友们的知识程度一天天的提高，达到一等强国国民应及的水准，俾中国国民不但有生活力，更有创造力，发扬我们的文化，光照到世界的每个角隅去”。1943 年 8 月，适逢《田家》九周年纪念，张雪岩在困难重重时仍不辱使命，指出：“《田家》是根据民族需要而产生的文化幼儿，其使命是替农村大众之福利做代言人，所以凡逢反大众福利的人与事，我们绝不规避指陈谏劝之责，至于因流亡而艰苦备尝，但钢铁之志却因此磨炼得出。……肩负了民族解放的文化战士之斗争任务。”

其次，与读者交朋友，获得广泛的同情和支持。

张雪岩曾写道：“独坐编辑斗室，桌上一纸，手执一笔，将黑字落在白纸，经印刷装订过程，即可借邮政送到全国读者面前，经过阅读，发生情感，岂不妙哉！这种情感的联系，就是文化桥梁的建立，文字之功用大矣哉！古人所谓‘以文会友’，信哉，信哉。”其情其境正是他一直追求的“以文会友”。他在《田家》创刊十周年时告诉读者：《田家》在战前不到三年就交了 4 万多朋友，遍布中国各地农村。战争期间《田家》虽因流亡而暂时与这些好友隔绝，但在意念上却常有“神驰左右”之感，这种精神上的友情是永恒的、稳固的，绝不会因物质环境一时的困难而遭颠覆。他相信在战争结束、胜利到手之后，“这几万老友立刻可藉本报而重新言欢谈志。至于流亡期内在自由中国各地所交的数万新友，因为甘苦共尝，战后在建国事业的各方面，自会更加亲密，愈能携手”。正是由于“以文会友”的工作态度，“我们很高兴藉这小刊物在十年中广交了全国农村数十万朋友，也是藉这工作，加深了我们对农友们问题与需要的认识，坚强了我们献身农村文化工作的信念”。

张雪岩还分析过《田家》的前途问题，认为《田家》拥有遍布全国乡镇直接和间接的几十万读者，个个对《田家》抱着无限希望与要求。报社虽无经济基础，同仁等虽才能有限，但全体读者，已与报社生命打成一片，与编辑们成为至交，将宣传《田家》、捐款救急视为本分。“本报有这样的读者作后盾，所以现状不论如何窘困，我们终不灰心；工作不论如何艰苦，我们甘之如饴。”由此，张雪岩深觉《田家》基础渐形稳固，前途日趋光明。1945 年 8 月，临近抗战结束的前夕，也是《田家》创刊十一周年纪念庆祝之时，张雪岩列举了读者给《田家》大力支持的三个方面：“（一）读者不以此多加责难，反有少数读者以最大的谅解和安慰鼓励我们，介绍推销本报，不遗余力。（二）读者投稿勤奋踊跃，有不少宝贵意见赐给我们，虽因篇幅所限，不能一一刊登，对本报工作的参考，依然有很大价值。（三）有不少读者在万般艰苦生活中还能咬牙节省捐助我们，或代我们募化基金，这是我们万分感激不值的。”

再次，与其他文字出版机构合作共渡难关。

随着基督教各文字出版机构工作中心向成都的转移，1942 年 2 月，中华全国基督教协进会将华西基督教文字委员会改组为全国性的基督教文字委员会。该委员会为解决当时出版工作的困难和各文字出版机构合作的需要，召集相关文字出版机构商讨合作的办法，通过协商，决定“为试行业务上的合作，谋求在一切困难中增强工作效率，建立坚强基础，以作战后更充分的合作的准备”。[①]1942 年 9 月 18 日，在成都成立了一个联合的文字机构——基督教联合出版社（United Christian Publishers in China，简称 U.C.P.），由广学会、青年协会书局、华英书局、田家半月报社四个出版机构组成。其内部组织由各合作的机构各派干事若干人，组成执行委员会，直接向各合作机构的董事部负责。联合出版社成立以后，各组成机构不能再用它们自己的名义出版书籍，而必须用联合出版社的名义，但如果有联合出版社不愿出版的书籍，则仍可由各机构用它自己的名义出版。自此，田家社成为基督教联合出版社的一个组成部分，但仍具有相对的独立性。《田家》在重庆的困难时期，常受到基督教联合出版社的支持。抗战期间，

① 应元道：《四十年来之中国基督教文字事业》，《金陵神学志》第 26 卷第 1-2 期合刊，1950 年 11 月，第 79 页。

《田家》积极参与和其他基督教出版机构的合作，不断得到中外教会团体的经费资助，在编辑的内容和发行量等方面都有所恢复和发展。

最后，张雪岩领导《田家》开展了扩大发行的生产自救运动。

张雪岩为解决办刊的经济困难，除了不得已数次减少篇幅、增加报费外，还于 1942 年底提出“胜利推销大运动”，此举实际上是延续创办之初的口号“村村有定户，家家有读者”和 1941 年发起的“五万定户运动”。《田家》编辑部指出：这不仅仅是为了缓解经济困境，更重要的是考虑到“现值新年伊始，胜利光明愈见迫近之机，特再冒艰困，重鼓勇气，复倡推销运动，以便藉读者的力量，将《田家》普遍介绍到自由中国的每一角落，促成抗战的胜利，奠定建国的础石，造成农村大众文化建国的伟大运动”。在办刊极其艰难的时刻，张雪岩思考问题的出发点依然是国家和农村大众。该运动号召《田家》的读者在 1943 年内，每人为《田家》介绍 5 个朋友，以期能销到 10 万的数目。这个目标如能实现，“则本报将来不但可以恢复旧规，而且也可望更加充实！这是伟大的农村大众文化建国运动，也是建设农村复兴农村的基本努力，直接有关本报发展，间接造福读者自己，我们希望读者能响应这一口号，努力为

《田家》介绍朋友，圆满完成胜利推销大运动！”

1943 年 5 月，张雪岩又推出“介绍新定户竞赛”的活动。“《田家半月报》是深入农村的唯一报纸，是民众求知的泉源，一日不能缺少。欲求抗战有胜，建国有成，非人人读书识字，并了解各种知识，明白每日发生的天下大事不可，为此介绍田家，就成了每个要强的国民应有的任务。为求今年达到十万定户，藉为抗战胜利之预庆，特发动竞赛，以表抗战必胜建国必成之信念。”

1945 年 8 月初，张雪岩再次向读者提出新的希望：“我们觉得今年是总反攻开始时，为争取胜利，本报更要不顾艰苦，加倍努力。使全国农村的民众，知道光明快临，和平快到，人人应在求知上做准备，以便胜利之后，大家共同负起建国的大责任。如要做到这点，需要各地读者加强与我们合作，至低限度，希望大家能做到下面三件事。一是努力介绍本报，每位读者为欢迎胜利，本年至少能立志介绍一百个读者，以便增高多数人的知识，增加更明白更能干的国民。二是多将镇村的困难和问题写给我们，使我们能本着大家的需要写文章找材料。三是希望各地读者在劝募方面继续努力，以便本报得在最艰苦的时期中按时出版。总之，我们希望农民得藉抗战胜利，获得知识上和生活上得解放。人人成为生产的份子，个个都是建国的能手。”这三个希望既考虑到读者为《田家》的发展贡献力量，即宣传介绍、提供材料和劝募等方面，又顾及到广大农民读者增长知识和丰富生活的方面。

1945年8月15日，日本裕仁天皇广播《停战诏书》，宣布日本无条件投降，9月2日，日本政府代表正式在投降书上签字。至此，作为世界反法西斯战争重要组成部分的中国人民抗日战争宣告结束。在张雪岩等人的苦心经营下，《田家》终于生存下来，不负众望，不辱使命，起到了宣传抗战建国、提高农民文化知识的作用。

第二节　编辑图书和其他期刊

除了努力编辑、刷新《田家》的内容和形式外，张雪岩还组织编写书籍以满足读者的需要。1941年暑假，张雪岩从齐鲁大学聘请到两位学员，帮忙汇编两本书籍的计划：一是汇集七年来《田家》刊登的医药问答及疾病预防与医疗的文章；二是鼓励读者写作，征求读者自传。最后形成的成果是《田家医药指南》和《田家读者自传》。

《田家医药指南》由张雪岩和刘龄九编辑，分为上下两册，分别于1942年1月和8月出版。该书是通过整理收录《田家》医药卫生栏目中刊载过的名家医药专论、卫生常识和各种疾病问题的答案，将之汇集成册，涵盖了从1934年8月至1941年8月七年内所有关于医药卫生的文章和问答。这些文章由中西医专家所写，问题由各科名医作答，内容丰富，范围宽泛，既可作为农村民众的公共卫生常识指导，又可视作普通家庭医药顾问。该书“不是凭空结撰之纯理想或纯理论的产品，乃是根据七年来编写之实际经验与读者问题之科学分析而得的结果”。田家社出版该书有三个目的：“（一）希望藉此使缺乏医药设备的农村民众，注意疾病的预防及公共卫生的提倡，养成卫生的习惯，造成卫生的环境，人人得有健康的体格与生活。（二）希望本书可做农家医疗指导，有病知求医，不再求神问卜，烧香拜佛，而做浪费无补的迷信举动。（三）希望本书可成农家卫生及医药宝库，遇有卫生及医药问题，可以按图索骥，不再重复问题，浪费读者笔墨和本报篇幅。同时亦可藉此将已有的卫生和医药知识广播出去，使农家不论已知未知都可得

《田家医药指南》封面

《田家读者自传》封面

着系统的指导和参考。”

《田家读者自传》同样是在张雪岩和刘龄九的编辑下，于1942年7月出版。编者意在将此书献给关心乡村问题的朋友们、参加乡村运动的同志们。张雪岩等为了对读者群体有更清楚的了解，使读者彼此间有真切的认识，1941年初，便发起“征求读者自传”的活动，打算将征求到的自传结集出版，“把大家的身世经验志趣介绍全国人民，使人人由田家读者得些益处”。最后，从16个省的300多位读者的自传中精选104篇编辑而成，按省归类，由当时著名学者顾颉刚、杨开道、李安宅三人为之作序，附有6幅关于作者的统计图。① 该书的作者包括小学教师、农民、宣教人、

---

① 顾颉刚是著名的史学家，曾主编《民众周刊》，时任成都齐鲁大学国学研究所主任、《文史杂志》的主编。杨开道曾是燕京大学农村社会学教授，在山东济宁六大学所办的华北乡村建设学院做过指导研究，时任重庆中央贸易委员会成员。李安宅是成都华西大学社会学系的主任、边疆研究的专家。6幅统计图包括：《作者基督徒与非基督徒比较图》、《作者职业比较图》、《作者籍贯比较图》、《作者年龄比较图》、《作者教育程度比较图》、《作者男女比较图》。

公务员、学生、商贩、军人、工徒、医生和其他无职业者，其中基督徒有63人，非基督徒41人，四川和河南的作者最多，“几全系农家子，穷苦汉，且有多人曾经作过乞儿，当过奴仆，在这本平淡无奇的书中可以找出人生奋斗成功的秘诀，可以看出中国乡村建设的途径。”《田家读者自传》经过一年多时间的编辑才得以出版，其出版目的主要有三方面：第一，鼓励读者写作，增加大众写作的自信心；第二，引起知识阶级对民众的注意和敬信；第三，为民众争取在历史上的地位。同时，该书对社会问题的探讨、社会心理的分析和个案的研究也有重要学术价值。

1942年5月，张雪岩编译了二次世界大战手册第三种《印度政府问题》，由英国驻华大使馆印行、华英书局印刷出版。张雪岩谈到编译这本书的目的时说：“在日寇侵略的铁蹄由亚洲东部踏向西部，所有亚洲民族都须联合阻击抵抗的时候，印度自治问题发生了。这问题在国际间的重要性，是不可忽视的。但国际问题的学者在对这问题表示意见时，又因其过于复杂而感到无限惶惑。其原因由于：第一，想一望便知印度自治的程度已到什么境地，是一件不可能的事。印人在国内身居要津者甚多，在国外代表的地位亦相当高，但最高禄位，却在英人手中。极端的政治家夸张的宣称，印人在国内简直是奴隶，但事实的答辩是，印人所享的自由，是所谓奴隶者所不常享到的。第二，当一位学者想把握印度问题的实象时，不觉入了五里雾中。有总督又有王公，有省又有邦，有议会又有政会及国民会议。这些机构究竟如何发生联系，印人在这类机构中占何地位，实在是一个值得研究的问题。所以本文之写，就为了解释印度政府机构之运用，及印人在政治上已获有若干权利。”该书所涉及的政府民主政治问题可为中国的民主政治建设提供借鉴，这也正是张雪岩编译该书的初衷。

《田家的过去与将来》是张雪岩在 1941 年写的一份工作报告，于 1942 年 12 月更名为《田家瞻望》出版。该书是张雪岩主编《田家》八年多经验的总汇和心得的集成，介绍了关于《田家》的立场、创办经过、历史的演变、编写的技术和读者的贡献，以及其学术地位和将来发展的各种计划，此外还附有许多精细的统计图表。张雪岩谈到编写这本书的原因是想“与大家共享文化建国之梦，凭此旧梦，共做新梦。中华儿女在建国事业上，都应甘苦与共，由痛苦的回忆和艰困的实践中，期能引发新的希望，燃起新的灯盏，产生新的志愿，促成新的计划”。

1942 年 7 月，张雪岩发起征集“乡村领袖传略”和“民众抗战史料”。征求编辑“乡村领袖传略”的目的是：

“为使国人认识乡村问题，了解乡村组织，我们特征求乡村领袖传略，因为这些领袖是组织家，行政家，明白他们的生活，就可晓得乡村社会问题和他们成功的条件。”为了指导传略符合要求，特标明写作注意事项：“1. 以现在活着的人为限；2. 不论男女，凡对地方有特别贡献，大家真心敬爱的人物；3. 把这种人物的特长，如牺牲、同情、爱国爱人、勇敢等都以实例描写出来；4. 他们对地方有过什么特别善举或造福大家为民除害的义行；5. 身世务要写清楚详实。”《乡村领袖传略》尚未见到成书，但此举体现出张雪岩相当关注中国乡村建设的发展。

鉴于在抗战中民众的贡献最大，为使政府和民众都认识到这种贡献，为国家留下珍贵的历史资料，张雪岩等又发动“民众抗战史料”的征集，希望作者将应征出战、送子从军、捐献军粮、征送征衣、帮忙军队、参加游击等可歌可泣的实在故事，都详细写出来，以便整理成书，将来供写史的人参考采用。张雪岩还提示史料写法所需注意之处：“（一）是事实，（二）不虚造，（三）如现征在营，应写明在何处军队，（四）如为殉国烈士，应写明何时，何地，何故，（五）如系本报读者，或其家属为本报读者，亦请写明。”《民众抗战史料》亦未见到成书，但张雪岩彰显人民抗日壮举、为国家保留历史文献的良苦用心值得称颂。

田家時事特刊

第十九期

國內大事

國內戰況

《田家时事特刊》封面

张雪岩在编辑《田家》和出版图书的同时，还创办了《田家时事特刊》和《田家画报》，承担了教会的《公报》和《基督教丛刊》等刊物的编辑任务。

《田家时事特刊》创刊于1942年10月1日，原名为《时事特刊》，是由《田家》与《成都英文日报》合编，作为《田家》的附刊，起初每周一期，每期四页，两期随报附送，两期单独邮寄，不另外收费，这种做法是为了帮助读者了解更多的时事。后来承印书局不能如期排印，常常出现脱期，为了避免这种情况，改为半月出一期，页数也相应增加。《田家时事特刊》其实是《田家》新闻栏目的拓展，其内容比新闻栏目的更加详细、丰富。在《田家时事特刊》出版之后，为避免重复，《田家》中的“新闻”栏目取消，增加“时论精选”一栏，专载有关国际政治动态的时贤名论。《田家时事特刊》出版到1943年9月1日，共出版了 26 期。

《田家画报》创刊于 1943 年 2 月 1 日，最初名为《战时画报》，出版两期后改称《田家画报》，随后，又出于通过这份文化工作为抗战而努力的目的，将之更名为《努力画报》。该报是与重庆美国大使馆新闻处合作，其印刷材料中的图版是在美国华盛顿制好，运到重庆美国大使馆，再转给田家社，印刷费用均由美国大使馆支出。该报一年 12 期，出版日期起初是每月 15 日，后改在每月 1 日。对于订阅《田家》的读者，《田家画报》随《田家》赠送，不另外加收报费。其内容涉及同盟国的兵工厂——美国军火生产情形，各战场作战状况，中国空军在美训练写真，各国使用武器种类，盟国政府领袖，军队、工人、农民、妇女、儿童等为抗战努力情形，以及其他有关战时常识等。该刊以图片为主，文字为辅，所附图片与文字说明

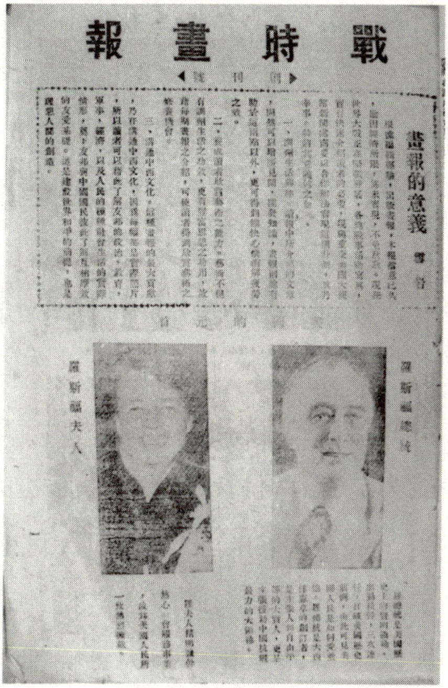
戰時畫報
創刊號
畫報的意義
羅斯福總統
羅斯福夫人

《战时画报》封面

相得益彰。其中文字主要由名家撰稿，其次是社会各职业人士所写的生活经验和研讨各种问题的作品。张雪岩在《田家画报》的创刊号上说明了创办此报的原因和意义："现在世界大战正在紧张发展，各地战事活动写真，实有介绍读者的必要，……特将其意义述之如下。一、调剂生活兴趣。读报中所介绍的文章，固然可以增广见闻，开发知识，画报则除有助于这两点以外，更可得到愉快心情消解疲劳之效。二、养成读者欣赏艺术之能力。艺术不但有调剂生活之功效，更有丰富思想之功用，故藉每期画报之介绍，可使读者得到欣赏艺术之修养机会。三、沟通中西文化。这种画报的最大贡献，乃在沟通中西文化，因为每幅都是实际照片，所以读者可以藉此了解友邦的政治、教育、军事、经济，以及人民的种种社会生活的实际情形，奠下友邦与中国国民彼此了解相互摩效的友爱基础。这是建设世界和平的前提，也是理想人间的创造。"由于物价狂涨，导致经费紧张和印刷困难，《田家画报》出版两年多后被迫停刊。

张雪岩在《战后教会对农村文字事业应有之发展》一文中说明了编辑出版农村画报的重要性："农民的生活工作是最单调最枯燥的，整日在泥土中勤劳，晚间回家，除吃饭和帮助家庭劳作外，消除疲劳的娱乐机会丝毫没有，真乃太苦了。都市方面贵族化和洋化的音乐游戏以及美术，他们不但经济无力买赏，知识程度也限制了其领略之可能。惟一的补救办法，即出版农村画报。”同时，他指出该画报的形式和内容及其意义所在：“不只限于绘画也注重摄影，可能时以彩色印之，内容应注重科学知识之介绍，民众生活素描，儿童人格之培育及优良习惯之养成。此外如各国农民之生活状况，耕种方法，以及各种有关改良农业的新发明，都可介绍，如此不但增加其知识，更可扩大其思想之范围，养成了解欣赏别人长处的德性。绘画方面，应多注重连环画，藉以养成其比较和判断艺术和道德价值的能力。”

张雪岩还曾主编过由中华基督教会全国总会临时委员会发行的《公报》。由于太平洋战争爆发，渝沪间交通隔断，设置于上海的中华基督教会全国总会总办事处与后方失去了联系。1942 年 1 月间，旅居成都、重庆的中华基督教会全国总会领袖多次聚会协商，并且与所属各大会领袖及留北美的高伯兰干事等通信磋商，一致同意在成都设立总办事处。1 月 13 日下午，中华基督教会全国总会临时委员会筹备会议在成都市四圣祠北街华英书局钟善学家召开，张雪岩出席并负责记录，会议决议公推张雪岩为临时委员会常务委员之一。1 月 27 日，中华基督教会全国总会在成都正式组织成立临时委员会，同时，临时委员会召开第一次会议，干事部提议请张雪岩担任总会文字干事，主编公报，公决案决议通过。中华基督教会全国总会临时委员会发行的《公报》在张雪岩的主编下复刊，于 1942 年 2 月在成都出版了第 14 卷第 1、2 期合刊。张雪岩撰文指出了《公报》的新使命：一、促进教会团结意识；二、介绍前进的思想；三、发动教会建设天国的伟力等。

从 1943 年 1 月起，张雪岩同吴耀宗[①]和谢颂羔[②]等人合作编辑一种季刊——《基督教丛刊》。该刊由基督教联合出版社出版，从其发刊词可以了解其缘起："自抗战以来，由于运输的困难，和印刷的昂贵，基督教读物的供给，受到最严重的限制。这种情形，自太平洋战事爆发后，尤为显著。但在这种情况之下，一般人对于基督教读物的需求，不但没有减少，反而日见增加。怎样去解决我们的困难，怎样去应付目前的需要，就是基督教联

① 吴耀宗（1893—1979），广东顺德人。中国基督教青年会主要领导人之一，中国基督教三自爱国运动领袖之一。1913 年，毕业于北京税务专科学堂，后在广东海关任职；1916 年，调入北京海关总税务司公署；1920 年，辞去海关职务，担任北京基督教青年会学生干事；1924—1927 年，先后在美国纽约协和神学院和哥伦比亚大学攻读神学，获哲学硕士学位；1927 年，回国后任中华基督教青年会全国协会校会组主任；1934 年，任中华基督教青年会全国协会出版组主任；1945 年，创办并主编《天风》周刊；1946 年，参加上海人民团体联合组织的民主人士赴南京 11 人代表团，呼吁和平；1949 年 9 月，出席中国人民政治协商会议；新中国成立后，发起中国基督教抗美援朝三自革新运动，之后历任任第一、二届中国基督教三自爱国运动委员会主席，全国人民代表大会代表和常务委员会委员。

② 谢颂羔，1895 年生于浙江，广学会编辑，曾负责主编《青年友》和《明灯》两种月刊。

合出版社成立后所亟须应付的问题，而我们的答案之一就是基督教丛刊的尝试。”编辑这种季刊是受到当时在美国流行的一种所谓“全书”（Omnibook）的启发，此种“全书”属于期刊性质，每月一册，每册数十万字，内容是最近销路最广的五六本名著的摘要。《基督教丛刊》一部分篇幅仿照“全书”的方法，刊载二三万字左右的创作或译文，或较长的创作、译文的摘录，另一部分篇幅刊登一般的短篇论文和文艺性作品。这种刊物在抗战期间有以下好处和便利：“（一）它兼有期刊和书本的长处，那就是说，它有适应目前时局的短篇论文，也有比较有永久价值的长篇著作；（二）因为刊登的长篇著作，有的是原文，有的是节录，都在二三万字左右，可以供读者节省时间与金钱，同时可以得到阅读好几本著作的益处；（三）因为是期刊，每期可以邮寄，无运输的困难。”[①]张雪岩在《基督教丛刊》上先后发表了《基督教与新世界》（创刊号）、《基督教信仰与民主主义》（第2期）、《战后教会对农村文字事业应有之发展》（第6期）等文章。

第三节　宣传动员抗战

张雪岩虽然身处抗战大后方，没有枪林弹雨的直接

①《发刊词》，《基督教丛刊》创刊号，1943年2月1日，封2。

威胁，但他将自己置身于抗战大业之中，倍加关注抗战的动态，深切感受民众抗战的重要性，不断分析指出抗战的有利因素，以鼓舞全国民众的抗战信心。

张雪岩在1940年底发表文章写道：“我们在三年半前，为了争求民族的自由和国家的生存，咬着牙关，发动了神圣的抗战。其中虽然遭遇不少的困难，吃过不少的苦头，但得以愈抗愈坚，越战越强，不但把敌人灭亡中国的迷梦粉碎了，且把他拖得泥足深陷，进既不能，退又不得。加以近来国际局势越加有利于我，所以敌方愈感仓皇失散。”因此，应及时采取相应的办法去迎接胜利，他建议从民众和政府两个方面着手，在民众方面：“（一）要有健全的心理，意思就是要有坚定不移的信念。信我们的抗战力量天天加增，信我们建国的工夫日日进步，更确切的相信最后的胜利，一定是我们的。（二）要有诚恳的态度，对政府要竭诚拥护，对贤明的领袖要

《田家半月报》封面

真实拥戴，对抗战建国的大计，要尽力遵从。（三）要实行有钱出钱有力出力的政策，为了争取最后的胜利，我们所有的人力和财力，都要充分的用在抗战建国方面，出力不一定要上前线，在后方勤奋的做农做工，增加生产，就是出力，将余产余钱献给国家，交给社会，或作直接抗战之用，或作公益事业和种种建设之用，都算出钱。如果人人都能实行这三件事，胜利到手不难。”而在政府方面，张雪岩提出需要贯彻军令政令、修明政治、保护建国运动、培养爱国力量等。

张雪岩坚持报道国际重要消息、评析国际最新动态，尤其是对我国抗战有利的国际形势，使读者清楚了解国际战况，树立抗战必胜的信心。1941 年初，世界局势发生剧烈变化，张雪岩以其敏锐的观察力从整个国际的视野分析说：“世界现局的动向，大概有以下两个：（一）德国对英的攻势——巴尔干、地中海，甚至英伦本身，大概不出今夏，必然发动。英国对这个攻势，最多不过希望抵抗得住，难望一举而把德国击碎，所以欧战要成持久局面。（二）当德国发动攻英的时候，日本必起而投机，实行南进。不过他南进的主要目标，是在灭华，所以他一定要彻底封锁中国，企图以窒息手段，削弱我们的抗战力量，进而灭亡我们。”

为此，张雪岩再次呼吁全国国民应加紧警备，建议政府做好四方面的准备工作："（一）外交方面，我们一定要促成英美澳在太平洋的合作，日本一动，就来联合对付。同时要特别重视苏联的友谊，藉以维持并发展我们西北的国际交通。（二）政治方面，我们一定要用战斗的精神，推动人民，组织人民，好在这艰苦险恶的局面下，都能刻苦奋斗。政府方面，当然更要精严调整，勤快清明。（三）经济方面，我们一定要做到尽自己所有，自己所能的物资力量以开发生产，达到自给自足的地步，生产开发，单拿辛勤的精神不够，还要用刻苦的节约来补充。所以这是需要勒起肚皮来干的了，因为不如此是不成的。（四）慎选壮丁，严格训练军队，藉外交，政治，经济各方面的成绩，把国力增长起来，军队培养起来，以备时机一到，发动我们的总反攻。"

自抗战爆发至抗战胜利，张雪岩对国内战局的分析、国际重大时事的评论和向政府建言献策从未中断过。分析国内战局方面的文章，有如《湘北二次大捷对今后战局的影响》、《长沙三次大捷与中国之国际地位》、《入缅我军大捷的国际意义》、《国内战局与国人信念》、《收复东北》、《国运一新》等；评论国际重大时事方面的文章，有如《美国总统的怒吼》、《巴尔干大战的瞭望》、《日本的狂妄与无耻》、《迅速制日是美国的上策》、《苏德大战的国际意义》、《中苏英美应即成立同盟》、《罗邱宣言的评价》、《对日美谈话正告美国当局》、《敌国换阁与侵华》、《山雨欲来风满楼的太平洋》、《正义之声》、《太平洋大战的展望》、《盟军南太平洋失利与中国抗战》、《保卫印澳与反守为攻》、《美机大举轰炸日本》、《法阁改组欧局突转严重》、《对罗邱进一言》、《中美英三国会议的伟大成功》、《论四国宣言》等；向政府建言献策方面的文章，有如《以爱民保障我们最后的胜利》、《为平抑物价再向当局进一言》、《物价上涨与最后胜利》、《希望政府严办大贪污案》、《为国民精神食粮呼吁》、《严防偷运》等。

张雪岩分析战事的能力颇强，评论涉及欧亚两个战场，从宏观视角审视战事的发展，做出科学的预见，以提醒国内外抗战力量积极应对，一些预见都为后来的事实所证明。如张雪岩在《为日美谈话正告美国当局》一文中指出："美国的朋友们，别轻视狡猾的日本，它会识透机微，利用这种避战的心理，以顺水推舟的手法，穿上和平伪装，骗个'埋头准备，待机而发'，那又何乐不为！如把事情完全揭穿，目前以美日交涉为中心的太平洋时局，是由于美国恐怕日本进一步侵略，所以想以外交交涉阻止之。交涉既开，自然希望能够获得妥协的结果。怕日本进一步侵略，是认为它还有力量，想和日本妥协，是认为它还有信用。假使如此，即为绝大误会。”这段鞭辟入里的分析文字写于1941年9月16日，12月7日的“珍珠港事件”爆发正好给予印证。

对于争取抗战胜利的宣传动员，张雪岩比较认可报刊媒体的言论功效，所以，他一如既往在《田家》的言论专栏撰写爱国、团结民众、鼓舞士气民气等文字，调动全国上下的抗战热情。1941年5月1日，张雪岩发表言论，强调中华民族要保持不可动摇的自尊自信：

> 欧战至今，不过二十个月，欧洲的大小国家，灭亡屈降的，已经有十几个。我们的抗战，拿时间讲，已经超过欧战两倍，但还是屹立不动，坚强不屈，我们固然感谢友邦的援助，但援助程度，究竟很小，我们在这将近四年的苦斗中，已经把敌人消耗的筋疲力尽，可说百分之九十以上都是靠我们自给，这并不是说，我们不需要援助，只是我们不专靠援助。去年八九月间，陪都（重庆）惨遭轰炸，海路多被封锁，外援中断，形势甚危。但我们还是战，而且越战越强！我们靠的是什么？还不是这四万万五千万中华民族儿女的自尊自信吗？
>
> 现在国际局势，又到了震撼危疑的时候。南斯拉夫，不到十天，就灭亡了，敌人的铁蹄，已踏进了希腊古文化城雅典的大门，土耳其还在犹疑，苏

联亦在观望。近东诸小国，如阿拉伯、伊拉克和伊朗，都在岌岌可危。敌外相松冈从柏林带回的锦囊妙计，虽还没有打开，但我们知道在希特拉气焰万丈之际，日寇是必将发动南侵的，近来它在我们闽浙两海登陆，竭力内犯，是要加紧对我们的封锁，作南侵的准备，这当然是日苏妥协，和巴尔干现局给它的新鼓励。

我们早料到世局是如此演变的，所以我们已经以艰苦的打算，做着险恶的充分准备，这许多变化，都不能稍微变更我们的决心与信心，有朋友的援助，我们可以打胜，没有朋友的援助，我们也一样可以打胜，我们绝不因有人相帮，就喜出望外，也不因无人帮就怨天尤人，这是中华民族的自尊自信，自尊不是虚骄，自信不是愚妄，无论任何方面，我们都有此自尊自信的充分资格。

6月1日，张雪岩根据当时的社会现实和经济状况，发表言论阐述了军事的重要性及军事与士气民气的关系：

中国对付日本的侵略，是凭了一个重大的国策，就是“抗战建国”。为使民气士气都有凭藉，抗建国策有具体指标，所以也喊出了神圣庄严的口号——抗战必胜，建国必成；军事第一，胜利第一。在将近四年的抗战中，这些口号，的确发挥了很大作用，收到了极好成效。

但近来有个矛盾的现象，不能不令人忧虑，就是前方旺盛的士气民气与后方焦虑粮米物价的民情成对照。我们应知道，目前的经济状况，完全是战时现象。因为抗战，敌人封锁我们的海口，轰炸我们后方的城市，外货来不了，增加生产因为种种困难，又不能大规模的如意进行，需要既然大于供给，物价当然要涨，不过我们的精神却万不可为经济问题所困，要知道这现象是由军事而来的，克服之道，也大半要靠军事。只要能打胜仗，经济问题，便大部解决，譬如敌人封锁海口，如果我们能打开海口，经济情形会两样的，所以只要军事胜利，一切都有解法。因此争取军事胜利，实为抗战期间第一要义，经济虽有困难，但为了争取胜利，总应紧紧裤带，咬紧牙关，用节衣缩食的苦行，来支撑抗战，绝对信任政府，彻底拥护领袖，万勿因社会现象一时有缺点，经济生活感到困难，就怨天尤人，或变消极而抱悲观。后方民气消沉，会使前方士气不振，所以欲有振奋锐士气，必须有充沛的民气作后援，充沛民气的培养，全赖举国民众认清军事的重要，为争取军事胜利，准备吃更大的苦，迎更大的难，个个人都愿把生命财产献给国家，只愿自己做爱国的好模范，不对别人作吹毛求疵的批评者。这样少不满意别人，多在抗战建国的大计上努力，自会加强国力，早获胜利。这是当前培养国力之道，也是争取胜利的重要条件，望全国国民不因目前的困难而加忽略。

张雪岩自归国之后，每逢抗战周年纪念日，都会发表言论以示纪念。1941 年 7 月，在抗战四周年纪念日将要临近之际，张雪岩回顾抗战 4 年来全国军民所做出的牺牲和贡献，肯定了抗战必胜信念下旺盛的士气和民气，指出要取得抗战的胜利还需付出更大的努力：

溯自民国二十六年七月七日我国被迫发动神圣的自卫抗战以来，已经整整四个年头。以土地人民和财产的牺牲论，当然吃亏不小。但若以敌人六月亡华的谬论讲，我们能抵抗四年，并且愈战愈强，胜利属于我们的希望越来越近，我们又不能不感觉到安慰和兴奋。

在敌人军备压倒我们的优势下，我们还能粉碎敌人速战速决的迷梦，做到长期抗战困惑敌人的程度，全是凭了我们至死不屈抗战必胜的信念。我们旺盛的士气民气，全由这坚决的信念里培养出来，这是我们胜利的基础，我们应当好好宝贵它，爱护它，并继续培植它。

不过我们不要以此自骄，胜利虽随着抗战第五个年头的开始而越发接近，但国际局势的千变万化，和敌人近来对我们加紧的攻势，都不容许我们稍存徼幸，稍存松懈。我们仍应本着“胜勿骄，败勿馁”的戒慎态度，时时警戒，刻刻准备，只有这样胜利才有把握。

我们在过去四年中，已经用无数万英勇将士的血和头颅打出了民族解放的希望，奠定了国家自由的基础，我们前途的一切光明，即是由这几年伟大的牺牲换来的，在这纪念的日子，我们应当想想，今后当如何存心，如何努力，方能对得起为国牺牲的将士和民众，并争得最后的胜利。简言之，不外两点：

一、忏悔自己的罪过。说实话，四年抗战的牺牲，都由前线的英勇将士担负了，大苦大难都落在沦陷区的爱国民众身上了！所谓自由的大后方，却有好些不景气的地方令人看了伤心，听了生悲。例如志气的消沉，荒靡的逸乐，粮米物价的高涨，交通运输的紊乱等等，都是不应当有的现象，是政府民众都应忏悔的。

二、准备更大的牺牲。我们不但要忏悔过去的错误，改正目前的不对，更要趁这纪念的节日，把心理态度预备好，以便为争取最后胜利吃更大之苦，迎更大之难，并做更大的牺牲。我们不惧敌，但也不轻敌，我们对国运的前途不悲观但也不抱肤浅的乐观。只有这样戒慎准备，才能不愧为中华民族的儿女，才合纪念抗战的真意义。望全国上下共勉之，使这胜利能早实现。

1942 年 7 月，在抗战五周年纪念时，张雪岩分析了国际局势对我国抗战的有利性和我国抗战在国际上的地位，强调作为中华儿女在对得起列祖列宗、前方将士和后代子孙的前提下所应担当的责任：

现在又逢神圣抗战的纪念日，这是第五周年，五年前的七月七日，卢沟军起，举国共愤，因已忍至最大限度，牺牲至最后关头，故由我们贤明领袖奋臂一呼，悲壮的发动了这次争自由维正义的空前圣战！回忆当时情境，敌忾之气虽盛，但谁想相持时期之长，至于今日？惟想中国一跃至为四大强国之一，在二十八个盟国中占了领袖地位？我们敢说：在最初两年间，国人之热烈、愤慨、乐观，除最高统帅外，什九含有感情与意气成份。至于抗战何以必胜，建国何以必成，则言者未必一定深知，知者也未必确信。所以每当险危之局，悲观情调，辄有表露，但幸赖领袖指挥若定，一切化险为夷，抑闷的人心复得振发，胜利的信念愈臻坚定。

现在国际阵营的划清，我方盟国联络之日密，军火生产之激增，由守势变攻势的开始，以及在几个重要战场制空优越权的掌控，都使我们感到满意，所以日寇虽趁盟国在太平洋准备未充，用狗偷鼠窃的鬼祟手段，得了些便宜，但在盟国全面攻势发动时，距离其本国遥远的新占岛屿，会因运输的被扰和补给线的切断，而至分散的兵力失掉联络，闹到土崩瓦解。

不过，我们最感兴奋的，还不只此，乃是我们伟大坚强的抗战，已被盟邦公认为是盟方争取胜利的基石，同时也成了为人类争自由维正义的先锋。但我们并不以此向盟友矜功，也不向世人自傲，我们只觉得这些转变的观点与同情，给了我们鼓励与安慰，促使我们益加奋勉，愈求迈进。

这些重大收获，都是我们前方视死如归的民族斗士所争取来的，同时也是因为我们的列祖列宗留给了我们广土众民。不然，我们何能“以空间争时间”？所以在这纪念的日子，一方面我们应当对于我们的列祖列宗致诚挚的追念，对前方前仆后继的将士致最敬之礼。大时代的洪炉，正在对浑噩骄惯的中华儿女做着善意而残酷的陶冶。战场、沦陷区和抗战后方，都是实施强迫教育使我们将来能够顶天立地的实验学校。它已使弱者强，懦者立，好享乐的能够吃苦，好偷闲的能够勤劳，把空袭视为课业，把贫困视为正常。这无疑是抗战给我们的绝好训练。但一念到我们的列祖列宗，我们的前方将士，在后方的我们，却不由要自觉渺小，自惭形秽。不过知有不足，继能自勉，知祖先的丰功遗泽，和前方将士的英勇可钦，始觉后方之出钱出力服劳服苦，是多么应当！所以我们应当切实的想，前方的将士在酷热气候中与敌苦斗的情形如何？他们在后方挂念的眷属如何？本于同胞之爱，本于国族之情，对于他们的关顾教养，无疑都是身在后方的我们所不应忽略之责。

我们应认识我们的责任是为子孙开路。我们不幸生在家道中落之后，但也幸生在家道复兴之初，继往开来的民族重担，压在了我们的肩头。青黄不接的艰苦时期，恰被我们遇到，艰苦是实在，但也真够伟大。只要我们把牙关咬紧，肯努力，肯牺牲，不求苟安，不图徼幸，便不怕民族的独立自

《田家半月报》封面

由，不从我们手里拿到。我们已经战了五年。回首前尘，直一弹指。大时代洪炉里的中华儿女，虽未必尽成“金刚百炼”之身，但战时苦，已吃惯，颠险路，已走惯，便再打上五年，也不过又一弹指，况且胜利愈近，只要倍加警惕，力献所有，光荣的日子，终会临现的。

1943 年 7 月，到抗战六周年的时候，张雪岩结合《田家》的经济困难论述了中国抗日战争对世界和平前途的贡献：“我们神圣的抗战，已以雄健的步伐踏入第七个年头，这是何等的奇迹，何等的壮举，回忆当初，我们实非得已而赌国运。结果，六年苦斗，粉碎敌人征服中国的迷梦，成了支撑人类正义的台柱，为人类奠定了永久和平的基础。中国虽胜不骄，虽孤不怨，这是中国精神，亦即人类和平胜利的盘石，这点贡献，对世界前途比什么都大。”

在抗战结束前的6月底，张雪岩再次写文《抗战九年》以纪念抗战爆发八周年。他揭示全民动员抗战就是为了“求国家的解放，争民族的自由”，高度评价老百姓尤其是农民在抗战中所尽的义务，呼吁政府更要致力于解除民众所受欺压的枷锁，反对党派之争，要求严惩贪官污吏、土豪劣绅和汉奸，主张保障舆论的公开自由：

> 中国抗战到今年七月七日，已满八年，从此开始了第九个年头！这样全民动员以国运为赌注的漫长抗战究竟为了什么！一句话管总，求国家的解放，争民族的自由。因为目的是求全民的解放与自由，所以不论生命财产牺牲多么大，艰难困苦多么深，老百姓（特别是农民）总是竭诚拥护抗建法令，要儿子给，要钱给，要粮食也给，如此慷慨奉献，固然可以说是国民应尽的义务，但最重要的还是因为民众信赖政府能忠实履行抗建法令，争取胜利，解脱民众受人欺压的枷锁！
>
> 现在全盘战局已完全有利于我，外来的欺压眼看就要解除，但自己家里的和睦却依然成问题，盟友为我们担心着急，自家也很焦虑难过！同时强欺弱大压小的事情到处发生，至于贪污及做官营商与

民争利的风气，更使老百姓伤心落泪！这一切不合理不应有的现象，都在严重的斩伤国力阻挠抗战和建国，政府领导抗战是为了打倒侵略的强盗，替人民夺回应享的权利和生活的自由。外来的欺压还没有解除，就自己互闹意见并向民众施行欺压！这是万万要不得的，为了国家的胜利和民族的解放，我们老百姓要负责任尽本分。因为国家是我们的，我们是民族的一份子！

我们首先要反对的，就是不以国族利益为前提的党派之争，中国是四万万五千万人的，不是一党一派的私物，至于那一个政党应当当政，绝不许用武力争取，应用造福国家和民众的善政来竞争，最后的决定是民众自己。凡不顾民意而擅动枪刀的人，都要遭国民的反对和吐弃！

至于贪污土劣的为非作歹，以致斩伤国脉阻挠抗建，我们要求政府在这群不肖的份子身上严厉执行国法，该杀就杀，该罚就罚，决不循金钱势力的人情，免伤政府威信！

现在胜利快要到手，为求赏罚分明，我们要求政府对处置汉奸早做澈底而公平的准备，以便无一漏网。他们都是战争罪犯，除按法律治罪以外，其财产应一律充公，划为善后救济及社会公益事业之用。

> 抗战已届九年，为了善配盟军促胜利早临，我们要求政治军事完全统一，用人行政绝对公开，贤能的后进不分党派速速援引，尸位素餐和有污官职的坏官吏，赶快澈查严办。这一切都应受公正舆论之指导，所以舆论不但应公开自由，而且应使政治受健康舆论的指导，这是争取胜利的条件，也是自由民主之新中国建设的坦途。

当抗战胜利后，张雪岩同全国人民一样欢欣鼓舞，高兴地写道："八年余的艰苦抗战，终能获得最后胜利，使正义得申，和平重见，为人类夺回了安定生活的福利，虽然中国牺牲最大，吃苦最多，但从此一跃而为世界一等强国，人类和平创造的主力和新文化的潮流——民主大道的开创与领导者。这个光荣的代价，是全世界所公认全人类所赞颂的。所以今日的中华儿女，可谓上无愧于祖宗，下无负于子孙。"在表达兴奋心情的同时，他又冷静地思考了胜利的来之不易和抗战中所显现出来的我国的弱点："胜利虽然光荣万分，得之也实在不易。如自九一八日寇侵占沈阳算起，到一九三九年秋英国参战止，中国就已单独受苦有八个年头，再加上以后的六年，就共有十四年之久，所以从中国自身说，所遭受的艰难困苦已经够多，倘再加上并肩作战的英美苏三强和其他三十余个盟国的动员作战，则牺牲之大和痛苦之深，就更不堪言喻了！因为胜利来之不易，所以庆祝和平时应作痛定痛耐之想，俾能于欢欣鼓舞之余，做和平建设的最大努力。这次战争，实在暴露了不少我们的弱点，如愚，穷，弱，私，机构不灵，都是松懈并脆弱抗战力量的因素，不是诸强纷纷响应并参加我们方面，造成历史空前的大联盟，其胜负之局，真是不堪设想！但只要能认过改过，有些错处，也不怕的。所以我们自立自强的光荣前途，还在我们自己以‘胜勿骄’的戒慎态度更加勇猛精进的努力创造，努力求成。”

此外，张雪岩作为一名基督徒知识分子，还极力动员全国基督徒集体行动起来共同抗战。在他看来：“天主基督两教在中国有数百万教徒，哪个不是上帝的儿女，哪个不是黄帝的子孙，谁不拥护真理，又谁不忠爱国家，救国爱民是大家的事，不应仅限陪都一城，只由几个人来负责，应当趁时发动全国教会的力量，配合国家总动员的意义，使全国数百万信徒，不论男女老幼，赶快一体动员起来，报效国家，共争胜利，使基督教所主倡的真理正义彼此相爱的和平人间得在中华国土发扬出来，与中国五千年立国的大同仁爱哲学融为一体，导历史流向于正轨，为人类创互助互爱的新文明。……国家正在危机关头，不论为民族的生存或为人类的自由，以宣扬真理正义标榜于世的基督徒，应本爱自由和平的信仰动员起来，踏着拿撒勒（耶稣的家乡）那位义人的血迹，以牺牲无我的精神冲上义战之路，动员吧！全国的基督徒，这是实践十字架信仰的最好机会，让那义人在你的行为上复活，救民族救国家并救人类。”

张雪岩不仅仅通过报端发表言论来宣传动员抗战，而且在茶话会或座谈会上亮明自己主张坚决抗战的态度。1945年初，战争形势有所转变，日军已没有余力再频繁轰炸大后方，旅居重庆的山东文化教育界人士在这时组织了一个同乡联谊会，每月举行一次茶话会。重庆的茶馆很多，在茶馆开茶话会方便易行，茶话会没有中心议题，随便谈谈尽兴而散，有时到了吃饭时间就在茶馆聚餐。张雪岩应邀，每次均会出席参加，并经常发言，因其言论不显示自己，论人论事均非常得体，所以，给其他参会人员留下很好的印象。有一次，茶话会谈论到青年问题，大家都在谈如何爱护青年、引导青年向上，忽然，杨沛如[①]站起来，慷慨激昂地讲了几十分钟，说要争夺青年，并明确地提出要同共产党争夺青

① 杨沛如，山东寿光人。先后就读于济南正谊中学和北平朝阳大学，1928年前后在正谊中学高中部任教师，后担任校董；1935年，在济南创办《新亚日报》；1938年，任山东省国民政府秘书长；1939年，携带家眷前往重庆；1947年冬至1948年秋之间，受孙文主义革命同盟委派到香港与民革的负责人朱蕴山联系工作，要求将该同盟作为民革的一部分；1950年7月，成为民革中央在山东建立地方组织的筹备委员。

年，使会场气氛骤然紧张。参加茶话会的绝大多数人士具有进步倾向，少数人持中立态度，但在国民党统治区都不敢直接驳斥杨沛如的看法。杨沛如的观点引起张雪岩的极大不满，张雪岩的校友田仲济[①]回忆说："茶话会后的几天，我到田家社去，张雪岩直率地对我谈了他的意见，他表示他当前的态度是主张抗战，拥护团结，反对分裂，反对退后，茶话会那次杨的发言是破坏团结，不利于抗战，不利于进步的，这样他郑重地说他个人是没有必要参加这个联谊会的。我对他做了些解释，说明了联谊会绝大多数人的思想情况。他听了后也就完全理解了。在当时重庆那样的政治空气下，他能坦率地表示自己的政治态度，应该说那也是可贵的。"

第四节　参加节约献金救国运动

抗日战争期间，张雪岩积极参与了冯玉祥领头发起的抗日节约献金救国运动。1942 年 9 月，冯玉祥结束灌县夏令营讲话后，返程途经成都，在成都青年会与基督

① 田仲济（1907—2002），山东潍坊人，著名的文学史家、优秀的杂文作家、杰出的教育家。1931 年毕业于上海中国公学政治经济系；抗战期间，曾任重庆中国乡村建设学院讲师；建国后，历任山东师范学院教授，山东师范大学教授、副校长，中国现代文学研究会第一至四届副会长，山东省文联第四届副主席，中国民主同盟盟员。

教会的朋友开了一个谈话会，有张凌高（华西协合大学校长）、吴贻芳（金陵女子大学校长）、陈裕光（金陵大学校长）、徐宝谦（载社总编辑）、吴耀宗（青年会全国协会出版部主任）、王俊贤（华西神学院教授、中华全国基督教协进会干事）、张仕章（青年会全国协会文字干事）、邹秉彝（金陵神学院教授）、蒋翼振（华西神学院教授）、邵镜三（中华基督教会全国总会干事）和张雪岩等人参会。原定谈话有个次序，安排冯玉祥在最后讲话，但是，谈话会刚要开始，张仕章提议说："先请冯先生讲话，请讲一讲在抗战期间，我们基督徒应该干什么？"

冯玉祥回应道："已经有个次序了，我不可先说话。"

张仕章又接着说："抗战期间，基督徒应当做什么事？这是很重要的，因为有些基督徒说，他们信教，只管天上的事，地上的事是不管的，冯先生你说是不是？"

冯玉祥没办法，只好站起来做开场发言，回答张仕章所提出的问题："日本帝国主义是要亡我们的国家，灭亡我们的民族，我们必须不分男女老幼，大家都携起手来，能出力的出力，不能出力的可以出钱。这样齐心协力，我们才能打走日本鬼子，才能救我们的国家。若是不管这些事，光靠着上天堂，恐怕国亡。能活着，也要进十八层地狱。当亡国奴的人，永远不配上天堂。现在国家正在危急的时候，最需要的是出钱出力。出力是做什么呢？就是当兵。其次就是出钱。我们大家若觉得上帝是在我们顶上，我们想着怎样才能对得住国家，才能对得住主持真理的上帝，我们有这样的感觉，从今天起，我们有儿子的就送他去当兵。不然，我们就每天，每个星期，或是每个月拿出多少钱来献给国家，我们叫个基督徒献金会，也无不可。”

话音刚落，会场便响起雷鸣般的掌声，所有参会者都纷纷响应表示赞成。谈话交流期间，有人建议在谈话会结束后，另外再开一次专门讨论关于基督徒献金之事的会。散会后，他们约定又开了一个谈话会，参会人员有冯玉祥、梅贻宝、张凌高、宋诚之、张雪岩、任子立[①]、吴耀宗、谭光复、邵镜三、张伯怀、王俊贤、左月清、张仕章、陈以诚、徐宝谦、戚寿南、邹秉彝、张克襄、蒋翼振、蔡葵、杨少荃、胡敬伯、陈裕光、曹钟梁、吴贻芳、朱继昌等26人，推选吴耀宗、张仕章和张雪岩等人担任筹备员，决定在成都成立“中国基督徒节约献金救国运动分会”，其中之意是把总会留到重庆。

1942年9月19日，“中国基督徒节约献金救国运动成都分会”正式成立，推选左月清任主席、张凌高任副主席，除正副主席外，共设三组，每组有组长一人，分

① 任子立时任成都基督教青年会总干事。

别为总务组任子立、文书组王俊贤和吴耀宗、宣传组张雪岩。会址设置于成都青年会内。

对于发起中国基督徒节约献金运动的原因，会议上公布的《中国基督徒节约献金运动缘起》中记载道："我国自被迫发动神圣抗战，已逾五载，敌虽蛮强，幸赖我全国军民，在最高统帅蒋委员长领导之下，忠勇从命，艰苦奋斗，卒保大部河山之完整，与民族复兴基地之稳妥。民族自救之基础于以奠定，民主国家联盟之局面赖以促成。这种联合及反侵略的大局面，已使人类正义之伸张在望，自由争取之胜利濒临。当此抗战进入更惨烈更艰苦阶段之际，凡我国民自应再接再厉，有钱出钱，有力出力，俾抗建大业，早底于成。我辈基督徒爱国，向不后人，对救亡工作，尤应有积极之表示，藉彰牺牲爱人之教旨于人间，爰特集合同道，发起节约献金运动，慰劳为吾人之自由浴血牺牲之英勇将士，及为此而流亡之颠沛民众。基督牺牲无我之教义，或可藉此表彰于万一，俾吾人良心获慰，信心得妥，凡我同道，希望踊跃参加，各本国家兴亡匹夫有责之义，及滴水成河集腋成裘之理，共起图之。"

这次会议也同时制定出具体的献金办法："（一）凡参加本运动者，须实行节约，按月由进款中提出一定数目，送交本运动所组织之委员会，作为慰劳前方将士及流亡民众之用。（二）本运动在重庆设总会，各地设分会，由当地负责基督徒组织之。（三）献金每三月一次，由各地分会汇齐汇送重庆总会转呈蒋委员长。（四）献金收据，由各地分会自行印发，收支情形，每三月公布一次。（五）所有献金，应全数送呈，不得移作其他用途，亦不得作任何开支。成都分会通讯处：成都春熙路青年会内中国基督徒献金运动分会任子立先生收。”

冯玉祥在成都的时候，与张雪岩有过深入交流。冯玉祥后来回忆：“见了张雪岩先生，他是山东人，是一位从艰难中自己把自己造就出来的苦斗者，一位很穷的学生，能在美国得了博士回来这件事太不容易了。他为人诚实，勇敢，对于爱国最热心，对于朋友极义气。他办了一个《田家半月刊》，销的很多，曾销到几万份，我也常常在他办的这个刊物上写点小诗。这一次在李家谈起来，谈的很久。他对于节约献金救国运动非常热诚，这真是一位极好的朋友。他说要请我吃饭，我说不必，他说多年的老朋友，你来到成都这个地方，应当尽一点地主之谊。他总说他在成都住了好几年，他以为我是到成都的一个客人。我说你要是真请我的话，今天不得闲，明天早晨六七点钟，你买两根油条，两个烧饼，咱们在一起吃一下，就算你请了我好不好？他说的干脆，好的很！第二天一早，他就用纸包了油条烧饼来，我们在一起一面吃，一面说，一面笑，吃得很痛快，可是钱省的当不少。我们前方在抗战，不论干什么，我们都应当十分节约，剩下来的钱献给国家，这才对呢。张先生就是一位真实的实行家，近来他对于节约献金救国运动，更努力了，并且很有成效。”

冯玉祥还以诗歌的方式描述了他对张雪岩的印象：

张雪岩先生

一位苦斗士，生活似战线，
美国去留学，艰苦把书念，
不但品学高，更是爱国汉，
创办好杂志，田家半月刊，
为民做喉舌，为国做宣传，
这天来看我，促膝详细谈，
节约献金事，救国大宣传。

为了让读者用血汗钱献出的捐款能够真正实现救国爱国的目的，张雪岩与冯玉祥在交流过程中商妥将《田家》读者的救国捐、寒衣捐、慰劳将士捐及抚恤流亡民众和难童捐，按时汇给冯玉祥。“由他直接交给蒋委员长，再由蒋委员长按照大家的意思指定用途，交给最妥当的人去办理，这样一来，不但读者可以同冯先生发生关系，更可叫蒋委员长知道大家的努力。藉《田家》而能与我们所爱戴的最高领袖在爱国救国的活动上发生情感，造成志同道合的关系，实属可喜。……冯先生虽是政府重要军事领袖，但也是我们的朋友，他肯在军书旁午的情形下，为我们代劳，我们特别感谢他。现在读者托我们捐给政府的钱，既能直接献给最高当局，自然不会出错，故望各地读者踊跃献捐，以报国家，尤其在这寒冷天气，为我们守土卫国的将士，身上极感单薄呀！望大家一致起来，在各地各乡发起献金运动，慰劳冒寒作战的战士，早将久盼的胜利争取到手。”

1942 年 11 月初，张雪岩将读者捐款凑足 1000 元，汇给冯玉祥，托他转呈蒋介石。没过多久，张雪岩接到冯玉祥的复函，并在《田家》上刊登了复函的内容，以便读者清楚明了，捐款的去向是由政府负责分配给前线的部队：

雪岩先生惠鉴：

手书诵悉，款已转呈蒋委员长，不日必有复示或收据也，俟收到后，当即奉上，请释廑念。先生登高一呼，使献金运动得以深入农村，厥功甚伟，钦佩钦佩，祥在此代表数百万战士，先向先生致最深之谢意，特此布复，并颂撰安。

弟冯玉祥敬启

三一·十一·十一

张雪岩收到冯玉祥的复函后备受鼓励，在宣传献金捐款上更加尽心尽力。随后，张雪岩又将田家社陆续收到的读者寒衣捐2000余元，全部汇寄给冯玉祥。1943年1月，冯玉祥再次给以回复，同时，信中附寄着蒋介石的一件墨宝，题写“三军挟纩”四个大字，并书有“田家半月刊读者献金捐赠前方将士寒衣题字嘉美”。张雪岩与《田家》的其他编辑认为这是《田家》全体读者的光荣，“所以我们特地报告给各地读者，相信各位得到这个好消息后，一定非常高兴，也必一定因此而更加踊跃的为国家出力出钱，争取抗战的最后胜利，争取民族的最大光荣！”

1943年2月，中国基督徒献金运动会成都分会主席左月清因另有要务在身，召集会议商议继任人选，经过协商讨论，与会代表一致推举张雪岩担任主席，希望在此运动取得卓著成效的基础上得到更进一步的发展。

此后，张雪岩继续通过《田家》多次呼吁读者响应节约献金救国运动。他在《田家》上分析了基督徒节约献金救国运动与一般募捐献金运动的不同及值得推行的原因：

> （一）本运动的献金办法，是采取按月捐款，直至抗战胜利为止，这样做可以刻刻激发起人民的爱国心。

（二）永久性的献金习惯一旦养成后，会使人不觉得捐款国家是件苦事。

（三）普及平民，可收聚沙成塔之效，与其他募捐之专以少数士绅和工厂行号为对象者，意义显有不同。而且日积月累，真会使每月的捐款像雪团一样，越滚越大。

（四）个人节约下来的金钱，拿来献给国家，不作无谓浪费，就不致刺激物价上涨，所以这种运动，从战时经济的立场上来看，实是最有意义，也是对于国家最有实惠的举动。

本运动除了有上述四个理由不同于一般的募捐献金运动外，还有三个特点为一般募捐运动所无，即是：

（一）所收捐款直接由总会会长冯玉祥先生负责献给蒋委员长，专作慰劳前方将士，荣誉军人和救济苦难同胞之用。

（二）所收捐款不开支分支，无论写信，喝茶，打电报，跑路坐车等费用，都由发起人自掏腰包，真正做到涓滴归公的地步。

（三）完全出于自动，不加一点勉强，每月每人一毛，不算少，一万不算多，全由个人度财量力，报效国家。

基督徒节约献金救国运动，因为有这些好处，所以一经发动，便得着各界爱国同胞的响应，献金数目，固是一月比一月增加，而且献金方式，也由单纯的在薪金收入中的节约，发展到对婚丧喜庆的节约，重庆方面便有好几位先生把准备化在结婚，做寿，开吊等上面的钱，几千几万的献给国家，如此看来，这种献金运动，不但可以养成我们节约的美德，加强我们爱国的心志，同时在无形中也改良了我们社会上一些不好的奢靡风气，实在是一举数得，再好没有！

1942 年 12 月，“中国基督徒节约献金救国运动总会”在重庆成立。1943 年 10 月 14 日，为了扩大献金运动的影响和增加捐款数量，冯玉祥将“中国基督徒节约献金运动总会”更名为“中国国民节约献金运动会”。从 11 月起，冯玉祥先后四次到四川省 20 多个市县，广泛宣传抗战救国，以动员民众参加节约献金运动，所到之处都取得一定成效。

1943 年 12 月 24 日，冯玉祥抵达成都。在冯玉祥到达成都之前，张雪岩作为成都市基督徒节约献金运动分会的主席，“竭力筹备，以期动员蓉市各界一齐响应这个争取胜利的救国运动。同时亦拟为冯先生设计，以便游行全国各地，藉此发动全国国民力量，促抗战胜利，争外交地位，使全世界各国都对我们国民起羡慕之念，和钦服之情”。

冯玉祥于1944年1月13—14日分别在四川大学和华西坝五大学演讲。演讲结束的14日傍晚，冯玉祥晚餐后在兰公馆花厅外散步，随行人员报告：“张雪岩先生求见！”冯玉祥高兴地说：“请！”

张雪岩当时兼任齐鲁大学社会学教授，上午在华西坝聆听了冯玉祥的演讲。一见面，张雪岩就向冯玉祥祝贺：“先生今天的演讲很成功，那种场面太感动人了！”

冯玉祥惋惜地说：“可惜！没人做记录。”

张雪岩回答：“不！有记录。当场我叫一个学生详细做了笔记，并已整理好了，特来请先生过目。”随即递上一叠厚厚的稿纸。

冯玉祥接过稿子，从头到尾浏览了一遍，一边看一边露出欣慰的神情。“好！好！太好了！这才是我冯某的讲演嘛！”他连连叫好，接着问：“此人呢？此人呢？现在哪里？”恨不得立刻见面似的。

张雪岩从容地说：“我已将此人带来拜见先生，现在外客厅候教。”

冯玉祥便叫人立刻去请进来。抬头一看，但见一位眉宇轩昂的英俊青年肃然站立在面前。张雪岩向冯玉祥介绍："这是我的学生孙成武。"

当孙成武向冯玉祥鞠躬敬礼的同时，冯玉祥的一只大手已经伸过来紧握着孙成武的手，笑容满面地说："坐！坐！坐下谈。"

经过谈话了解得知，冯玉祥在即席演讲时，张雪岩见无人记录，特别嘱托孙成武认真听讲、详细记录。孙成武虽未学过"速记法"，但其思维敏捷过人，反应力和组织力都很强，不仅文笔流畅、记录不走样，而且把冯玉祥的语气感情都活现出来了。冯玉祥读后非常满意，当即决定：即日起，把孙成武留在身边，协助其巡回川南各县从事救国献金活动。

孙成武感到事情有些突然，迟疑片刻，婉言辞谢说："我于本期应届毕业，可否等学业结束后，再追随先生？"张雪岩当场解难说："这事由我来办！我向校长刘世传替你请假，你就放心随从先生去好了。"从此，孙成武便与冯玉祥食则同席，出则同车，不离左右，协助冯玉祥工作。张雪岩可谓是替冯玉祥物色了一位得力助手。

1944 年 1 月 17 日，"成都市各界民众节约献金救国大会"在少城公园举行。主席台上悬挂"中国国民节约献金救国运动成都分会献金大会"的红布白字横匾，插有三十几个同盟国家的国旗，右边是"献金收款处"的捐款箱。来自全市各界民众团体代表达 2 万多人，“踊跃情形，实逾寻常，各界参加均有组织，秩序极佳，每队都张旗击鼓并燃放鞭炮，……各队献金均以食盒盛之，二人抬一盒，献金均以红纸封好，交献金台，并由银行给收据，当日共献一千余万元”。成都市基督徒节约献金分会献金捐款总额达 530784 元。

《中央日报》记者唐贤龙记载道：“昨天早上还不到九点钟，当太阳尚躲在云端里的时候，少城公园里的体育场上，便挤满了各色各样的人群，有气宇轩昂的军人，有文质彬彬的学生，有大腹便便的银行家，有穷苦辛劳的工人，有花枝招展的仕女，有头发斑白的老太婆，有天真烂漫的小孩子，甚至连一向修心学道的和尚道士们，也都精神抖擞的挤在那儿，一阵一阵的都涌向那一块广场，赶往那里献金去！”

张雪岩高度赞扬了民众救国的义举，充分肯定了民众的爱国精神。他指出：“中国老百姓的知识水准低，国家观念极轻微，民族意识很淡薄，在好些中国人的脑经中，似乎这是定论，毫无可疑。但最近国民节约献金救国运动的开展，给了上面的定论一个肯定而确切的否定。中国民众的爱国热诚和民族意识，由这个运动中得到了很好的测验，其自动踊跃献金之热烈情况，诚为从来未有。这种表现，不仅可以去疑去惑，更可洗刷耻辱增强自尊自信的心念，其意义的确重大。”同时，张雪岩评价了国民节约献金救国运动的意义所在：

一、新社会关系的界定。冯玉祥将军以两手十指的顺序阐释中国以亲情为重的旧观念，和以国家为重的新思想。这是社会学重新界定社会关系的妙譬，尤其列举抗战救亡和转弱为强的实际例证，最足启发人心，藉这运动改变了民族的思想，转移了社会的风气，其对国家民族贡献之大，是不可言喻的。

二、爱国观念的培养。这个运动不是一时的，乃是配合长期抗战的需要按月长期献金直至胜利到手方才罢休的，藉此可以涤除五分钟热血的耻辱并深深培养爱国的情绪，同时更可澈底实现有钱出钱的救亡的大国策。现代化的新民气藉此培育出来，踏上民主大路，奠定宪政之基，其功匪小！

三、鼓励士气。前方将士以血肉筑为长城，挡住残暴强敌，保障了后方民众生命财产的安全，这是齐天大德，地厚崇恩，如何图报，实是后方安居乐业的人们，应当扪心自问的，不然使替我们牺牲和浴血抗战的忠勇将士太伤心了。所以在后方民众能各本天良和能力，尽量拿出钱给国家慰劳前方将士，并为他们增购捍卫国家的新武器，他们听了定必心感神奋，倍增杀敌勇气，这才足以说军民一致，也只有这样才够得上是现代国民的精神。

四、一新国际视听。盟国的政府和人们听了中国民众节约献金的热烈情况，定必叹服敬佩，敌国闻之，亦必惊破贼胆，结果是提高了中国的国际地位，加强了我们的外交力量。所以美国大使馆驻蓉代表史梯芬先生说，中国民众对献金救国是如此热烈，友邦闻之必倍增敬佩，这是中国历史的光荣，也是中国民治的表现。

五、新史页的创述。如果献金运动能普及到全国各地，其对抗战必胜的贡献，是非常伟大的，中华民族的历史也必因此深创光荣之章。为民族生命留下永恒伟大的精神，长久支撑着这中华大厦。

最后要补说一句的，就是这个运动之所以能普遍热烈的展开，实由于冯先生能代表政府，不辞劳苦深入民间大声疾呼，可见领袖与民众接近，是多么重要的一件事。

由基督徒发起的节约献金救国运动，很快得到社会各界的响应，激发了人民的爱国热情，震动了整个大后方。“这次运动规模之大、范围之广、献金之多、情绪之激越，实为古今所罕见。其中涌现出难以数计的可歌可泣的动人事迹。……正如当时《大公报》发表社论指出：‘他们的献金是自动的，无条件的。拿出钱来而不要任何报酬，不似纳税之出于义务，购债之多少带有投资意味。他们在无条件地出钱或变卖衣物之后，精神上引为无上安慰，深感献金报国的光荣。民心之可爱，民心之可用，在这次献金运动中，充分表现出来。’”①

与节约献金救国运动相关，张雪岩还参加了由天主教和基督教两团体联合成立的慰劳救济动员委员会的征募活动。该委员会除了将两批慰劳车辆携带不少慰劳品运到前线外，在 1945 年 1 月，又开始推动征募工作，希望能通过多方征募，早收良效，征募队共有 80 多个大队，冯玉祥和于斌②主教为总队长，张雪岩担任田家大队队长。

① 陈孔昭、吴绍伯：《冯玉祥将军在成都的爱国民主活动》，《成都文史资料选择》第 17 辑，1987 年 12 月版，第 166 页。

② 于斌（1901—1978），号冠五，黑龙江兰西县人。早年就读于吉林省神罗修道院，后入上海震旦大学；1924 年，赴意大利留学，回国后担任北京中国公教进行会总监督、津沽大学教授，创办《益世报》；1946 年，任天主教南京区总主教；1949 年，赴美；1978 年，参加教皇葬礼时猝亡。

第五节　考察军队生活状况

1945 年 4 月 4 日，张雪岩应重庆江北区航委会被服厂朋友的邀请，冒雨参观了江北第十区的新政建设。他早就听说江北第十区新政建设极其进步，很想去参观一番，此次机会使他实现了这个宿愿。到达目的地后，他与当地的区长进行交谈，了解各种建设的情况，尤其是筑路的概况，考察了军民合作的关系和民治精神在当地的体现情况。

1945 年 7 月初，张雪岩接受蒋介石的敦聘，率领几位专家组成“军委会战时部队生活考察团”先后到湘、黔、桂等省考察部队生活，主要考察部队的精神生活、物质生活和军民合作三大方面，“以便将亲眼目睹的实情，报告政府并公诸社会，实行改善，提高士气，充实反攻力量”。

张雪岩根据对部队生活的考察情况，撰文提出了中国部队在精神文化生活方面所存在的问题，深感忧虑地提出了相应解决办法的建议：

> 中国部队的精神生活，如拿英美盟国士兵的精神生活标准来讲，简直是等于零。作战的士气，除了依赖优越丰富的物质给养补充外，精神文化的补给也很重要。前线作战的部队休说书籍杂志，就连

份日报都得不到，后方的政治、社会、经济、交通以及国际与中国战局有关的大事，都一概不知，试想又多么苦闷！至于英美和苏联军队中电影、戏剧、音乐、体育以及各种娱乐的设备，就更谈不到了！我们所到的部队，对文化知识的食粮，都感觉到如饥如渴。

中国士兵，多为青年农民，因为目不识丁的居多，所以对于精神启导，特别需要。但实际所见，有助精神活泼进步的文化教育等工作，实在做的太少，太感不够。这可由以下四方面看出来。

（一）书报。书报是人类精神生活的基本需要，是一国国民思想现代化的引发力，科学进步的推动机，战时部队处处需用机械，时时与现代社会政治经济等有关人类团体生活的种种发生密切关系，所以需要书报的急切程度，比任何方面都大。但这次所看各部队有书报设备的，真是微乎其微。有的半月一月见不到一份报，不但团营以下见不到，就连有的军部师部也是如此，交递困难虽然是事实，但以“军事第一”、“一切为前线”做标准，向前运送书报，不应成为问题。后方大都市的阔老爷们跳舞看电影和兜风的汽车，如果多征用几部，总能供应无缺。为国家整天拼命，但对国内战况，国际局势，以及内政外交，一概不知，其苦可知。军队中最需要书报，但也最缺少这种读物。部队中虽然规定由“连”单位起有中山室的组织，但有合时和足量书报设备的根本不多，甚至连中山室设置都没有的倒是不少。

（二）教育。因为缺少书报，教育士兵的工夫，就非常不够，如识字，常识讲演，讲故事，阅报，映放新闻及教育电影等都很缺乏。据说教育工具设备之所以成问题，经费不足是重要原因。

现代武器，多系精细复杂之机械，所以士兵的科学教育程度非相当高，不能使用，这就是我们吃亏的地方。在昆明看见美国教官指导中国士兵演习放炮，因为中国士兵文化程度低，只能告诉简单的使用技术，没法理解学理，所以作战时如遇困难，就没法解决。至于使用精良的飞机坦克轮船，就更不是不学无术的士兵所能办得到的。要想国家强，非把士兵的教育水准赶快提高不可。

（三）娱乐。训练团体和民主精神，最好利用团体活动。但此次考察所见，除少数部队中的中山室略有中国锣鼓和棋类之设备外，根本没有现代之体育设备，注重团体活动的球类，戏剧，音乐都极缺乏。重要原因，也因缺少设备和指导人才。至于能增加士兵娱乐的电影更为稀罕。

（四）人才。有人才一切都有办法，就以第五军二百师和新一军五十师之教导营为例，他们与其他部队待遇一样经费一样，但因为有热心文化教育工作的人才，所以他们有壁报，音乐，话剧，体育等的组织活动。由五十师的教导营也可看出另一重要意思，就是领袖人才固然要紧，但士兵教育程度也很重要。该营对这种工作所以特别活跃，就因为士兵多系青年学生。据该营黄营长说最感缺乏最觉需要的是书报。我们这次作战的口号是以精神战胜物质。而我们对部队的知识和精神补养，如此缺乏，真乃天大憾事！

对于部队这些精神生活方面的问题，张雪岩呼吁《田家》的读者能够给予帮忙解决："因为士兵多来自田间，所以一致要求敝社多向读者及各方，劝募订购本报，赠给各地的部队。……望全国读者能饮水思源，了解中国民族这个大翻身的光荣胜利，是青年农民构成的英勇部队流血牺牲所换来的。为了报恩，订购几份他们所渴想的《田家半月报》送给他们，总不算担负不起的礼物，在大家负担不重，在他们受惠无穷，爱国的同胞们，又何乐不为。"

同时，张雪岩陆续将《田家》捐赠给多个部队，受赠部队的长官纷纷写信表达他们的谢意。

部队极需内容丰富文字浅显的读物

雪岩先生大鉴：

承赠田家半月报，无任感谢。贵刊内容丰富，文字浅显通俗，极合部队需要，尚希源源惠赠，以资分发本部直配属单位官兵阅览，实所盼祷。专此布谢顺颂

勋祺

第二方面军司令长官张发奎谨启

八，八。

供不应求的精神食粮

雪岩先生有道拜读

田家半月报，内容充实，取材新颖，意赅言简，精悍短小，为真理说话，替正义做声，实属名符其实，敝师官兵泰半来自田间，年来僻处黔南，精神食粮极感空乏，贵刊赠到，供不应求，敢请先生设法多予赐赠，按期寄部，俾便浏览，专此奉恳，并颂

撰安

第八师师长吴俊再拜　九，三，于邑宁军次。

得此充肠美味士气益雄

雪岩团长勋鉴：承

赠田家半月报多卷，当经分发所属各单位图书室公开展阅，该报内容充实，尤切时代需要，军中精神粮食时虞不足，得此充肠美味，士气益雄，抗战前途至深利赖，望能按期寄赠，不胜盼祷，专此奉谢，即颂

勋祺

第六十四军军长张弛敬启　八，四。

官兵同深兴奋

雪岩总编辑鉴：

军委会生活考察团莅此，蒙烦赠贵社田家半月报一批，感慰奚如！值此反攻时期，前方固重物质，而官兵精神食粮，尤足珍贵，且中国官兵，什九来自田家，阅读兴趣，更为合适，恭领之下，同深兴奋。此间书报极感缺乏，尚盼陆续馈赠，以补不足，特函致谢，顺祝

撰安

陆军第五十师教导营营长潘中元启　八，三。

部队的物质生活状况是考察团进行此次考察的主题，“因为士兵生活改善的发动，主要目的，是物质生

活的提高”。张雪岩等一行专家全面考察了部队在衣、食、住、行、卫生等五个方面的状况。张雪岩的考察记录无异于保留了一份抗战结束之际国民党军队的军史资料，颇有参考价值，特摘录如下：

第一，关于部队的衣着。

部队衣着的主要部分是被服，“被”指军毯而言，“服”则包括全套军服，按政府规定每个士兵应有军毯两条，军服外一内二，棉衣一套，大衣一件，军帽似乎随发，皮带则无，草鞋不过每人每月发国币一百元。这样配发之够不够，可以这次考察实情做参证。

（一）军毯：由参观的几十个单位概括的说，除全部美械装备如远征军之外，其他国内作战部队之被服，不但破烂不堪，且多无有，有七八个士兵共一毯者，有全连“一百廿余人”只三条者，遇阴冷气候，多瑟缩不堪，夜不能眠，如此苦处，何能不影响作战！据说毯缺原因，由于作战伤亡后，补充新兵，尚未补发，但有的补充已数月，有的已一年左右，始终未能领到。兹以第五军之二百师为例，该师在滇西作战有功，伤亡甚众，班师后驻云南罗次县郊乡村，虽然补充已久，但条毯未发，有全连只三条毯者。该地夜间潮冷，非盖棉被不可，该师士兵以无军毯为免冻毙，多以自编之稻草褥披拥坐卧，有的不耐其苦，自动起来院中跑步一阵，待出汗发暖后，再回铺草拥褥稍睡，其苦可知。以性命保卫国家的战士，如此受苦，政府和人民知道不！

（二）服装：服装多不整齐，且多褴褛不堪。只有一套破衣者居多，即间有领到外一内二者，亦多因布料粗劣、手工太坏，不能耐久，以致洗无几次，即行破烂。以七十一军之人力输送团论，全团士兵，服装每人只有一套，完整者简则无有，多皆补不胜补，其破烂情形，实甚于乞丐，军容如此，其精神心理可知。不但如此，五六月始领冬季棉服，十一或十二月方领到夏季军衣者，系常有之事。交通不便，运输欠灵，抑另有原因，负责当局自应知道。

（三）军帽草鞋：有折旧衣自制军帽者，于此可知军帽之有无和多寡，除实施新给与后每人每月发草鞋领国币一百元外，鞋袜一概无有，据行军的部队说，每双草鞋要二百元，每月每人在行军期间至少需要五双，这是指较好的草鞋说。解决这个问题的两种方法是：一、由田野捡草或买草自打，二、以低价强制购买。第二办法，自然易惹民众反感，发生军纪问题，至于谁应负此责任，却应以“军人第一”的标准来判定。

（四）皮带面巾肥皂：皮带没有，面巾肥皂更谈不到，以十三军八九师的二六六团来说，他们还是已经美械装备的，面巾，肥皂，完全没有。为解决这个问题，有的利用破衣改作面巾，有的几人设法合买一条，肥皂则顶多全班合买一块。对此种日用卫生必需品艰难到如此境地，其困难可知，也实在不应该，看看后方挥霍浪费的贪官污吏土豪劣绅和囤积居奇的暴发户真令人不平。

（五）雨具蚊帐：雨具完全没有，惟美械装备者虽未发全，但已有一部分领到雨衣雨布，国内部队，间有斗笠与雨伞，惟多系自行编制或购买者。南方多雨，行军打仗而无雨具，其苦恼不言而喻。湘黔滇桂均是患疟疾盛行的地方，部队除美械装备者已部分配给蚊帐外，其余一概无有。即已发者，亦多两人或四人一架，酷热天气，数人挤在一床小帐之内，难受滋味可以想到。二方面军张发奎长官为解决蚊帐问题，曾为士兵做一蚊帐设计，一架蚊帐共需三十五元，其贱可知。惟以纸糊且大帮小，却不耐用，这种苦心和苦况，也真够令人伤心落泪的，想到八年来以热血性命保国卫民的英勇将士，竟连架保护健康的蚊帐都没有，怎能说得起“一切为前线”“军人第一”！

第二，关于部队的饮食。

“兵马未动粮草先行”，这是古来作战的基本条件。但以这次考察部队生活所见的实情，却是太也不合这个条件了。

（一）主食——米。自政府由四月实行新给与后，大半觉得每人每日二十五两还可够吃，但也有的仍觉不饱，尤其行军作战时期。至于认为二十五两米可以足食者，也是紧于一个基本条件，就是必须发好米并足量。所以普遍还成问题，就是因为坏米霉米常有，这还不是最困难的问题。最大的难处是有时领不到米，有时因钟头已过，有时以拒绝接受霉米，都可领不到。离米仓近还好，假如距离远些，当天领不到，翌日全部士兵就要饿肚子，运输工具又缺乏，领到后的挑担背荷拖拉之类的运输，当然会大大延迟时间，此外还有一个困难就是有时米袋破漏，还要雇人缝补，代价多以米粮充之，如此则所领食米自然不够，昆明一带因米不足，常有一天喝两顿稀饭者，某炮兵团竟因每日两次稀饭饿肚无力已有两周卧床停止操演，以减胃口需要。

（二）副食。所有按照政府规定编整完毕者，一律依每人每月国币三千六百元之副食费支领。未编者多照六百元或一千元发给。即以新给与每日一百二十元算，因各地物价不同，形成了苦乐不均的现象，物价低廉之处如柳州南宁等地，自然可照所定营养标准之肉菜油盐等定量采购分配，而且有的地方还领有剩余，并利用这种剩余买面巾肥皂等用品，惟贵阳昆明等物价高昂之地，则不足甚远，各地发给的办法，也不一样，有的发代金，有的发实物，如按所定营养标准购发实物，不管物价高低，自是公平之办法。

不过发实物也有几个困难：(1) 战区民众多已逃亡，收复地带也未完全归来，再经敌寇占据期间之澈底破坏杀掠，物资甚感缺乏，有些地方很不容易买到猪肉菜蔬，因此有时以同量之水牛肉或羊肉代替，黄豆代以黑豆，有些地方简直买不到。(2) 因为前方物资缺乏，有时需要由较远的后方采购，待运送前方或驻军所在地，再由师，团，一层一层发到连，排，已有相当阻滞和迟缓，因而发生肉腐菜干现象。(3) 美军后勤人员负责代购，易受品坏译员或奸商之欺蒙，在采购物品的质量上常常吃亏，因而发生不足和闹病的现象，菜油代猪油容易发生掺桐油的弊端，士兵因此泻肚者不少。再如有时几天买不到肉，待买到再补发，这种饥饱不均的情形，实非卫生之道。

（三）柴炭。各部队柴炭预算甚少，有的甚至没有是项预算，以此不断因买柴不能出高价与民众发生争执。例如在马场坪所见，柴之市价为七八百元，官价则每担不过四百元，有时因为砍伐树木惹起民众的反感而致冲突起来，发米菜肉而无柴炭或柴炭不足，士兵又不能生食或吃半熟饮食，为求全熟，在柴炭津贴不足或无有的情形下，其结果是不问可知的。

（四）餐具。国内部队根本不发个人必需的碗筷等餐具，以此士兵各自想办法，节省几文钱买只粗瓷碗，但行军作战，携带不便，毁损极易，同时因各自购买，大小不一五颜六色，极不整齐。锈瓷银铁碗，虽耐久美观，易于携带，但价值太贵，所以士兵对餐具，极感苦痛。饭包没有，水壶没有，在酷暑炎阳下行军的士兵，其所受干渴之苦，实难描述，待渴不能耐，即随地觅取池塘积水，聊以解渴，以此得痢疾者极其众多。

（五）马乾。部队马乾旧给与每月每马国币三千元，新给与每马每月五千四百元。新给与的实施办法，是规定每马每日十斤草六斤料，惟政府规定之草料官价，与各地实际市价相差太多，所以往往不易买到，虽政府规定不足差额由地方政府补垫，但以有些地方物价太高，差额太大，加以反攻时期边境军队太多，地方政府深感负荷太重，难于一一照办，如此部队不免与地方政府发生误解，或其他困难，同时如强以官价由民间征购，更易酿成军民之间的麻烦。

再就马本身的需要讲，十草六料并不充足，肥大洋马更嫌不够，故所见马匹皆多瘦弱，真正饱腾者，可谓无有，如此而翼其载重行远并驰骋疆场，乌乎可能！

第三，关于部队住宿。

中国部队因无帐篷配备，故平时已习惯占居庙宇，祠堂，会所，学校民房，旅店，战时行军期间，更不免如此，此种办法固然节省政府经费，但结果却是得不偿失，因为强占，就不免引起民众反感而生纠纷，影响部队军誉与政府威信。

这次考察所见，可谓千篇一律，不论那个部队，所到之处，多占居民房，因此不论为时多暂，老百姓总是不欢迎，因为敌人未到，家乡先无，解放自己的国军来临，先要流亡逃难，无知无识只顾现实的中国老百姓，其误解畏惧甚至嫉恨的心理，在所难免，这种心理，影响军民合作甚大。但部队既不能餐风宿露，又无帐篷之配备，祠堂庙宇又不能到皆有，即或有之，也不会都能容大军寄居。无军毯，无蚊帐，无行军床，除住居民房利用已有便利寄宿外，实无他途可循，这是战时部队住居之实情，是一个政府应当澈底考虑的问题。

美国战时军队的居住办法，最足借我们参考，他们平时住营房，战时住帐篷，而且有行军床随地住，绝无有碍军誉占居民房之事，因为根本不需要，可见装备给养丰足，才是维持军风纪之根本办法。

第四，关于部队的行军。

七月十七日由筑乘车出发二十一日抵柳州，单拿这五天所见的行军情形，足可代表中国战时部队行军的一般。当时正是由湘西及贵境调动大军赴桂柳前线反攻之际，故能每天亲见大军塞途的行军状况。

（一）车辆：除一师由美方备车运送外，其他部队一律步行，车辆运送者，又因敌人败退时将沿途桥梁破坏殆尽，未能尽行修复，以致不能运达目的地，而需以步代车赶赴前线。

（二）马匹：马匹甚少，团营长有瘦马骑者几成仅见之事，至于以马驮行李武器者更不多见。

（三）挑担：军中食宿通讯等设备器物，因无车辆马匹驮运，故需由士兵挑担或分荷之。

（四）步行：步行士兵平均每日规定行八十华里，遇难行山路，实际不过行六十华里耳。除少数已由美方发给胶底帆布鞋外，其余多着草鞋或赤足，胶鞋多不合适，不但窄短，亦烧脚也。

（五）背荷：每人背荷重量由三十至五十斤不等，武器之外还需负三至五日之米粮，为便于背负皆自行设法制长米袋围身斜负。

（六）行列：为免阻碍交通，所有踏上征途部队，均分两行循公路两边前进，每遇山岗遥望行列，真乃不见头尾之长蛇阵也，时值盛暑，烈日当空，因受日晒，肤色尽发紫黑，当运输队驶过时，飞尘蔽日，又需饱食灰尘，真是苦上加苦。

因在炎阳之下行车，士兵负荷又重，所以人人汗出如沛，衣裤透湿，口干力竭，系普遍现象，有中暑者，有因饮水得痢疾者，疟疾甚多，因睡泾地，疥疮亦多，病弱虽行者常遭脚踢鞭挞，以此毙于路者时而有之！虽然苦痛如此，但每当晚间休息或朝起再行时，多表露杀敌热情，只望待遇好点，并不怨天尤人，中国士兵太好了，苦待他们的固然可恨，国家和人民也太对不起他们了。

（七）交通：本团所到黔桂两省各地，因多会沦陷敌军，败退时，铁路公路之桥梁电线均遭澈底破坏，运输极感困难，尤其前方弹药给养之运输，大受阻挠，不少地方虽然收复已久，但终未修复，有碍行车之大，莫过于此，有几个重要渡口有少数美国工兵以泡汽协助运渡，但究嫌太少，有几处渡江堆积弹药甚夥，以公路桥梁破坏太多，又乏交通工具，以致无法往前运送，路上亦偶遇寥寥中国工兵及老百姓修路，想到前方反攻之急，和后方政治，民众技术未曾充分（简直未曾）动员之情形，多么苦害部队的行动，耽误了多少军事，还有一件令人痛心的事，即在前线指挥的军长师长很多连部指挥的吉普车都没有。

（八）救护：前方救护工作缺乏，见之令人伤心落泪，以七月二十三日克服之阳朔为例，本团同人赶去考察时收复不过数日，因巷战甚烈，敌仓皇溃退，故未及破坏，且已冲散四周山洞中，白昼下山偷饭水，夜间则放机枪骚扰，入阳朔境前，即已迎风闻见尸臭味道，待入城郊即见敌尸遍野，以未及掩埋尸体臭难当。我军除阵亡外，伤者亦有二百余，并有两营长三连长六排长负伤，其激烈程度于此可见！这样保国卫民的英勇将士负伤后，无有担架无有救护，有因血流过多时间过久阵亡者，亦有爬至途中而亡者，有的匍匐数日始达相距数十公里之荔浦战地医院，一位遍体鳞伤的王营长就是爬行两日才到荔浦战地医院者，以人才设备药品俱或缺乏，有多少重伤不能施救，有的内外伤口已溃烂生脓施救不易。想到八年来各战场以此冤枉死者不知有多少。有一勇敢士兵曾在该役中打死日兵十三名，后为日兵将下颌砍断，因无外科手术设备，以致施救无法，将来如何不堪设想，美国一士兵在柳州附近游泳溺毙，即以专机载棺运昆，我们枪林弹雨中杀敌的英勇将士负了重伤，简直无人过问。这种差别影响士气之大不问可知。

（九）逃亡：士兵逃亡，尤其新兵，几成普遍现象，惟自改新给与后，因为吃穿较足，已大见进步，但远征军回国后因待遇已减，汽车驾驶员逃的很多，据说参加交通兵团后，可以带黄鱼私货发外财，过重装载系习见之事，有三吨之车装五吨之货者，因不知珍爱车辆，以致毁损太多太易。

第五，关于部队的卫生。

（一）军医人才之学历资格多成问题，故多不能胜任，如某团卫生队队长，完全由无医学知识之牙医担任，又任医官及卫生队长者，多系短期军医训练班专修科毕业者。以此种学历担任是种职务，实相差甚远。

（二）多数医官并不担负检查饮水之水源，厨房，厕所等环境卫生之责任。

（三）后方医院之病历，竟有多数仅记体温脉搏呼吸处方，而无病情经过检查结果意见等记录。

（四）疥疮甚普遍。

（五）营养不良极多，新兵尤甚。

（六）痢疾极多，某医院医官不用显微镜检查，用 emetin 注射液治疗一切急性痢疾（所闻理由为磺胺嘧啶已用完），某集训营所剩一千余人均成病兵，痢疾极多，饮食粗劣，医药疏忽，每室百余人，集在一块，平均每日死亡五六人，听说最高纪录一日死三十余人！

（七）士兵大率无蚊帐，多疟疾。

（八）士兵于行军时饮生水，驻军之饮水桶，无盖者亦颇不少。

（九）某医院中多痢疾，患者竟用无盖之便桶置于病室中。

（十）检阅时患咳嗽咯血者，亦要站队，除少数病院外，这种病人在病室中，多与其他病人杂处。

（十一）有的官兵在前线作战，受伤后步行几小时方得初步急救（无随身急救包），又须步行十余小时始有正式包伤，而后担架至野战医院，距受伤常在两三天后。

（十二）野战医院无爱克司光线机与施行外科手术之设备，运送伤兵工具太少。后方医院野战医院毫无病历记录。惟所看云南罗次所驻之第二百师，对卫生医药等问题，颇有发人深省之解决办法。环境卫生极为讲求。乡村民众之厕所已全部代为改建。大街小巷，均代修平，路旁并植花木，又代乡民凿井。军中诊所，亦为平民医病。营房厕所均有相当距离。无蚊帐解决办法，系就地取材，以自劈极细竹篾，编织为廉帐，代替纱门纱窗，精细美观，耐久防害，又不花分文，真乃一举数得。解决无面盆浴盆之办法，系以粗竹凿穿一些眼洞，架置土石所筑两个水池上。洗面者置院中，沐浴者置室内，不用时将洞眼塞好，用时拔开，水即由砌筑两端之小水池中顺竹筒流出，卫生经济莫过于此。

两端水池，即两个高的土石撑架。此外他们又辟地种菜，养猪，养鸡，并办合作社。文化教育工作亦极注意，如宣传饮水及缠足之害等。他们的医药比任何部队中医院都整洁，师中领的几十条好军毯和蚊帐，完全给病兵用，诊断医疗也特别当心。医官护士对病兵特别客气，真值得效法。

考察活动于8月底结束，持续时间近两个月。抗战胜利后考察仍在继续，张雪岩说明其中的原因是："现在战争虽已结束，但建国大业方在开始，国防军的建立，亦不容缓，所以士兵生活改善的需要，并不减于战时。把儿子献给国家出征抗敌的农友们，必然顾念知道他们的生活问题和需要。"张雪岩将考察记录详细披露出来的良苦用心也在于此。

第六节　推行乡村平民教育

乡村平民教育大致有三种方式：一是学校式，一是社会式，一是家庭式。张雪岩等人创办的《田家》作为一份期刊可归为社会教育方式。

中国的乡村建设运动，由于本身存在的局限性，以及抗日战争的影响，在40年代已经走向衰落，然而，田家社却仍然坚持其乡村教育的方向。1940年9月，张雪岩提出："我们的教育目的，是拿文字做'提高民众知识，改良民众生活，建立健全品德'的工作。"从1941年9月至1942年4月，张雪岩在《田家》上陆续发表了五篇关于考察美国教育体制的文章，他结合中国的情况提出对中国民众，特别是对农民进行现代化教育的建议。

张雪岩在留学期间通过考察美国民众教育，了解到电影是进行民众教育的有效手段。他在归国后介绍美国见闻中的民众教育时指出："我们希望中国政府和电影界也能仿效美国的办法，与学校合作，根据民众需要及已有设备编制科学教育电影计划，逐步摄制，分发给各省各地的民众教育机关，按着季节和假期的性质，放映不同的电影给他们看，如遇儿童节，即放有关儿童卫生和教养的片子，如系国庆日，就映有关国庆的史迹和国族的意义，以及与国庆有关的抗日建国种种振作民气的活动，如能这样做，中国民众的知识，会有长足进展的，这种福利民众的建国教育，是最值得提倡的。积极推动，不久的将来，中国民众的见地和思想是会现代化科学化的。"

1941年8月，时逢《田家》创刊七周年纪念，《田家》上刊登了一篇来自甘肃榆中读者的文章，题目是

《为提高农村文化而呐喊》。该文作者自创刊就坚持订阅《田家》，认为《田家》是“提高农村文化的利器”，他自己从中受益良多，希望各地好友“为提高农村文化而努力爱护这份农民之至友——田家报”。文章写道：

我们的农村黑暗重重，我们的农民痛苦层层，我们的农村已成为人间的地狱，我们的人民都患着难治的大病。救济之道虽多，但我认为最重要不过的，仍在提高农村文化！欧美各国的老百姓，没有不受相当教育的，虽然他们在农村里种田，每天总要看几种报，因此他们的知识充足，眼光远大，无论任何军队、警察、官吏都不敢随便的剥削老百姓一文钱。

为着我们的抗战必胜，为着我们的建国必成，为着我们中华民族子孙万代的自由与平等，我们便要为我们的农村文化而奋斗！为痛苦万分的广大农村群众呐喊……把现代国民应有的知识，输入在我们农村群众的头脑里。

请听了此呼喊声的朋友们，要舞动你们的笔墨，写出生龙活虎的文章，在这唯一深入民间的刊物——《田家半月报》上发表，用血泪的文字来滋润我们农民的心田，使农村文化得以滋生提高。

这段文字充分说明这位读者认识到了《田家》对乡村平民开展文化教育的作用。

1941年10月，张雪岩在《田家》言论《我们要永远纪念双十》中进一步说明：“‘人人作新民，个个能生产’，是我们办报的一种目的。‘新民’是指时时刻刻在知识上求进步，在道德上求完善，在事业上求长进，在牺牲服务上求领先。此外对世界问题求了解，对国家大事求明白；对社会负责任，对邻里要合作。如能这样，才算前进的、现代化、科学化的新国民。所谓‘生产’，系指不论用脑用手都能各本所长，对社会国家做出番事业来。有这样的国民，国家才能富强，才能将诸先烈用头颅热血换来的，代表自由平等独立的‘双十’保得住。”做好的国民就应该遵守公德，这是张雪岩向乡村社会的农民所提倡的国民意识教育。

除了积极提倡乡村平民教育之外，张雪岩还踊跃参加与乡村教育有关的实践活动。中华基督教会全国总会边疆服务部在张伯怀主任的领导下，工作开展得与日俱进。1942年夏，张伯怀邀请在成都的华西协合大学、齐鲁大学、金陵大学和金陵女子大学四个教会大学组织暑期大学生边疆服务团，选定了20余名大学生。时任齐大社会学教授的张雪岩担任团长，金陵女子大学教授刘恩兰、华西协合大学教授胡秀英、齐鲁大学教授乐汝琏医师等分任队长，在川西理番县从事实地服务和专门研究。服务团到达理番县后，张雪岩先与边疆服务部川西部主任崔德润商量工作计划，崔德润建议要办具体的事，即利用服务团的有力师资为理番县小学教师办个培训班，这是考虑到理番县地处四川边区，文化落后，小学师资很差。理番县的县长米庆云乘此难得的机会，亲自前去助阵，在这时举办暑期小学教师训练班，特请崔德润为训导主任、张雪岩为教导主任，以边疆服务部的佳山寨小学为训练班的地址。几位大学教授各有专长，刘恩兰是地理博士、胡秀英是植物学专家、乐汝琏是著名的医生、张雪岩是社会学教授，他们对小学教师都能给予深入浅出的讲解和辅导，这持续一个月的训练班对理番县的教育产生了很大影响。8 月下旬，暑期大学生边疆服务团从川西返回成都，返程之前理番县各机关和边地民众热烈欢送，殷切期盼着下年能够再来。

1942 年 12 月，张雪岩发起《田家》的“胜利推销大运动”，以创办《田家》初期所提出的“村村有定户，家家有读者”为口号，目的是希望通过此推销运动，借助《田家》这份刊物“使教育得在全国乡村达到真正普及的地步，因此可使农民大众的知识科学化，思想前进化，态度合理化，行动建设化，整个人生全部生活都能达到现代强国国民最高的水准”。

此时，张雪岩也充分考虑发挥《田家》的言论力量和舆论宣传作用，希望以此加强和提升对民众的教育："言论有指导舆论创造舆论的资格和力量，因此我们要藉此养成民众判断的能力，自创的兴趣，指导政治并监督政府的聪慧和胆识。我们对影响国家和世界大局的消息分析之批判之，对错误的思想和行动指陈之纠正之，对有益民生的科学发明和福利事业鼓吹提倡之，对出力出钱的爱国精神奖励推动之。总之，我们对言论的最大目的，是做到发挥民众力量，动员科学精神，走向抗战必胜建国必成的坦荡大道，然后以独立自由的资格，以和平仁义的文化，领导人类进入大同之境。这是实际的指导，也是精神的训练和心理的预备。"

张雪岩还从摆脱穷困和压迫的角度，鼓励农民要主动学习识字、读书，接受平民教育。他首先对农民受穷和受压迫的原因做了详细的分析："整年为农业生产勤劳不息的人，为什么老是闹穷！为国家出钱出力最多的人又为什么当受欺压，我看受穷受压的原因有外来的自招的两方面。外来的是贪官污吏土豪劣绅的欺压剥削；自招的是不自求进不知团结。其实这两个原因归结起来，只有一个，就是无知。因为无知，所以自己老是迷信自私不知进取。这样一来，不但人家瞧不起我们，也增加了贪污土劣欺压我们的胆子和剥削我们的方法，政府虽有不少造福农民的好法令，只因我们自己无知，容易受欺，所以贪污土劣就可勾结起来，上蒙政府下欺人民的大胆妄为无法无天起来。这是根本的原因。”针对此原因，他进而指明了解决办法：“受欺压剥削的根本原因既是因为无知，所以要想抬头，也只有一个办法，就是赶快对症下药，学识字学念报学读书。因为读书不但可以明‘礼’，而且可以明‘理’。理就是是非的了解，真假的分辨，善恶的向背，一个人要真能了解是非，分辨真假，并从善弃恶，谁肯小看，谁敢欺压，又谁能用奸计来剥削我们呢！农友们，想抬头，赶快学认字念报读书吧！”

1943 年 7 月，在基督教联合出版社的机关刊物《基督教丛刊》上刊登的广告称：“（《田家》）系国内绝无仅有专为农民大众编辑的通俗读物。创刊以来，行将十年，发行遍于全国，读者包括各界，虽在战时定户尚能常保三万左右之纪录，遍及后方各省（十九省），由此可知本报实深受读者欢迎，文字下乡，本报当之无愧，即都市朋友及学校学生亦多有订阅。”此评价之语的确不虚，文字下乡、推行乡村平民教育是张雪岩等人编辑《田家》的根本出发点。

向乡村民众宣传科学和医药卫生是乡村平民教育的重要组成部分。关于这一方面，田家医药顾问刘荣耀的看法具有权威性，他在一篇纪念《田家》创刊十周年的文章中说道："《田家》是国内唯一深入农村的刊物，十年来所给农民的好处，实在很多，不用一一详说，我看最重要的一个贡献，是以科学医药来破除迷信这件事。"他谈到有的人生病求仙问佛，枉费金钱，但也有不少《田家》的读者渐渐注意到"卫生"栏目中的医药指导，得到了科学的医药知识。为此，他表示"佩服《田家》的编辑先生有这样的眼光和热情来向穷苦的劳农介绍科学医药知识，藉以增进民族健康，其功绩实匪浅鲜"。

1945年4月，有位读者专门写了一篇《由平民教育说到田家报》的文章，说明《田家》和平民教育的密切关系："在目前各地都有民众教育馆的设立，里面排列着不少的书报刊物，但是纯以平民为对象的还不多见——田家报的创办，正是为了补足这个缺憾。她是民众的喉舌，新知识的播种者。她的足迹普遍在城市乡村的角落。……希望贵社的先生们在张雪岩博士的领导下，含辛茹苦为平民服务到底。也希望热心平民教育的人士，不忘帮助朝夕为平民工作的《田家》同志们，多出一份《田家》即是多给平民一个受教育的机会，爱国的同胞不能忘记平民教育，而《田家》即是平民教育的前锋。"这段文字肯定了张雪岩在平民教育中所发挥的作用，也给了《田家》一个恰如其分的评价。

第五章　为农民请命，为和平呐喊

第一节　抗战胜利后的《田家》

抗战胜利之初，张雪岩编辑《田家》的内容侧重于帮助国家的复员工作。1945年10月，《田家》刊登的启事声明："现值复员之始，本报负文化建国之使命，为求本报工作满足读者之希望与需要，深盼各地读者对本报之内容、体裁及工作各方面多赐指导，俾有助于本社农村文化复员计划之参考。但复员计划进展之迟速与好坏，完全看交通、邮递、币制和物价等恢复稳定的情形而定。所以现时所打算的，不敢说立刻能做到满意实现的地步，不过我们要积极准备，这就是需要读者多赐意见的地方。"

张雪岩对《田家》的前途抱有乐观态度，觉得在抗战胜利后给农民办普及各项知识的《田家》是非常需要且极有意义的一项工作。他指出战争锻炼了人民，也改变了人民，现在全国人民都觉醒了，这就决定明天必然好于今天，人民的力量是不可抗拒的，以办《田家》为例，尽管《田家》是由他创办，但现在办《田家》的不是他也不是他们几个人，而是无数的广大读者，怎么办才好，要发些什么文章、增减什么内容、设置什么栏目，主要是由读者决定，读者称《田家》是自己的刊物，所以他们都认真地做《田家》的发行员。这种情况决定了《田家》的生命，也决定了《田家》的发行量。

其实，到抗战胜利后，经济并不能马上复苏，《田家》仍然存在资金紧张的问题，需增加发行来维持生存。张雪岩为了提高民众订报的觉悟和热情，将推销订报竞赛提高到文化建国的高度，发起“胜利推销竞赛”。他号召读者：“起来，本报的读者，参加文化建国工作。介绍一份报，做一份文化建国工作，增加一份文化建国力量，这是最易推动的爱国工作。中国国民再不从知识普及上努力要强，国民的生产技术无法进步，农工各种生产事业无法改良，国民生活水准无法提高，文化经济如不及人，将来自存都成问题，休说富强。本报读者们，一致兴起，努力推动文化工作，做建设新中国的先锋队。多介绍一份报，多增加一份建国力量，别忘了！”

张雪岩与田家社同人制定的竞赛办法如下：

一、胜利竞销，主要以农民和军队为对象。因为这两部分的民众需要知识最急切，盼爱国的读者和人民，广为推销，劝亲友乡邻多多定阅，并以此赠送亲友或为国争光的部队，藉表庆祝和慰劳。这是最有意义的胜利庆祝，也是最有益最带建设性的慰劳品。在敌人压迫捆锁下八年余的乡村同胞，更需要这种解除枷锁恢复自由的胜利礼品。所以更盼望大家多向沦陷区介绍。圣诞节新年快到了，可多多定报分赠亲友，这是文化建国的好礼物。

二、竞销期间定阅者，统以一年为限，全年报费每份暂定国币陆百元，将来币制如有变更，再行酌改报价。

三、竞销定报，须先汇款，无款者一律不定。汇款以邮局汇单与银行汇票为宜。

四、竞销自本年十月一日起，至三十五年六月底止，最低限度希望能达到十万定户，日期以信封之邮戳日期为凭。

五、竞销介绍之定户，均以新定户为限，续定者一概不算。代定人参加竞销者，均照胜利竞销办法办理，不另给代定扣佣。

六、竞销人之奖金，一律以推销报费总额百分之十酬报之。于三十五年六月底截止后一月内结清发给。

七、报费由定户迳寄本社或竞销人代汇，均听自便，惟报费需一律按照定价十足汇寄现款，方能登记发报。每次介绍定报和定报人分别写清。

随着抗战结束后各行各业复员工作的进行，张雪岩也开始考虑《田家》的复员问题，恰逢华北基督教农村事业促进会发来邀请函，力邀《田家》到北平出版。针对此事，张雪岩组织《田家》华西理事会成员召开会议商议，最后决定不再将《田家》迁回济南，而是迁至北平。1946 年 7 月 1 日，张雪岩编辑出版了《田家》第 12 卷第 23—24 期合刊之后，结束在重庆的出版，便忙于办理田家社的搬迁事项。张雪岩在这一期上发表了《告别四川》的言论，表达其在成都和重庆两地所经历抗战的感慨以及离别四川的不舍之情：

本报流亡四川出版，共有七年，五年在成都，两年在重庆。今天我们得随抗战胜利，回到北平出版，真是兴奋无状！同时对四川也有些恋恋不舍。这种难舍难离的心情，由于以下几点。

一、四川对抗战贡献太大了，从物力上说，四川是天府之国，是抗战天然而富庶的经济供应站，出钱出物，四川都占最高位，兵粮民食，如无四川丰足的供应，抗战是件不可想象的事。这就是我们与四川告别时一种为国家民族感恩惜别的第一点。

二、抗战的兵源依赖四川甚大。抗战期间政府由四川征拔的壮丁，比任何一省都多，如无几百万四川的青年战士源源补上前线，挡住了敌人，胜利真是难以想象，因此在胜利还乡之时，不能不饮水思源，对四川同胞表示敬谢。

三、在抗战期间，四川不但在人力物力方面贡献最大，民主政治的基础也在四川奠定，这是一件了不起的大事。最后的一切收获，如开放言论，还政于民，及各党各派获得合法地位，并组织各党派及无党派人士的联合政府，以及整军方案政协协议诸大事，都是在四川得到的成就，这就令人感到四川伟大极了……

四、田家在四川延续了它出版的生命，这点本报和各地读者特别感激，所以惜别之情也特深，到北平后一定本这七年四川所给的锻炼与勇气继续努力，使本报善尽文化建国使命。

迁往北平是应华北基督教农村事业促进会的邀请才做出的决定。《田家》原本属于华北基督教农村事业促进会文字部，由于战争影响，促进会的工作难以展开，又因《田家》的南迁，使得二者关系中断。抗战结束后，促进会[1]的工作得以恢复开展，就立即邀请《田家》到北平出版。张雪岩曾解释说："本报原属促进会文字部出版之刊物，今得迁回促进会所在地，自亦合理。除此之外还有几个不回济南而来北平的原因：（一）北平比济南交通方便，（二）北平系文化故都，是中国的文化中心，（三）北平的学校多图书馆多，（四）教会与学校之农村建设实验工作，北平一带较济南为多。复员时原定在平东（注：北平东）通县出版，但以该处缺乏印刷，时局不静，交通有阻，邮递不便，故改在平市（注：北平）印行。但将来即便和平恢复，社会安定，除编辑研究设于通县，配合促进会其他各部门工作外，印刷发行及其他事务，为求便利，势须长期在北平办理。"1946 年 8 月 15 日，张雪岩派两位田家社的员工先行到北平，筹备《田家》的复刊事宜，竭力推动组织文字部。到 8 月底，在中西基督教界人士的热心帮助下，筹备工作大致就绪。由此，张雪岩制定的发展农村文化的各种计划便可以逐步开展，如出版各种农村需要之书报、为农村建立图书馆、设立农村书店网以及创办函授学校、促进农民教育等。

① 1947 年 11 月，华北基督教农村事业促进会经董事会讨论决定改名为"华北基督教农村服务联合会"，简称"农联"。

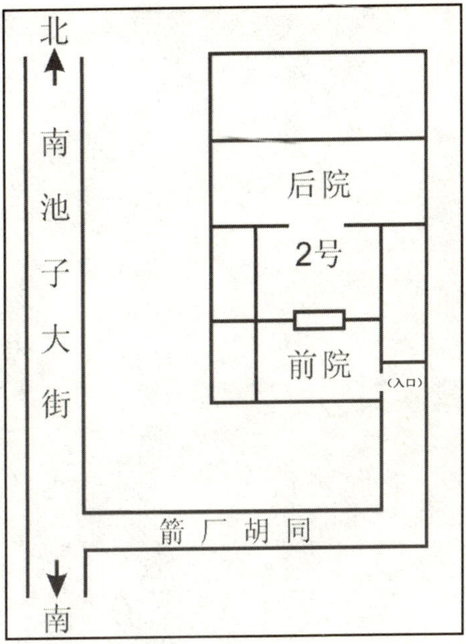

田家社平面图
（据张国华提供的原稿绘制）

《田家》于1946年9月在北平编辑出版，华北基督教农村事业促进会文字部重新成为《田家》的发行机关，并由促进会文字部组织董事会对《田家》的编辑出版和发行负责，张雪岩担任文字部主任。田家社迁北平后将社址定于北平（九）鼓楼西50号，1948年7月搬至北平（○）南池子箭厂胡同2号。

1946年11月12日，张雪岩在北平青年会召集文字部成员举行设计会议。会议通过了一系列重要议案，并重点讨论了张雪岩所拟定的“发展农村文字事业之十二年计划”和组织中国教会文化事业促进会办法。“发展农村文字事业之十二年计划”大纲如下：

第一期：本期主要力量，用在恢复田家旧读

田家社职工在新社址北平南池子合影（1948年），后排左一为张雪岩。

者，增加新定户以及准备新计划方面。

第一年：恢复战前五万定户。

第二年：预备农村图书编辑计划。

第三年：一、建立国际出版印刷之文化沟通关系。二、田家定户，至少增至十万，出版一农村卫生月刊。

第二期：本期除推行已有工作计划外，应添设一研究部门，与齐鲁、金陵、燕京等大学建立合作联系，从事各种农村社会问题材料之搜集及研究。搜集方面，乡村教会及全国乡村读者，都可借重。

第一年：一、鼓励并协助各地乡村教会建立合作社，以利文化读物之介绍推销。二、出版一乡村儿童月刊。

第二年：一、为乡村图书馆完成五千册书籍之编写。二、创办一函授学校，以便失学上进的农村青年，得有求进的机会。

第三年：一、出版一农村画报。二、本期内田家销行数目，应达到五十万份。三、出版乡村研究期刊一种。

第三期：本期特别注重推销

第一年：由本年起预备以后每年出版一种农家历书。

第二年：稳定已有工作，并尽力推销已出版之书报。

第三年：为农村图书馆完成第二次五千册书籍的编写，增为万卷。本期田家销数增至一百万份。

第四期：本期应推行及完成之事工：

> 第一年：完成乡村教会合作网，以推销文化食粮为首要任务。
>
> 第二年：出版通俗单张农村日报一份。
>
> 第三年：一、为农村图书馆完成第三次增编之一万册新书籍，达成两万卷之目的，以后每年依照需要增编若干册。二、各种出版物应达到下列行销数目：田家半月报——二百万份；农村画报——十万份；农民历书——五万份；乡村儿童——十万份；乡村卫生——两万份；乡村研究——一万份。
>
> 这个计划的经济来源，希望国外教会援助，如能自办较大规模印刷，国外津贴可逐年减少，直至十二年底，以后即可建立在自立的经济基础上，以卸国外教会经济仔肩。

这个计划的规模非常宏大，以十二年为限，分为四期，每三年一期，仅《田家》就期望发行到200万份。张雪岩运用他的“梦理论”将此计划比喻为一个文化建国梦：“何谓梦？由历史潮流要求指导和目前现实需要刺戟（激）所引起的人类意想中的任何社会福利计划，统可称之谓梦。计划之实施，即梦之实现。由计划设施中得了新的经验，发现了新的问题，看出了新的需要，因而产生新志愿新计划，即为旧梦中之新梦，亦即所谓梦中梦也。质言之，即由事实经验而产生之一种思想理论，梦之实现，即理论之实践，脱胎于旧梦之新梦，实即由旧理论之实践中所产生之新理论或新计划。……本报告所附计划大纲，是笔者与同人等本十三年工作经验，和目前客观情势的挑战及新中国历史路向的要求而做的‘田家梦’，也可说是‘文化梦’。”

在当时的条件下，要实现这个文化建国之梦注定是困难重重，张雪岩自己对如何落实好这个计划也没有十足的把握，因此，他忧心忡忡地说道：“原设由去年（一九四六）胜利后第一个复员年头算起，但后以国内和平无望，内战拖延，改由本年计起，但黑暗混乱的现实，又把这个梦给打破，究竟能从那年开始，只有天晓得了。言之痛心，因此不写年头，而以年度划分。”面对残酷的内战现实，张雪岩再次发出了感叹：“胜利初临时，原期和平临现，社会复常，一年之内，即可恢复战前和战时将近十万之定户，五年之内，随农村教育普及的发展，达到百万定户，并非希望过奢。但不幸内战绵延，交通破坏，经济混乱，农村凋敝，生产无由，民不聊生，因此本来期望，大受打击，所有计划，皆难实行。痛哉痛哉。”

尽管如此，张雪岩并没有失望，也没有懊丧，仍然秉持其一贯的顽强拼搏精神，信心十足地在艰难中实践着他的计划。在他看来，“因为全国乡村读者，已经与我们建立了一种共同希望共同信仰的深切关系，就是三万万多农村民众的知识水准和文化程度一定要提高。相信只有这样，勤劳朴实的农民大众，才能在生活能力上真正得到自由解放，才能接受科学原理运用科学方法，增强国家的生产力量，奠定真正的民主政治基础”。同时，他还代表田家社发表了铿锵有力的编辑声明：

本社同人愿以最大之努力，以最适时最进步之文字，献给全国农村大众知识食粮之需要，做到全国农村文字出版之中心地位。我们绝不好高骛远，乃欲以“行远自迩，登高自卑”的态度向前迈进，以理智之绳拉着民众“需要”的舟楫，唱着“前进”的歌曲，一步步向前移动，不管顺流逆流。以科学之鞭，策着我们的文艺之马，锻炼成日行千里的骏驹，不论流汗与流血，我们更愿以宗教的火炬，燃起热诚服务之灯盏，照耀在黑暗的农村社会，不拘逆风与顺风。中华民族的真正解放，需以农村大众知识之解放做前提，中国文化领导地位之取得，亦以全体民众文化程度之提高做基础。这是我们努力的说明，也是我们心愿的剖白，一言以蔽之，我们的基本作风，是由

> 民众之实际生活与问题中探寻理论的根据，同时一切工作，也万分虚心听受科学理论的指导。我们绝不在工作上稍持“做一日和尚撞一日钟”的懒惰态度，我们乃愿以辛勤农夫的劳作，在田野里勤事耕耘，期获丰收，人人得饱。

张雪岩早在1940年回国后就拟定了田家文库计划。在抗战期间，由于战争引起的物价飞涨，田家社常常遭遇经济困境，田家文库计划没有如其所愿，但是，他还是坚持举债勉强编印了《田家读者自传》、《田家医药指南》（上下册）和《田家瞻望》三套书，而其他出书计划不得不暂时搁置，待条件允许后再续。田家社迁到北平后，经济状况有所改观，张雪岩将原有计划提上日程，着手继续执行，目的是要在“十二年计划中根据乡村文字需要，为农村大众编印各种书刊，藉为乡村图书馆奠定基础”。他主持编辑出版了田家系列丛书：《拓荒文化》（张雪岩著，1947年3月初版）、《真理论坛》（张雪岩著，1948年1月初版）、《灵修进程》（张雪岩著，1948年1月初版）、《圣经及教会人物》（张雪岩著，1948年1月初版）、《田家医药指南》（上下册）（张雪岩、刘龄九编，1948年2月再版）、《儿童教养法》（田家社编，1948年4月初版）等。这几种书大多是五年前汇集好的稿子，只因经费没有着落，始终未能印行。令张雪岩深感庆幸的是，能于万般艰苦中从《田家》中选取乡村教会和广大读者需要的材料，汇集成册，印成专门图书，使读者可以在某种专题上得到系统的参考，并借此为乡村图书计划增添材料。张雪岩更希望在将来国情好转、物价稳定的时候，按照计划从事相应的图书编印，逐渐为全国农村大众预备丰富的知识食粮。

1947年8月1日，张雪岩发表纪念《田家》出版十三周年的文章，回顾了抗战期间《田家》所经历的苦难与对和平的期待，诉说当下面临着持续内战的黑暗现实，表示要站在基督教立场上，经受各种痛苦磨炼和考验来编辑《田家》。文中写道：“本报出版已是十四个年头，十四年里在民族抗战求生的解放大运动中，本报对发扬真理启发民智，也曾略尽绵薄，虽因此吃了不少苦处，但以终能争到最后胜利，所以也尝到了‘苦尽甜来’的美味，可惜好梦不长，转瞬逝去。以目前自暴自弃的混乱情形与过去和平建设富强康乐的美丽梦想一比较，真有异常恶梦之感。因为实际是强变成了弱，甜变成了苦，光明变成了黑暗，以此把所有希望完全葬送在失丧中。这是全国善良人民的真实心理。哀莫大于心死，假如全国人心如此，中国岂不完全无望！这又不然，我们站在基督教的立场，不但不因目前一时的黑暗混乱而忧痛失丧，反因过去十几年工作的经验，和民族新生必经之一切痛苦的磨炼，更为认识了上帝和平仁爱的真象和耶稣基督真理正义的本真，以及圣灵启发人类良知良能的大能大力，所以我们不但不对目前混乱黑暗的国是悲哀失望，反而觉得是上帝给我们表现宗教力量的好机会，是我们在基督的信仰上坚定与否的大测验。”

1946 年 8 月，基督教联合出版社迁到了上海，虽然田家社与之分处两地，但还是继续保持着从属关系。为了检讨过去的工作并计划将来联合出版的事工，基督教联合出版社于 1947 年 11 月 1 日至 2 日两天在上海举行年会。张雪岩作为《田家》总编辑飞抵上海出席这次会议。有 20 多人出席会议，讨论议案很多，最重要的是关于简章的修改，得到全部与会者的同意，表决通过。同时，会议协商决定将组织的英文名称改为“Council of Christian Publishers”，中文名称尚未规定，可理解为“基督教出版协会”。会中还讨论了加强联系、促进写作、开展推销等事项。基督教联合出版社改组为中华基督教出版协会（Council of Christian Publishers in China，简称 C. C. P. ），改组原因是“联合”含有合并的意思，而“协会”仅表示合作。该协会宗旨为“统筹出版计划，促进推销运动，以谋基督教文字事业之发展”，目的是要“以文字为宣传福音之有力工具，因为文字之效力，广泛而深入，能达一般宣教护道者所不及的地方。是以出版协会之工作目标，亦即为广传福音，引人归主，使天国早日实现于地上”。[①] 田家社随之成为中华基督教出版协会的会员。张雪岩于11月中旬办完公事返回北平。

1948年7月，张雪岩在美讲学，寄回田家社一篇纪念《田家》出版十四周年的文章——《骆驼展望——本报十四周年纪念文》，希望在庆祝《田家》十四周年纪念的同时与读者交流心得。以往每年的纪念文都属专论，内容大概是回顾过去、认识现在、展望将来，但此文一改以往的风格，不再谈论过去，重点谈现在和将来。张雪岩围绕阐释选择骆驼为题的理由，将《田家》比喻为骆驼，指出《田家》在当下和将来所应承担的责任、具备的精神和实现的目标。他首先写道：

> 一、任重道远——骆驼驮载甚重，途程极远，本报以此自比，不为无因。三万万多农民文字工作的要求，不算轻负；到个个人人的文化水准都能提高到一等强国国民的程度，路途不算不远。骆驼所行的路程，多是攀高涉远的山岭沙漠，寒暖风霜是

① 《基督教出版协会是什么？》，《出版界》第95号，第25卷第4期，1948年11月，第22–24页。

家常便饭，故坎坷崎岖，颠困劳顿在所不免。十四年来，本报在国势危急风雨飘摇中已经倍尝这种心酸，勿庸多述，所幸的是未为苦扰，未为困折，下月就要踏上十五卷开端的新阶段，是何等的兴奋！此一文化重担之内容，值得打开一看。因为假若口袋里装的是些废铜烂铁污泥乱石，不论多重，根本不值一文。但如果装的金银珠玉翠璧珍宝，那就值得重视而加淘炼琢磨，俾成有用的良器了。

张雪岩接着指出《田家》所负文化重担的内容有两种，一是真理，二是科学。他认为真理包含三种素质：

一是科学合理进步革命的人生观，二是公平合理的社会经济，三是和平互爱的民主政治。这是一个三足鼎，缺少一足，就无法立定。这即中国走向现代达到富强的基本条件，也是贡献最多而最被忽视最受欺压的农村大众最起码的要求。这三种极其合乎真理性的要求，就是本报文化重担里的第一种珍宝。不过要把这珍宝根据描绘的三种蓝图雕琢成合用的良皿美器，却非用科学方法不成了。所以科学是文化重担中的第二种贵品。不用科学教育方法按着步骤从扫除文盲破除迷信普及教育着手，就无法使人民觉悟生活，教育，职业，娱乐等基本人权是他们应有应享的。没有这种觉悟，就不会去争取这些权利，没有这些权利，就等于赤手空拳，没法创造公平合理的社会经济与和平互爱的民主政治。千言归总，这已是人民的世纪，人民应做主人，主人能运用其应有的法权人权，平等经济与民主政治都会实现。不过不能等人送礼，须自己去争取，这就是‘天助自助’的意思，也就是本报以骆驼负重的任务展望中国文化前程的第一点。

而完成这第一点还必须有下面一种骆驼精神才得以胜任：

二、坚忍不拔——骆驼的负荷是重的，行程是远的，其间万苦千辛是需经历的，但它能达目的，完全凭了一种精神，就是坚忍不拔！本报既奉人民付托接受了发扬真理科学文化要求的重担，为了达到自由平等富强康乐新中国的远大目标，也就非用骆驼坚忍不拔的精神无惧无忧不屈不挠的往前奔行不可。不过本报是骆驼地位，只能供牵拉驱使，物质精神的需要供给，还需要读者全体来以“各尽所能”的精神与力量来支持鼓励。所以读者的推动建议与批评，是对这只骆驼牵引鞭策的必要任务，本报为此已有十二年计划，为了实现富强康乐的新中国，还有无数个十二年计划在前头等着，负荷沉重，前程远大，读者们，牵引鞭策着我们走呀！

张雪岩认为中国农民科学知识提高了，就能建成一个强大自由的新中国，也可对世界和平做出贡献。只有建立公平合理的社会经济制度与实现真正以人民为主的民主政治，才能实现人类相谅相爱、和平相处。而这一切都需要发扬基督教牺牲博爱的精神，将天国建立在人间。他在文中这样写道：

三、示范全世——中国地大物博人众，一朝三万万多教育科学落后的农村人民知识提高科学前进，因而健步飞跃建设成一个一等现代的自由平等富强康乐新中国，其对世界和平和大同文化的影响，必定大到不可思议。英美、加拿大诸国教会所以对本报自始重视支持，就因为看清了这一点，北美基督教联合会对本报十二年计划，已有五年支援的经济决定，这是本报在宣扬中国农村文化上所得到的具体的国际影响，也是本报以基督背十字架的精神所换来的。人类要相谅相爱，才能和平相处，但达此目的，却非建立公平合理的社会经济制度与实现真正以人民为主的民主政治不可。这更需要牺牲博爱的奋斗精神。我们对基督教“上帝是父，人类皆弟兄”的宗教哲学，是心悦诚服绝对相信的，但除非和平友爱的“人类弟兄”局面出现，“上帝是父”的真理，总会使人怀疑的，所以实现这天人合一的大爱，促成永久的大同世界，是本报为上帝为基督所背负的十字架，我们要和骆驼一样坚忍不拔的奔向前程，也愿如基督一样甘心吃苦，情愿牺牲，达成乐园天国中建立人间的大目的，这是本报趁十四周年纪念以骆驼任务展望的第三个理由。

抗战胜利后，张雪岩在编辑《田家》期间，还以田家社社长兼总编辑的身份不时地参加许多社会活动。从时间顺序来看，主要有以下几项：

张雪岩曾于1945年和漫画家汪子美在沙坪坝重庆大学门外的一间小屋内合办了一个漫画展，画展内容主要是抨击当时国民政府的腐败和堕落，如：买卖壮丁；在国难深重的情况下，孔二小姐乘飞机从香港回四川带着大量山珍海味及宠物小狗；等等。参观了此次画展的一位工程师认为张雪岩是一位基督教界人士，但思想进步，爱国热情很高。

1945年12月23日，美驻华特使马歇尔（George C.Marshall）抵达重庆，在忙碌公务的同时，除了和国共两党商谈停战办法外，还接见了中国各党派及各界人士。马歇尔是第二次世界大战期间美国杰出的将军之一，曾任三军参谋长，于11月27日接受杜鲁门总统的任命，担任总统驻华特使，赴华对国共两党之间的冲突进行调停。1946年1月9日上午10时，张雪岩邀集田家社的编辑和基督教人士，与马歇尔会见，他们在愉快的气氛中会谈了一个半小时。据会谈记录记载："马特使非常关心中国农友们的疾苦，他说过去曾在天津住过三年，并亲自到农村作过考察。他因此举了一个例，很值得我们学习。就是在美国治理下的菲律宾怎样从腐败落后进到今天的繁荣、康乐。第一是教育，美国派了几船教员到菲律宾去，除了启发民众知识外，更利用各种球类运动增加各村间民众的感情。第二步是发展交通，公路在各地各乡村普遍建设起来，这对于民众经济、健康及生活各方面帮忙极大。再加上贤明的政治，二十年后菲律宾就复兴起来了。我们感谢这位伟大的国际友人对中国热切的关怀和希望。我们预祝中国农民在和平团结民主的政治下，会很快的得到幸福自由的生活。"

1946年10月初，中华基督教会全国总会在南京召开会议，张雪岩为促进乡村教会的复兴和提高农民大众的福利，向大会提交了许多议案，其中比较重要的有：（1）提高乡村布道人员教育程度，适应时代潮流需要案。（2）提出并推动乡村文字工作，充实乡村布道人员及平信徒需要案。（3）教会医院及大学医学院应注重并推动乡村公共卫生消除农民疾病案。各议案都附有实际办法。此外，还建议南京金陵神学院：（1）开设乡村教会学院，俾能依据全国乡村教会工作之需要，培育足量合用的人才。（2）多设乡村教会人才奖学金，以俾乡村优秀之穷苦天才，均得发展致用机会。

北平青年会为了促进宗教学术讨论，并以此鼓励国人研究宗教寻求真理的兴趣，特别邀请张雪岩于1946年11月12日至14日连续做三个晚上的演讲，总讲题为《基督教对当前时代的答案》，分讲题目为：（1）基督教与和平，（2）基督教与民主，（3）基督教与科学。每晚都有听众踊跃报名，愿意继续参加研究讨论。

1946年11月30日，中国全国基督教协进会在上海召集文字会议，以促进基督教文字工作。张雪岩虽因有他事未能出席，但仍以书面形式向有关全国教会提出建议：应多注意并协助华北基督教农村事业促进会文字部发展农村文字工作。

1947年3月中旬，美国教会农业基金委员会总干事芮思娄博士从南京到北平考察。此人是南京金陵大学农科和《农林新报》的创办人，与张雪岩是故交，《田家》的国外捐助是由他首先发动提倡的，抗战期间为《田家》做过特别的鼓吹宣传，争取到英美加三国教会的同情和援助，为《田家》的发展奠定了经济和文化沟通交流的基础。华北基督教农村事业促进会为欢迎芮思娄的到来并促进乡村教会善后工作发展，于3月17至18日两天举行全体会议，会议决定近期编制该会各部门十年工作计划及预算，以便由芮思娄带回美国报告，并设法请美国教会给予援助。张雪岩所负责的文字部根据其编辑《田家》的十余年经验拟定出了十二年计划，邮寄给英美加三国教会，期待给予建议和提供帮助。

北平华文学校有许多新到的年轻传教士对中国乡村建设很感兴趣，为了解实际情况，专门邀请张雪岩在1947年4月10日中午11时至12时在该校大礼堂演讲《乡村建设与教会》。

1947年8月2日至11日，卫理公会为了增进青年对宗教的认识与真理的了解，在北平神学院举行秋令会大会，该会华北各地男女青年均可参加，总题为《基督教与新中国之建设》，有灵修、查经、音乐、旅行等节目，张雪岩是其中的主要讲员之一。

第二节 农民利益的代言人

张雪岩曾明确指出："《田家》是根据民族需要而产生的文化幼儿，其使命是替农村大众之福利做代言人，所以凡逢反大众福利的人与事，我们绝不规避指陈谏劝之责。”而实质上，《田家》正是张雪岩为农民代言的媒介，他本人是一位农民利益的代言人。他创办《田家》，不仅是对农民进行宣传、教育，还在听农民意见、为农民办事。而且，他一直坚持实践着这一理念：替农民说话，为农民代言，与农民交心勉励，为农民的利益呼喊请愿。

在抗战期间，张雪岩就为农民请愿，提醒国民政府不要忘记农民在抗战救国中的功劳，要保证他们能够享有国民所应有的基本权利。张雪岩指出：“这次空前世界大战更证明农人是人类生活最大的恩友！衣食住的三大生活要素的原料，那样不是由农人手中创造出来！中国抗战七年余，真正在有钱出钱有力出力的国策上尽本分的是农民。几百万抗战的忠勇士兵大半由农村征调而来，不出征的老农和小农，勤苦农作，忠事政府，爱护国家，要钱出钱，要粮出粮，真是天字号的善良国民，我们怎样敬爱他们才算对得起他们为国家民族所立的丰功伟绩？我们特以文化服务的资格向国家要求，把国民应享的教育卫生以及种种提高生活，发展思想和保持健康的权利无条件送给他们，福利国民的事业应多向乡下介绍，不当偏重都市，这是我们忠心的愿望和呼求。”

抗战刚刚胜利，张雪岩在第一时间向农民朋友发出欢呼："全国的农友们，你们对抗战的贡献最大，自然你们吃苦也最多，但一时的苦难，换来大家永久的幸福和快乐是值得的。这种丰功伟绩，不只吾国政府和人民深切感激你们，就连全世界主张正义爱好和平的人类都要衷心感谢颂赞你们。你们的儿子和兄弟，不久要解甲归田，重享自由的幸福，和再度田园的快乐生活。有的要全副铠甲打着祖国光荣胜利的旗帜，唱着全胜的凯歌，游行敌人的国都——东京，并驻军敌国担任弹压敌人促进世界和平的任务，也有的要担负起陆海空新国防建设的重大任务。这一切都是农友的光荣，你们的牺牲换来如此光荣的代价，实在是一种安慰一种快乐。"这既肯定了农民在抗战中的贡献，又为他们描绘出美好的生活图景。

张雪岩虽然此时在为农民高兴，但是，对国民政府能否公正地对待农民还是心存忧虑。他情不自禁地再次呼吁国民政府要保持和平、回赠农民福利、保障农民权利："以八年余的战争痛苦和牺牲换来的胜利，应当是永久的和平，永久和平保持的方法，就是凡事绝对公平无私，赏罚分明。农民既然出了最大的力，为了报功，应当以种种福利赠给他们，给他们地种，给他们教育，给他们现代民主国家人民应享的一切权利。"

张雪岩还撰写了标题为《论功行赏农民第一》的文

章，在文中详细列举了农民在抗战过程中所做的贡献："抗战期间，出钱出力最多，吃苦最大的，要算终年勤劳的农民，没有他们的儿子服兵役，打游击，修交通，筑机场，供担架，做密探，报敌情，真不知人力从那里出，仗怎样打，后勤又怎样办！没有他们在炮火连天中继续努力生产，几百万军队和战区后方民众大群的生活食粮，又从那里来！"他在说明农民的贡献后，建议政府采取切实有效的措施给予回报：

> 说实话，抗战的功劳，实在是农民第一，胜利实在是他们争来的。这样天大的丰功伟绩，就应得最崇高最丰厚的报酬。至于怎样办方算合宜，不外忠实奉行总理遗教赶快实行"耕者有其田"的"平均地权"办法，现在趁胜利庆功的时候来做，是空前的好机会，一方面将所有汉奸的财产完全充公，将其土地按照耕种能力全部分配给对抗战有功的穷苦小农和佃农，同时将不劳而获食人血汗的大地主的田产收归国有，重新分配给能耕种的穷农和佃农，从此把佃农制度完全取消，使受压迫的穷苦佃农，完全得到自由与解放。解甲的战士，如有家乡可归，并系农家，则应给予足以养家的田亩。沦陷区经敌破坏的农村，应由政府赶快并积极救济，为

> 农民造房舍，发耕牛，给种子，收容病农，并实行义务医疗，提倡公共卫生，普遍创办乡村托儿所，幼稚园，小学及成人教育，一切都由政府拿钱负责。发展农田水利农村交通，提倡乡村副业手工业以及各种合作社。豁免田赋并举办农业贷款。

张雪岩的上述主张涉及满足农民生存的基本要素——土地，要求完全取消佃农制度，其他诸如解决房舍、耕牛、种子、医疗、卫生、教育、交通等问题，以及具体到兴办手工业、合作社、免田赋、放贷款等，均与农民生活息息相关。可见，张雪岩虽少时离乡，长期居住城市，但对农民的感情仍然十分深厚，对农民的需求仍然相当熟悉。

1946年元旦，张雪岩写《对政府的渴望》一文，在历数全国混乱凋敝的现象后，希望国民政府做几件实实在在的事情，以缓解人民遭受的痛苦：

> 如此烂糟的下去，不赶快大刀阔斧的想办法纠正，却真要失尽人心，所以为社会的和平建设和国家的隆盛富强，我们深切盼望政府，赶快做到下面几件事，满足全国民众对政府实现民主顾全民意的渴望。
>
> 一、紧缩通货。别再无限制的滥印钞票了，赶快

收缩，使社会经济好恢复常态，人民生活得到安定。

二、国营事业万别再涨价了。交通邮电以及汇兑等国营事业，每次涨价，都刺激物价狂涨，胜利了，实在没有再涨价的理由，这样做实在增加人民的痛苦，招人民的怨恨。

三、公平复员。复员问题复杂，方面甚多，单以交通来讲，就应以建设生产为斟酌缓急的基础，不应老让官家和有钱人专享水陆空交通便利，使想返回家乡为国生产建设的义民老无办法，说实话，民众复员不但不应遭受黑票的剥削，政府应负全责毫无条件将各部门各阶层的民众都护送回家，因为他们八年来对国家已尽其力已出其钱，政府护送他们回家，实为应尽之责，也是他们应享的报酬。

四、彻底救济。此次抗战，农民出钱出力，贡献最大，吃苦最多，故政府应急谋救济，除免税免赋外，应大量无息举办农贷，尤其经敌人破坏的农村，耕牛，农具种子的购买，以及民房的重建，政府都应负责。通盘筹划，赶快设法，以便明春，无碍农事。今冬急赈，应普遍设法，使无一个国民受冻馁之虞。

五、严办汉奸和贪官污吏。近来各地虽开始捕奸，但严惩者，尚无所闻，望政府大开告发之门，让各地民众揭发奸恶，汉奸不论大小，贪污不论多少，应一致严办，无一个漏网，给国族打血清，将卖国害民的坏蛋一扫而光，办个彻底，弄个干净。

六、停止内战。以上一切，要样样办得好，只有一个前提，就是停止内战，因为一切混乱一切不上轨道的事情，都由内战而生，胜利了，自己打自己，不论什么党派什么理由都站不住。因为民众的渴望是和平，人民的要求是安宁，忽视这渴望逢返这要求的都要遭民众反对。所以希望政府爱民以德重视民意，做到以上几件事。

抗战胜利已经过去半年，和平的日子依然无影无踪。张雪岩对国民政府的渴望变成了失望，便怀着满腔怒火以农民之声做了《农民的愤怒》一文，指出：

战胜国早已都在纷纷忙着复员建设，各国政府无不在为人民之生活幸福安定与繁荣。只有我们中国，一切与人不同，胜利带给别国人民的是平安希望和快乐，带给中国人民的却是混乱失望和苦难！中国农民占全国人口数目最大，抗战时期出钱出力最多，忍辱吃苦也最重，因此对和平安宁生活的希望自然比别人来得特别急切，只以得到的结果是恰恰相反，痛苦失望的感觉也就特别加深！

接着，他在笔端传达着农民的愤怒之情，列出七条疑问向国民政府质问：

这种不合理混乱的局面再无办法，全国农民都不堪忍受了！愤怒没法遏止了！我们要执行自身主人的主权，向代我们办事的经理人——政府当局提出严重的质问：

一、抗战有功的农民子弟，如何还不放回种田？我们愿为国家努力生产，以养元气，不再打仗，不打别人，更不自家相打。如有居心作乱的人，我们一定反对，不准我们的子弟帮凶，免得危害国家，祸乱世界。

二、流亡到后方的无数农民，为何还不由政府负责送回？复员的船只车辆以及飞机，完全为有钱有势欺压贤良的官商所包办霸占，是何道理！

三、卖国殃民的汉奸和发国难财胜利财接收财的贪官污吏何时澈底逮捕，并由人民公审，以维正气，树政府威信？

四、物价为何不急谋平抑办法？国营事业如交通邮电为何不速速减价，反要加价？法币钞票为何不赶快收缩，反在无限的印制，法币伪币的兑价为何京沪平津都不一样，使人民苦乐不均，贪官奸商从中捣鬼！闹的金融紊乱，经济破产，民不聊生！法币在收复区的定价那样高，是不是便宜了敌人，苦了自己的人民！这种违反人民生活利益的做法，负责任的政府当局，应当自悔自改，不要等人民来罢免！

五、各省农村（尤其湖南）的灾苦已经严重到了万分，为何政府尚无全盘急救办法，善后救济总署和各省分署的大量财物分给了谁，何以不随时向人民详细公布，苦深灾重的省份应以全力先行施救呀！

六、美国特使马歇尔元帅帮我们得到了政治协商会议的成功和军队整编的方案，奠定下了政治民主化和军队国家化的基础，我们感激这位年高德重的美国朋友，我们绝对拥护这些成就。我们也郑重声明，凡违反或破坏这两种成就的，都是国家的罪人，我们要严加反对！

七、我们赞成根据民主精神澈底修改五五宪草，使人民做真正的主人，官吏为人民的仆人。反对这样做的，就是敌人！

张雪岩的这篇文章简直就是一篇声讨国民党腐朽政权的檄文。犀利的文字渗透出他对做出巨大贡献的中国农民十分的关切，而对国民党统治已经感到非常失望。

抗战结束以后，社会状况呈现出的一个特点是“有办法的人都集中到大都市里凑热闹，文化教育以及一切经济福利的计划与设备，多半都为大城市里这些有办法的人想”。张雪岩发现自古到今创造人类生活需要、促进人类文化进展的功德齐天的农民，却被遗忘漠视甚至贱视卑视，而此时需要最大、痛苦最深的恰恰是农民大众。因此，他强烈呼吁教员和学生、医生和护士、牧师和传道人、艺术家、音乐家、电影家都下乡向农民传播科学知识、改造其生产技能、提高其生活水准、促进其健康的发展。而农民自己不要自暴自弃，应倍加勤劳、努力求知，尊重自己的神圣职业，造福人类，实现牺牲爱人的天道。

在张雪岩看来，中国以农立国，农民占全国人口最大数目，国家经济大部仍旧建立在农业基础上，因此国家花费的多少，以及支销的正当与否，与全国农民的生活有密切关系。农民对国家有纳税义务，但也有应享的国民权利，这就是农民对政府预算不能不深切注意、不能不负责说话的地方。1947年2月，张雪岩发表《农民与国家预算》，从国家的经济财政政策制定和实施方面向政府进言，替农民说话。文中列出五条如下：

第一，农民负担最重。依照本年度岁入的四项来说，除丙项是拍卖敌伪物资外，甲（赋税）丁（征粮）两项差不多全是农民所纳的税，约占总岁入百分之四十一强，乙项（公有盈余事业税收）是变像的人民纳税，既是人民纳税，直接间接自然都与农民的经济负担有关。农民对国家的负担这样重，对政府开支的办法，自然应有监督权，对自身应享的教育，卫生，增加生产以及各种福利权利，更应有建议权。

第二，出入太不平衡。照政府最近交给参政会驻京委员会审议的本年度国家预算，岁入岁出不敷差额有二万三千亿元之多。这种不平衡，势必要靠发行纸币来弥补，增发纸币的结果，自然是通货膨胀物价高涨，这样一来，支出必较预算更大，意思就是愈弥补窟窿愈大，结果必由财政危机闹到经济崩溃，吃苦的恐怕还是全国农民。所以为了挽救这个危机，政府应大量紧缩支出，至少要做到收支平衡。

第三，军费太大。岁出方面，单单国防一项，就几乎占总预算的一半，抗战争胜的目的，是和平建设，胜利一年多了，还要把这么多钱用在军事上，使生产建设入于停顿甚至破产状态，就太不合理了！因为在今天自相残杀的局面下，根本谈不到国防建设，所以这是值得政府注意国人深省的，停止内战，积极裁军，才是和平建国办法。

第四，教育文化费太少。以一般人民教育文化水准的高低衡量一个国家的强弱，是非常准确的尺度。中国人民（尤其农民）教育程度太低，文盲太多，为在科学生产上赶上美英苏等强国，应把教育文化预算大大提高，积极扫除文盲普及教育，这样农业工业化才有希望，因为把现代生产机械交给不识字的农民运用，是件不可想象的事。假如强行这样做，那就未免是自开玩笑了。看这次提出的预算，教育文化一项占了不到总数的百分之四，实在是不像话。所以这一项应大大增加。

第五，应添人民福利一项。人民为国家担任的纳税义务很大，国家也应为人民的生活福利做打算，除教育外，卫生，养老，婚丧，产妇及婴儿的休息与营养，以及职业保险等，都是国民应享的基本权利，穷苦而为国家负担最重的农民，在这些需要上，尤其需要国家帮忙。

这几点不但是农民的活路，做到了也实在是国家的生路，因为这是强民强国的根本办法。

纵观张雪岩为农民所做的一切，他的确不愧为中国农民利益的忠实代言人！田仲济在评价张雪岩对于农民的关心时说道：“张雪岩是贫民家庭中长大的，他对贫穷的农民有感情，他青年时期也深受贫民的苦难，直到今天他还有资格代表农民的利益。虽然张雪岩已是一位学者，著名的社会活动家，他和美国教会有很深的关系，他与美国教会人士中不少人有很深的关系。但我深深相信，张雪岩是一个爱国主义者，国家的利益，民族的利益，中国人民的利益，他看得比他自己的生命还重要，他是完全令人信赖的一个充满了正义感的贫农的儿子！他一生是忠于农民的。”

第三节　反对内战求和平

抗战胜利了，张雪岩所关心的不是庆祝胜利，而是国家各项事业的恢复重建，让老百姓过上幸福安康的生活。他说：“八年抗战，终能如愿以偿，得到胜利，苦尽甜来，举国欢腾，自属理之当然。但在这种大翻身的欢乐中，别忘了面临全国的一件万急工作，就是复员。复员有两种解释，一种是各就各业，一种是赏罚得宜。各就各业，不一定是完全还原，不是战前拉洋车，战后仍拉车，更不是战前讨饭，战后仍讨饭！主要的是按照职业兴趣和工作能力，分配到各种复员建国的事业上去。使人人享受到现代民主国家一个国民应享的各种基本人权，如教育、工作，及一切合理的生活权利。这是各就各业的真实意义。保障理想就业的前提，是赏罚分明，奖惩得宜。”除了大加奖励回报农民之外，“还要消除复员建国的障碍，就是严惩阻挠抗战建国的汉奸、贪官污吏和发国难财的奸商，以及鱼肉民众的土豪劣绅。为了办的公道，办的彻底，政府应当大开言路，使全国老百姓来喊冤告发，向检察院密告，向各地报纸揭发，务使情尽其伸，理得其直，情伸理直，才是复员的真正基础”。张雪岩提出复员的建议，急切期盼着复员建国的事业早日实现。

然而，全国还未来得及开展真正意义上的、大规模的复员重建，内战的乌云就笼罩在天空。此时，蒋介石的既定方针是发动内战消灭共产党及其领导的武装力量，吞并解放区。但是，由于立即发动全面内战尚有困难，蒋介石便在1945年8月三次电邀毛泽东到重庆会谈，名之曰“共同商讨国家大计”。为了避免内战、保证和平、促成团结、实施民主政治，8月28日，在国民政府军事委员会政治部部长张治中、美国驻华大使赫尔利的陪同下，毛泽东、周恩来和王若飞等中国共产党代表乘专机从延安飞抵重庆。从8月29日至10月10

日，国共两党在重庆进行了为期43天的和平谈判，最后双方签订了《政府与中共代表会谈纪要》（即《双十协定》）。《双十协定》接受了中共代表所提出的和平建国的基本方针，双方协议“必须共同努力，以和平、民主、团结、统一为基础”，“长期合作，坚决避免内战，建设独立、自由和富强的新中国”。同时，会谈结果中还有重要的一项是：双方确定将召开各党派代表及无党派人士参加的政治协商会议，共商和平建国大计。重庆谈判似乎带来了和平的曙光，可驱散内战的乌云。事实却正好相反，蒋介石于10月13日发布“剿共”命令，调集几十万大军向解放区进攻，在某种程度上，《双十协定》被撕毁，团结和平声中干戈又起，内战之火再度点燃。

张雪岩对局势的发展深感失望，冒着受政治迫害的危险，连续发表文章号召全国民众集体行动起来，坚决反对内战，要求和平。1945年12月，张雪岩在《反对内战》一文中写道：

> 八年苦战，为的争取和平胜利，为什么在敌人无条件投降后，主要盟国都在和平复员和平建国，只有我们这名为五强之一的大中华民国，反而在调兵遣将自家动起刀枪来！这不但影响我们自己的强

弱，闹大则会引起国际干涉，惹起更残酷的第三次世界大战来！到那时不但谈不上强，恐怕连立国于大地的条件也断送了。注意注意，当心当心，赶快住手！

动手的国共两党，虽有不少代表民意的宣称，但占全国人口三万万多的农民要说话了，你们既要代表民意，就应尊重民意，三万万名人的意见，不算不是民意吧。动手互打的人们听着！为了国家的再造，农村的重建，我们专事生产的农民，要和平要秩序，要生活工作教育权利的保障，要言论出版结社的真正自由。我们更要速速严办各地大小汉奸和彻底肃清贪官污吏。这是和平建国的基本条件，凡忽视这些要求的，就是忽视民意。我们再郑重重复一句，代表全国人口三万万多的农民为建设为生产一致坚决要求国内和平，动手的两方，赶快停战，尊重民意服从民意，不得以一党之私利做利用曲解或违反民意之任何行动。我们特提具体口号，要各党各派都注意都重视。

和平第一，建国第一，民主第一，自由第一。

凡忽视这种要求的党派，都是国家的罪人。

这是张雪岩在《田家》上以农民代言人的身份向交

战双方所发表的声明。虽然文中提到的是“动手的国共两党”，其实他心里明白挑起内战的元凶是国民党，他要告诫国民党尊重民意，停止内战，为和平建国创造条件。张雪岩在此后发表的几篇文章中更清楚地彰显了他的这种立场。

国民政府的内战政策不得人心，激起人民群众争取民主和平、反内战运动的高涨。自1945年10月起，全国各大中城市的工人、学生、各民主党派纷纷集会，发表宣言，呼吁和平，反对内战。鉴于此，国际方面的美国政府在11月采取了一项对华的新政策，即继续支持国民政府，但要求国民政府不可使用美国武器进行内战，并要努力与共产党达成协定，于12月初，派遣马歇尔以总统特使的身份来华调停内战。中共中央分析了美国对华政策的变动和马歇尔来华的调停，认为对中国人民所要求的和平民主是有利的，于是接受了停战协商。经过商谈，国共双方于1946年1月5日达成《关于停止国内军事冲突的协议》，于1月10日，正式签署《关于停止国内冲突的命令和声明》。

停战协议签署之后，1月10日至31日，根据《双十协定》的规定，政治协商会议在重庆国民政府礼堂召开，蒋介石在开幕仪式上宣布了停止内战的命令。张雪岩得知这一消息后，心想这个命令会使得痛恨内战、厌恶内战、期待和平、渴望和平的中国国民，都从心灵深处感到无限鼓舞兴奋，并庆祝和平的实现！但是，他根据以往国民政府颁布法令的执行情况，不由自主地又产生一个疑问：停战令是否真能兑现？为此，专门写了《兑现！兑现！》一文：

> 停战令颁下了！人民无量欢快！但在欢快之后，却隐藏着一个问号！就是“真的从此不打了吗？”换句话说，就是这张停战支票，能否十足兑现！人民为何这样发问，是怀疑蒋主席的话欠真，不相信政府有诚意吗？不是的，绝对不是，问题是因为过去政府颁布的好法令太多，能实行的太少，惊弓之鸟，易生疑怀，也是很自然的道理。因此我们希望这次的停战令真能生效，绝对兑现，挽回失去的人心，重树政府的威信，停战兑现的义务，却要由对打的国民党和共产党两方面共同负担，任何一方面如无信守，中途有变，再惹祸乱，不论理由是什么，国家的主人——老百姓是决不答应决不饶恕的。我们老百姓要认真施行主人的权利，从此不准拿枪的人再向自己的同胞放一粒子弹！谁不听话，谁就要遭人民的严厉反对和惩处！所以停战令是全国人民所要求的第一张必需兑现的支票。

上文中所说人民对停战表示怀疑，“是因为过去政府颁布的好法令太多，能实行的太少”，因此，国民党政府要挽回失去的人心，重树政府的威信，则“停战令是全国人民所要求的第一张必需兑现的支票”。正如张雪岩所担心的，果不其然，停战令真的没有兑现。内战不但没有停止的迹象，反而更趋严重激烈。此时，张雪岩已经看出国民党没有和谈的诚意，开始明确地将矛头指向国民政府，要求对国内和平、人民生活拿出个切实有效的办法来。他在《政府有无办法》一文中痛斥道：

> 抗战胜利已八个多月了，平安日子不但没有来到，而且越来越乱，物价越来越高。为什么这样？政府何以没有办法，我们老百姓站在国家主人的立场要问个究竟，并要政府答复个明白：
>
> 一、内战愈来愈凶，是什么道理？谁打谁？军队自己相打不复员，人民太不明白了。人民要和平，决不要内战，党与党意见不同，应当以和平方法讲道理，不应当苦害人民老打仗，如果不能用讲道理的方法解决问题，政府未免太无能了！不然就是有心打仗。
>
> 二、物价为何天天涨？政府接收一处涨一处烂一处，究竟涨到什么地步为止呢！接收的贪污东

西们乱抢乱夺，深知加罪老百姓，为什么政府一个不办！

三、各省的灾情太重了，人民吃草根树皮和泥土，甚至人吃人！政府怎么不着急！不赶快用有效办法以至全国的力量去救济他们！

四、政府用人民的血汗养些党团和特务，压迫人民，欺侮人民，闹的学校不安，社会恐怖，好人没有自由没有保障，政府为何不赶快设法制止或解放取消。人民出的钱应当为人民造福利，不应给坏人乱浪费乱害人！

五、政府既允豁免田税，减轻农民担负，以表政府感激农民抗战有功，何以收复各省还在以官价强迫征购食粮，老百姓饿死反而不管！

六、中国老百姓和无数灾民没米吃，日本战俘却吃的胖胖的，是什么道理，难道这叫牺牲无我的大国仁爱精神！这一切都是政府的任务，应当有办法，快以完善办法救国救民！

张雪岩在对国民党政权不顾民生、忽视民意表示强烈不满时，也逐渐受到共产党的影响。1946年5月下旬，内战烽火开始在全国各地蔓延，国民政府正在调兵遣将以图扩大内战，面对这种局势，张雪岩在接受《新华日报》的记者采访时，分别对“警管制”[①]、运粮出川、学生集训[②]等发表了看法，表示坚决反对，认为这些都是国民党政府为了进行内战而采取的手段。他首先针对国民党施行的“警管制”说道：“中山先生的三民主义，建国大纲，建国方略，翻遍了都找不到‘警管制’的制度。”他引申中国历史上杀鞑子的事情和希特勒的严厉统制人民来证明这种政策是无可挽救的自杀政策。他谈到“运粮出川”时说：“最近运粮到南京一带，这显然不是救灾荒，灾荒在湖南湖北，为什么运到南京去呢？很明白的是作内战用的军粮。”关于学生集训的问题，他表示：“这也是国民党内一部分反动分子统制学生的政策。”最后他沉痛地说：“日本打败了得安定，中国打胜得到的是紊乱，能不令人痛心？”为此，他呼吁全国的新闻界动员起来反对内战，并严正提出制止内战的有效办法：全国人民一致起来坚决反对。

---

① 警管制，又称“警员警管制”，规定一个警员管制 80 家到 120 家，把居民分别用红、白、蓝三种卡片记载，亲政府的用蓝色，不满政府的用红色，模糊的用白色，平日进出之地、来往朋友和一切活动情况均要详细调查登记，警员不管白天黑夜都可到各家各户访问。

② 1946 年，国民政府规定本年度高中毕业学生十万多人要受军训一年，才能取得考大学的资格。这遭到各地学生的反对，许多报纸和社会人士都纷纷指责：1. 国家需要和平建设，正规军队都应复员，何以还要集训，难道是去充内战炮灰。2. 抗战期间读书困难，学生好容易挨过了中学，如果再训一年，升学的学业荒废，服务的无法就业。3. 目前三千万饥民待救，政府何苦虚耗这大笔国币办集训。4. 集训只有把学生训得思想麻木，程度低落，健康损害。

1946 年 5 月间，根据联合国救济总署发表的初步估计：中国灾区遍及十九省，约有 3000 万人已到了快要饿毙的境地，其中 400 万人将无法挽救。张雪岩分析造成如此多灾民的元凶就是内战：“战胜各国都在复员建设，人民重享安居乐业的生活幸福。惟有中国名义上虽然也为战胜国之一，但胜利所带给中国人民的，却不是安居乐业的和平幸福，乃是饥饿，疾病，死亡的痛苦和灾难。这是为什么？是老天爷和中国人民过不去，还是中国人罪孽深重，自招灾祸。关于这个问题，切不怪天怪地，应当自己反省，自加检讨！这绝不是天灾，完全是人祸！因为胜利给人民带来的这些空前灾难，都是内战所造成！如果不打内战，就令有些省份有旱灾，也容易借国内外的救济力量加以有力救济。不打内战，交通容易恢复秩序，军粮军差的担负可以没有，不少地方的农业工业可以恢复并增加生产，军队可以复员，人民也能复业。这样不但不必增加军费，定要大大减缩，军费既然减缩，使物价上涨的通货膨胀（加印钞票）就不必有了！”

张雪岩为此替三千五百万灾民请命，要求停止内战。他指出了导致内战的因素和人民对内战的愤怒之情：“三千余万灾民的饥饿，疾病，死亡的灾难，既然是内战造成的，要救这些同胞，最有效的办法，就是立刻停止内战。内战是谁挑起的？自然是那些无心肝的反动军阀，和自私自利的官僚政客。他们只知争权夺利，不顾国家困难，不管人民疾苦。他们假着‘受降’的名义，收编敌伪军队，打自己的同胞，杀自己的人民！他们借着‘接收’的名义，抢夺人民的财产，霸占人民的产业，如要反抗，给你戴顶汉奸帽子，连性命给你结果掉。这真是‘接一块烂一块’，‘收一块坏一块’！现在各收复区流行着不少歌谣，很可反映出内战祸乱究竟从那里来的。最普遍的两个如：‘盼中央，念中央，中央来了更遭殃！’‘盼了八年半，来了一群混账王八蛋！’人民的痛愤，在这些歌谣里充分表露出来了！这是当政者所应当十分注意的事！”他进而提出停止内战的办法：“内战既为反动军阀和自私自利的官僚制造而成，要停止内战，就非把这些无心肝的坏蛋铲除不可——因为他们已经失掉人性，没有了心肝，人民的呼吁哀喊，是得不到他们同情的，他们是听不见的。他们这些吃老百姓喝老百姓同时又欺侮压榨老百姓的人，在天理上已经瞎眼！在道义上业已耳聋，所以向他们求同情，实在等于缘木求鱼！是自救的时候了，人民自己觉悟吧！勾结贪官污吏的土豪劣绅，和为害人民的保甲制度，是造成政治黑暗和内战不已的基本原因，人民如想免除灾难，重享安居乐业的和平幸福，非自己起来，把这群坏东西扫除不可！救火灾，自己不扑灭，等放火的强盗来救，那有可能，那有此理？起来吧，受灾难的人民，坚决反对内战，要求政府赏罚分明，严惩奸伪和贪官污吏土豪劣绅，就可得到和平，得到救济！”

张雪岩在呼吁停止内战、反对国民党独裁的言论中体现出了明显的进步思想，曾被国民政府当局误认为是共产党员，还给《田家》的一位甘肃武都的推销员张重生带来了牢狱之灾。据张重生回忆：“1946 年 8 月，武都专员丁玺看到了 6 月份《田家》上张社长的文章，说张雪岩是共产党。8 月 25 日派他的手下，带着军警，手持武器，借清查户口名义，到我家里，说我是共产党地下工作人员，当日就把我押在伪专区的狱里。次日送我到城外一座古老的山庙上吊起来拷打……我度过了一百零二日的铁窗生活，没查出我犯罪凭据，被送出狱；但被告知以后不能再推销《田家半月刊》。”

1946 年 11 月，内战仍在持续，没有停息的迹象，张雪岩再次表示要替农民说话，亮明坚决反对内战、立刻要求和平、反对征兵征实、要锄头不要枪炮的态度：

第一，我们坚决反对内战！胜利一年多了，为何物价仍是飞般的涨，交通没有办法，农工生产，都无法进行，贪官遍地，盗匪横行，民不聊生，外人卑视，为了什么？一切都因内战，内战既误国害民，所以我们坚决反对内战！不论有什么理由，只要打内战，就是违反民意！

第二，我们立刻要求和平。抗战为争国家的独立生存，人民既在八年漫长的坚苦中把力和钱出尽，胜利了，就应当和平建国，共同努力。都是黄帝子孙，都是中华儿女，有什么理由还自动刀枪，自甘毁灭，迅速让我们的儿子放下杀害自己同胞的枪，回家种田，为国生产，增强国力，使人民生活复苏！这非实现和平办不到，所以我们主张立刻无条件恢复和平。

第三，我们反对征兵征实。胜利之后，应当痛定思痛，让人民有个生养休息的机会，鼓励帮忙全国青年就学就业，使社会秩序安定，国家的生产力量得以逐渐培养丰富起来，无愧强国之一。现既胜利了，不但不令青年壮丁复员，减免田赋，藉苏民困，而培国力，反而到处征兵，厉行征实，这实在是违反民意。因为这种作法，只能扩大自杀的内战，于人民与国家丝毫无益。

第四，我们要锄头不要枪炮。中国以农立国，要想富强，非使农业现代化工业现代化不可，要现代化和工业化中国的农业，枪炮不能帮忙，唯一有用的工具，是锄头和各种新的农业工具。锄头是和平富强的基础，枪炮是战争毁灭的利器。所以我们要锄头不要枪炮。我们更愿我们的子孙做新农具的科学家发明家，不为杀人的强盗们在杀人武器的发明和制造上浪费他们的生命力。这是人类永久和平的坦道，爱和平的中华儿女应领人类走上这光明大道。

张雪岩指出抗战有充分的理由，而内战却无理可言。他带着对内战的极端厌恶，分析了内战所产生的违反民意、破坏国家和平民主独立统一的恶果：

八年抗战，人民都知道为什么。所以与强敌比起来，虽然明知力薄势危，但因理直，所以气壮！为救国族故能全国团结，一致对外。虽然屡遭颠危，终赖全国一心，抗住了强敌，打出了盟友，最后亦终能得光荣的胜利。从此大大翻身，国际不平枷锁得以拔断，丧权辱国的种种耻辱得以洗雪，一跃而为四强之一。全国上下，如能珍爱这种收获，协力同心，埋头苦干，科学民主的新中国前途，真是光芒万丈！

但，胜利一年余了，和平建设的美梦尽成泡影，独立自强的希望，完全破碎！为什么弄到这步凄惨悲哀的可怜境地，简单一句话，只因为打内战！这就奇怪了，国际盟友都希望中国能成为和平民主独立统一的国家，中国的朝野，也都这样说这样想，但事实却在进行着违反和平民主独立统一的自相残杀的内战！因此闹出下列恶果，特提出警告国人，以便大家反省，提高警觉，知所悔改。一、打仗违反民意……二、打仗绝非和平……三、打仗怎么能统一……四、打仗无法独立……所以要挽救国家的危亡，达到真正和平民主独立统一的自强不息的境地，只有停止内战。因为打内战是没有丝毫理由的，要招致亡国惨祸。

张雪岩在代表农民大众呼吁停止内战的同时，也号召基督徒起来反对内战。在他看来，除了全国人民一致反对内战外，“尤其以仁爱和平为中心信仰的基督徒应当起来领导反对内战争取和平的运动。和平是上帝的旨意，不是自相残杀呀，请信徒们想想自己的本分吧。因为一国自相纷争，这国要灭亡的，起来吧，同道们，以和平仁爱来救国，换言之，即以上帝爱世人甚至将他的独生子给他们的至仁大道来救国”。至于《田家》，则更要以基督教的精神，发挥其舆论宣传的功效，为基督教倡导的和平与仁爱而奋斗，阻止战乱，消除内战。

第六章　为真理做辩护，为民主做斗士

第一节　参与创建九三学社

1944 年 4 月，日本侵略军发动了一次大规模的战略进攻，即豫湘桂战役，以图华北到华南以及印度支那的大陆交通线。至 1944 年底，国民党军队在豫湘桂战役中基本上处于大溃败状态，到处损兵失地，溃不成军，河南、湖南大部分地区被侵占，桂林也趋于失陷。日本侵略军开始谋划进攻我国大西南，川黔吃紧。国民政府的腐败日益凸显，蒋介石集团中投降的气息浓厚，法西斯反动势力又极为猖獗。在国民政府统治区，由于战争影响导致经济凋敝，人民生活困苦不堪，工人学生以游行的方式、农民以斗争的方式反抗国民政府的腐败无能及黑暗统治。

鉴于这种形势，张雪岩与重庆科技界、文化界、教育界等领域的其他一部分知识分子，如许德珩、潘菽、梁希、黎锦熙、劳君展、涂长望、黄国璋、张西曼、何鲁、叶鼎彝和税西恒等人，怀着强烈的“天下兴亡、匹夫有责”的意识，对时局极为关心、倍感焦虑，经常以聚餐形式在一起座谈，主要围绕共同关心的民主和抗战问题互相讨论、交换意见。参加座谈会的人员一致认为要抗战获得胜利必须争取政治的民主，主张“团结民主、抗战到底”。

“民主”与“科学”是五四以来中国进步知识分子所高举的两面极有意义的旗帜，参会人员大多受过五四精神——“爱国、进步、民主、科学”的影响，有的还直接参加了五四运动，由此将座谈会命名为“民主科学座谈会”，意在发扬五四反帝反封建的精神，为实现人民民主与发展人民科学而奋斗。随着大家对座谈会所谈问题的兴趣更加浓厚，座谈次数逐渐增多，参加的人也慢慢增加。“民主科学座谈会”之后演进为一种学术性的政治团体，更名为“民主科学社”。但是，后来因参加座谈会的一位成员办了一份名叫《民主与科学》的刊物，社会上对这个刊物有些争议，为了避免外界的误会，座谈会便把“民主科学社”的名称取消了，因此，曾经有一段时期座谈会没有名称。

1945年9月2日，日本天皇和政府代表在无条件投降书上签字。按照国际惯例，签字的次日即9月3日，日本签字投降正式生效。这标志着中国人民的抗日战争胜利结束，也标志着世界反法西斯战争的胜利结束。为了纪念胜利，在举国欢庆的日子里，9月3日，“民主科学座谈会”在重庆青年会大厦召开了庆祝大会，会场由民主人士李公朴帮忙联系，他也参加了此次大会。会上有人提议：“今天是打败日本帝国主义，日本向盟国签订降书的日子，意义重大，千载难逢。民主科学座谈会这个名称政治意义不强，应当改一个政治意义比较强的名称。”这一提议经过大家商讨研究，会上参会者一致赞成将“民主科学座谈会”改名为“九三座谈会”。这次会议后，张雪岩曾向税西恒介绍薛愚参加座谈会，但由于薛愚所在的学校复员，未能实现。

1946年1月6日，许德珩、褚辅成、税西恒和张西曼等人邀请重庆学术界、文化界人士参加九三座谈会，出席的还有梁希、何鲁、刘及辰、潘菽、吴藻溪和张雪岩等20余人。与会者首先讨论的议题是有关新疆问题，其次交换了各自对政治协商会议的意见，大家一致认为：“政治协商会议必须完全公开，只许成功，不许失败。”最后会议决定许德珩、褚辅成和张西曼等筹组九三学社，声援出席政治协商会议各代表完成他们所负的历史任务。在会上，再次对座谈会组织的名称展开过一番讨论，据潘菽回忆：“当时，有人提议把‘九三座谈会’改为‘民主科学社’，有些人表示异议，认为‘民主与科学’是五四的口号，在抗战胜利后的形势下，‘民主与科学’的口号就显得不够了。出席会议的多数人认为，当时知识分子大都不愿参与政治，‘民主’口号的政治性很明显，这样的称呼影响他们参加活动，最好取一个既体现学术性，又无明显政治性的名字为最好。于是决定采用‘九三学社’这个名字。‘九三’是九月三日，抗战胜利的日子，带有政治性，‘学社’则有明显的学术性，以利于团结广大知识分子参加进来。”在筹组九三学社期间，座谈会成员为争取国内和平与民主、反对国民党当局阴谋破坏旧政协，进行了坚持不懈的斗争。

1946 年 1 月 10 日至 31 日，政治协商会议在重庆召开，参会的有国民党、共产党、民主同盟、青年党和无党派人士等，会议通过政府组织问题、和平建国纲领问题、关于国民大会问题、关于宪法草案问题、关于军事问题等五项决议。在政协会议期间，九三学社筹备会于 1 月 18 日发表了《对政治协商会议之意见》的声明，声明指出：“政治协商会议开会已历多日。在举世切待和平，全国痛心内战之际，会议之初，即将内部冲突停止，举国欢腾，咸翘首以待其连续圆满之后果，日来正进入于商讨各项重大问题之时，争论未决之事件居多，有时还嫌偏于枝节。与会诸君子为各党派及社会贤达之士，对当前国事自能以国利民福为依归，不斤斤于一党一派之私，凡有关于和平团结民主统一诸大问题，当能以和谐互让之精神，公正互尊之态度，求得合理之解决，迅速而诚实的置于实施，以副全国人民之望。盖今日之会只能成功，不能失败，因成则国家即可入于和平统一富强康乐之途，败则混乱分离，不堪设想。读黄台瓜词，不忍听四摘抱蔓之声，置国家于万劫不复之境。”因此，九三学社筹备会出于为国为民考虑，积极贡献意见、建言献策，着重针对开放政权、民主与自由权利、切实执行停止军事冲突之命令、整军、保甲制度与地方自治、国民大会、立即释放除汉奸以外之一切政治犯、严惩贪污以儆官邪、优待荣军及抗属、改善公教人员待遇、扶辑流亡安定民生等问题提出了建议、阐明了主张。

从实质意义上看，政治协商会议否定了国民党一党专政的独裁制度和内战政策。1946 年 2 月 10 日，重庆各界 20 多个团体聚集在较场口广场举行庆祝政治协商会议成功的大会，到会群众有 1 万多人。这次庆祝大会“期在对于内战停止，和平实现，协商成功，宪政有望，表示人民的热烈祝贺；对于适应世界潮流与人民要求之五项决议，表示人民诚心的拥护；对于蒋主席之贤明领导，以及各党代表之忍让为国精神，表示人民爱戴的敬意”。然而，大会尚未开始，重庆农会刘野樵冒充会议主席登上主席台宣布开会，大会主席团成员上前阻止，预先埋伏在台下的国民党特务蜂拥而上，殴伤大会主席团成员李公朴、施复亮、郭沫若、马寅初、章乃器等人，击伤中国劳动协会会员陈培志、冉瑞武、梁永思、顾作衡诸人，打伤记者邓蜀先、姚江屏、高学连等共60多人，会场秩序受到严重干扰，陷入一片混乱，这就是震惊全国的“较场口事件”。该事件发生后，中国共产党、各民主党派和各界爱国民主人士纷纷发表声明和评论，严厉抨击国民党当局的暴行。

2月11日上午9时，人民权利保障会在青年大厦举行筹备委员会议，讨论组织章程。讨论完毕后，章乃器和史良等参会者报告了较场口庆祝大会被有组织的暴徒逞凶捣乱、加以破坏及陪同李公朴等人验伤的情况，提出人民权利保障会应对这种侵害人权的大事向社会人士控告。相继发言的还有阎宝航、张雪岩、陶行知、陆定一（代因事未出席的董必武）、储汇宗、史良等，他们分别表达了对这次事件的态度。最后，会议商讨决议：一、慰问这次受伤诸先生；二、推阎宝航、史良、李德全、张雪岩四位见蒋主席，报告这次事件的经过；三、推马文车等五人彻底调查这次血案的经过，并定在下星期一（十八日）上午九时，开第三次筹备会的结束会议，将调查等情形提到会上报告。

《国民公报》也同时对这次人权保障委员会会议做了详细报道：“人权保障委员会昨在青年大厦召开第一次筹备会。到梁漱溟、陶行知、阎宝航、李德全、史良、黄次咸、张雪岩等十九人。由梁漱溟任主席。决议三项：一、通过章程草案。二、两周内开成立大会。三、对较场口血案：甲、推张雪岩、史良、李德全、阎宝航四人晋谒蒋主席。乙、推黄次咸、马文车、李德全、史良、张雪岩等五人详细调查事实经过。丙、去函庆祝筹备委员会中之市商会、律师公会、会计师公会，查询市农会等八团体刊登启事诬蔑庆祝政协成功，各该会是否与闻。当有律师公会代表，起立声明：谓该会前并不知道，亦从未通知该会。丁、推黄次咸等三人慰问受伤者。”

2 月 27 日，张雪岩与文化界其他爱国民主人士共 152 人自发组织起来，联名在《新华日报》上发表了《为“二·一〇”血案告国人书》，并在文末签名。节录如下：

> 我们文化界人士，读了本市职业报纸大公报、新民报、商务报、国民公报的忠实记载，读了该庆

祝会筹备会报告血案真相的《向全国同胞控诉书》，读了全国民主人士的后援主张，为国家法纪，为政府的威信，为人民自由权利的保障，为民主宪政的前途，一本理性，明辨是非，不能不提出我们的意见与要求，期本案得到公正的解决。

是非曲直的判辨，本身就是民主的课题，而黑白颠倒，忠奸不明，这不是自由，而是对于法律尊严的侮辱。如果以明明是预谋的反对政协的《告市民书》（此件即盗用大会名义者所发，内中第三项主张，即反对政协决议的宪法修改原则），认为见仁见智，可以自由行动为理由，说什么中国尚无"民主习惯"，无法行为是应有的常事，则法西斯自由、汉奸自由，亦可以"民主习惯"来咬人，我们要为民主前途痛哭；如果以明明有背景指示而破坏政协成功的暴徒，在国民政府所在地行凶，认为"地方事件"而抹杀其对民主政治的反动意识，则不但国内外舆论赞美政协的一切成就尽付东流，暴行者将因此而得到鼓励，更明目张胆地大肆活动，我们又为民主前途痛哭；如果以明明有是非真伪在人耳目的忠奸判别，认为是非两面真假对立可以调解，则自由与横暴无别，守法犯法同科，纲纪何在？我们更为民主前途痛哭！

我们对于此次血案发生以后，许多职业报纸忠实于新闻天职的真实报导，表示由衷赞美，而有些报纸故意曲解真相，颠倒事实，自以为偷天换日，可以掩盖天下人之耳目，反而弄巧成拙欲盖弥彰，我们严秉正义，表示斥责。

此次血案发生，贻笑中外，使是者非，非者是之国法无理，因此我们希望政府为尊重民意计，为提高威信计，对于危害自由民主的捣乱者，应迅速给予严厉合理的处置，我们要求：

1. 严惩主犯刘野樵、吴人初、周往侯、谭泽森、李克愚、李森普并澈查幕后主使者。

2. 赔偿受害者一切名誉与身体的损害。

3. 从速制定并颁行妨害人民自由治罪法。

最后，我们要对于中国民主事业而遭受伤害的郭沫若、李公朴等数十位先生，敬致慰问，我们要对于参加大会而蒙受白侮的人民表示同情，我们更以文化工作者爱国家爱民主的至诚，呼吁全国人士为此次血案而共作后援，并希望庆祝大会筹备会的代表们不畏强暴，再接再厉，重新举行庆祝大会，以为中国的民主和平统一建设而表示人民的真正厚意。

九三学社筹备会原计划定于1946年4月底成立九三学社，后因发起人之一黄国璋在兰州有事未能赶回，所以不得不延迟。到5月4日，正好是为了纪念五四，九三学社于下午3时至7时在重庆召开成立大会，褚辅成、卢于道、黄国璋、许德珩、税西恒、吴藻溪、张雪岩、詹熊来、潘菽、黎锦熙、彭饬三、李士豪、刘及辰、王卓然等50余人到会，公推褚辅成、许德珩、税西恒三人组成主席团。会议程序首先由褚辅成致开会辞、许德珩报告筹备经过、税西恒报告社费收支账目；其次宣读了农林科学出版社和南泉实用学校校友会发来的贺电；再次由卢于道、王卓然、黄国璋、张雪岩、张迦陵、吴藻溪等六人自由演说，他们一致指出："武力不能求得统一，东北及中原的内战必须立即无条件停止，在政府根据政协决议改组以前，美国不应有援助中国的任何党派之行为，希望马歇尔元帅继续以公正态度，调处国共纠纷，实现全中国的和平民主。"接着通过社章、缘起、成立宣言、基本主张、对时局主张及致美国国会电文。最后选举潘菽、张雪岩、褚辅成、许德珩、税西恒、吴藻溪、黄国璋、彭饬三、王卓然、孟宪章、张西曼、涂长望、李士豪、笪移今、张迦陵、严希纯等人为理事，卢于道、詹熊来、刘及辰、何鲁、侯外庐、黎锦熙、梁希、陈剑修等为监事。选举结束后，全体会员散会聚餐。

在九三学社的成立大会上通过了该社的缘起、宣言、基本主张及对时局的主张。这些文件中不乏民主、自由、和平、科学、改革、人权、国民教育等字眼，所有这些都是张雪岩长期追求的理想。

九三学社成立后，不久便于5月12日下午3时至9时，在兰园（税西恒家）召开理监事第一次联席会议，褚辅成、许德珩、税西恒、张雪岩等10余人到会，会议由税西恒主持，讨论社务和时局，通过以下重要决议：

（一）设总社于京沪区，设分社于重庆、武汉、成都、昆明、香港、广州、北平、天津及伦敦等地。

（二）推褚辅成、许德珩、税西恒、张雪岩、潘菽、黄国璋、吴藻溪为常务理事，卢于道、詹熊来、梁希为常务监事。

（三）要求立即停止东北及其他各地内战，取消党化教育，停止党团部及党团学校经费开支，切实采取澈底改善全国一切公私立小中大学教职员物质生活及精神生活之有效办法。

另外，会议还决定了下列事项：

（一）根据本社的宗旨，进行具体工作。

（二）反对美帝国主义干涉中国内政，反对美蒋挑起国共战争。

（三）要求蒋介石国民党政府履行双十协议、停战协定和政协决议，早日成立民主联合政府。

（四）反对美蒋片面召开伪国民大会，要求国共及第三方面按照政协决议召开真正能够代表人民意志的国民大会，颁布民主宪法，建立民主共和国。

（五）协同各民主党派，各民主的人民团体，一致拥护毛主席和中共继续与国民党政府谈判。

（六）九三学社在中共代表团留驻重庆期间，仍设重庆，将来设在南京、上海、北平，依照中共代表团地址而定。

（七）九三学社总社设常务理事会和常务监事会，由理监事联席会议集体领导。总社迁移以后，重庆改设分社。

这次会议加强了九三学社的组织建设，反映了九三学社坚持政治协商会议决议的立场。张雪岩是九三学社的筹备者和创始人之一，1946 年 5 月 4 日，在九三学社成立大会上被推举为理事；同年 5 月 12 日，在九三学社第一次理监事联席会议上被推举为常务理事。

第二节　民主政治的活动家

张雪岩除了参与筹建九三学社，还参加了许多争取民主的活动，堪称一位民主政治的活动家。以下对张雪岩参加的活动大致做了一个分类，其实这些活动的性质不能截然分开，往往是互相交汇的。

一　参加九三学社的政治活动

1946 年 8 月中旬，张雪岩到达北平筹备《田家》的复刊事宜，同时投身于爱国民主运动之中。

1946 年 10 月 27 日，九三学社总社迁到北平，在重庆、成都、上海、南京分别成立了分社。在北平的九三学社成员人数虽然不多，但张雪岩和其他社员们采取不同的方式参加了各种民主活动。总社加强了与中国共产党的联系，同各民主党派及其他民主人士一起反对蒋介石集团的反动统治，在“反对独裁、反对内战”的口号下，配合并大力支持各地抗暴运动、反内战反饥饿反迫害运动等，对民主革命的发展起到了积极的推动作用。据薛愚回忆：张雪岩“参加当时学生爱国运动，反饥饿、反压迫、反蒋、反美，也介绍我参加九三学社，一同参加民主运动。在运动中，张雪岩一直是积极、热烈的。在北平间，余心清[1]同志被押解南京，雪岩同志曾各处奔走，从事营救工作”。

关于九三学社在北平的活动情况，九三学社社员袁翰青回忆说：“那时九三在北平的同志主要是北大和师大任教的几位教授，记得最初只有七八个人，他们是：许德珩、劳君展、严济慈、孙承佩、薛愚、袁翰青、黄国璋、黎锦熙、鲁宝重、董渭川、张雪岩[2]等。我来北平时，军调部还没有撤销，中共小组仍在北平，负责同民主人士联系的是徐冰同志。九三经常是采用聚餐的方式聚会的，有时在北大府学胡同宿舍，有时在当时黎老主持的大辞典编纂处内，大多是在国会街薛愚同志家里聚会，因为那里比较偏僻，不易引起注意。聚餐座谈，九三是单独举行的。至于搞公开活动，则采用社内外人士签名发表的方式。当时，有组织的民主人士在北平的不太多，并没有把各民主党派分的那么清，常常是配合

① 余心清（1898—1966），安徽合肥人。早年任冯玉祥部育德中学校长，开封训政学院院长；后任冯玉祥的秘书长，曾代表冯玉祥参加福建事变，任中华共和国经委主席；抗战初期任第三集团军政训处长；1946 年奉冯玉祥、李济深之命携 100 万巨款到北方策动国民党将领起义，任保定绥靖公署设计委员会中将副主任等职；1947 年 9 月，因联络美国领事馆，策动国民党第 11 战区司令孙连仲起义，遭到国民党逮捕，1949 年获释；新中国成立后，曾任中央人民政府办公厅副主任，典礼局长，人大常委会副秘书长，国家民委副主任，民革中央常委，北京市政协副主席。

② 1946 年 8 月，田家社迁至北平后，张雪岩在编辑《田家》之余，还在燕京大学和北京师范大学兼任教授代课。

在一起搞活动的。特别是在一九四七年下半年，在南方的民主人士大部分都到香港去了，在国统区，只是在北平有民主人士的活动。我们主要的活动是在地下党的领导与支持下，组织签名运动，联合发表各种宣言、抗议书等等。”

1946年11月15日至12月15日，国民党在南京召开一党包办的国民大会。根据1月份政治协商会议的五项决议，要求先改组政府，结束由国民党一党专政的现政府，成立各党派组成的临时联合政府，然后在5月5日的国民大会上制定宪法，再根据宪法成立民主的联合政府。但是，政协会议闭幕不久，内战的炮火又重新燃起，国民大会不得不延期，直到11月8日，蒋介石颁布“停战令”，并下令准备召开国民大会。这次国民大会是由国民党当局单方面组织召开的，不符合政治协商会议的决议，遭到全国人民的反对，共产党和各民主党派纷纷发表意见。张雪岩在《田家》上编辑刊登了以《政府召开国大中共拒绝参加》为题的消息，报道称：“中国共产党代表周恩来认为这一国大是违背政协决议与全国民意而是一党政府单独召开的，所以坚决反对，并表明不但政协五项决议没有实行，且在名额上已侵占了其他党派的人位，因此隔断了政协来和平商谈的道路，同时也说明政府当局十一月八日‘停战令’是欺骗性的，倘要再度商谈，必要另立新基础。”

1947年2月下旬，国民党当局通知中国共产党谈判代表撤回延安，宣布国共谈判完全破裂。中国共产党驻北平军调处执行部人员被迫撤离北平前夕，九三学社成员许德珩、张雪岩、黎锦熙、袁翰青、黄国璋、薛愚、劳君展等人举行聚会，为中国共产党代表饯行，中国共产党代表徐冰、崔月犁、薛子正三人出席。随后叶剑英、徐冰、崔月犁举行了答谢宴会。

1947年10月27日，国民党政府宣布民盟为“非法团体”，勒令解散。在国民党政府的高压下，民盟中央主席张澜被迫于11月6日宣布《中国民主同盟总部解散公告》。九三学社、中国民主促进会的民主人士许德珩、雷洁琼、严景耀等，联合北京大学、清华大学、燕京大学等各校教授47人，于11月4日在北平《新民报》上联名发表了《我们对于政府压迫民盟的看法》的抗议书。九三学社社员曾打算将这份抗议书投寄到上海《观察》周刊上发表，又恐邮寄途中被国民党当局扣押，而恰在此时，张雪岩要乘飞机赴上海参加基督教联合出版社年会，九三学社便将抗议书委托给张雪岩携带，交于《观察》刊登。张雪岩到上海后，也在抗议书上签了名，因此，《观察》刊登的抗议书与《新民报》相比，签名人中多了他的名字。

1948年初，张雪岩由于要出国讲学，就暂时中断了直接参加九三学社的民主活动。尽管如此，他还是通过邮件的方式在《田家》上发表民主言论，与九三学社保持着联系。1949年夏，张雪岩回国后，继续同九三学社其他社员一道推动着民主事业的发展。他常与许德珩等九三学社中央成员在南池子箭厂胡同的田家社召开会议，多次让女儿张国华到胡同口去为他们站岗放哨（因那时北京刚解放，他们开会还要有掩护才行）。在九三学社商讨参加政治协商会议和开国大典的代表时，张雪岩说他自己有两个团体的名额可供选择，他可以参加宗教组，将另一个名额留给九三学社。

二　参与筹建中国民主宪政促进会

1946年1月的政治协商会议召开后，接着在2月10日发生了“较场口惨案”，这严重破坏了民主，践踏了政协决议。在这种背景下，中国民主宪政促进会筹备会于2月18日至19日在重庆召开，会上通过了促进会的会章，另外还商讨了以下主要内容：“（一）要求宪草审议委员会遵守政治协商会议所决定之原则修改宪草，（二）要求立即释放一切政治犯，严禁各地党政军机关侵害人民自由，（三）要求政府切实执行豁免田赋明令，严令粮政机关各省军政当局立即停止变相征粮行为。”张雪岩作为中国民主宪政促进会的成员列席了这个筹备会。

2月24日下午2时，中国民主宪政促进会在重庆的中苏文化协会餐厅举行成立大会，通过《中国民主宪政促进会章程》和《中国民主宪政促进会宣言》，提出十一项政治主张。选举张西曼、许德珩、孟宪章、吴藻溪、何思敬、潘震亚、章友江、李澄之、王卓然、伍丹戈、崔国翰、张雪岩、马哲民等25人为理事。中国民主宪政促进会章程的主要内容有：本会以促进民主政权之建立与民主宪法之成立及实施为宗旨；设理事会，理事会设秘书、组织、宣传三处及人民自由保障委员会、农民委员会、工人委员会、妇女委员会、青年委员会、儿童福利委员会、教育委员会等。在通过的组织机构名单中，张雪岩担任宣传处主任和农民委员会主任。[①]

中国民主宪政促进会成立后，接着于2月27日下午2时召开第一次理事会，张西曼、张雪岩、李澄之、孙荪荃、吴藻溪等20余人参加。会上主要讨论了东北问题，还通过了致电慰问被特务暴徒捣毁的燕大及成都新华日报营业分处，慰劳马张周三人，庆祝整军方案成立，抗议佛朗哥判处民主分子十人死刑等议案。

3月21日下午2时，张雪岩参加了中国民主宪政促进会召开的临时会员大会，讨论会务与时局。会议通过

① 张小曼编：《张西曼纪念文集》，中国文史出版社，1995年6月版，第386–388页。

的决议有：推选国民大会代表候选人；发表对东北问题主张；慰问并声援四川大学被侮辱的陶大镛、李相符、彭迪先三教授；慰问西安秦风工商日报；慰问合川县立中学；发表对国民党二中全会违反政协决议事件的声明等六项。3月27日的《新华日报》以《中国民主宪政促进会发表对东北问题意见》为题，报道了在21日召开的中国民主宪政促进会临时会员大会所通过的主张，认为“东北问题必须实行和平民主而不允许实行内战独裁，政府应迅允三人小组赴东北，并应增请民主联军代表为委员”。

4月28日下午2时，中国民主宪政促进会重庆分会在大楔子工人福利社举办成立大会，到会的有该会会员、来宾和记者达七八十人，由林亨元任主席。会上参会者对南通惨案、北平惨案提出抗议，讨论通过该分会章程，选举焦敏之、崔国翰、雷启汉、萧曼若等14人为理事。担任该总会常务理事的张雪岩与郭沫若、李澄之、阎宝航和王卓然等人均做了即席演说，庆祝该分会成立，并勉励该分会为民主运动而努力。随即通过分会宣言：“要保卫政协的各项决议，要求立刻无条件停止东北的内战，实现蒋主席的四项诺言，保障人民的基本自由权利，并向美国呼吁，要求立刻停止运输中国政府军队到东北去，在中国政府没有改组成为真正民主政府以前，不要贷款给中国政府。”

三　参与创办《联合三日刊》和《民联日报》

1946年4月，张雪岩参与创办重庆杂志联谊会的《联合三日刊》，并担任主编。该刊指出：“今天的中国仍然在生死的歧路上，是走向民主团结，还是维持独裁分裂。民主团结则生，独裁分立则死。”号召不能再沉默了，要吼出苦难中的人民的呼声；要提倡“主权在民”，不能承认不代表人民利益的一切政治集团或机构。张雪岩在该刊连续发表了主张争取民主的文章：《向国民党说教》（创刊号）、《评蒋主席对参政会政治报告》（第2期）、《论两党对骂》（第3期）、《国民大会不能用枪开》（第4期）等。

1946年5月28日，冯玉祥的专轮“民联号”从重庆朝天门码头起航至南京。这艘轮船虽然是国民政府拨给冯玉祥家人和他的部属复员用的，但船上还搭乘了许多民主进步人士和文化艺术界名流，如张雪岩、李济深、褚辅成、张之江、谭平山、侯外庐、徐悲鸿和邓裕志等人。轮船航行途中在涪陵、奉节、宜昌、监利、武汉、九江等地码头停航过夜，行程近8天，6月4日上午到达南京。

大部分乘客都时刻关心着内战、和平和民主的信息。餐间有台收音机，大家都喜欢挤在那里听新闻广播，然而餐间容量有限，不能满足大家关注时事的要求。鉴于这种情形，张雪岩便和船上几位朋友商量办张油印的小报，在船上发行，以缓解收听广播拥挤的状况。张雪岩与民盟机关报《民主报》的编辑陆慧年二人到冯玉祥处征求办报的意见，冯玉祥表示极为赞同和支持，同船的很多人也拥护这个倡议。“民联号”轮船的罗经理为此专门举行了一次茶话会，招待办报的人员，并且提供油印机、油墨和纸张等印刷必需品。根据乘坐轮船的名称，张雪岩等人将小报命名为《民联日报》，于开船后第二天即 5 月 29 日问世，一直出版到航程结束。由于张雪岩具有办《田家》的经验，还是重庆杂志联谊会《联合三日刊》的主编，所以办报成员一致推举他担任《民联日报》的总编辑。《民主报》的编辑们负责参加采访、编辑、排版、刻蜡版、印刷等事务，每期大约印有 100 多份，许多小孩争当报童。每天报纸还没印好，热情的报童和心急的读者已待在舷梯旁等候。

《民联日报》虽然是张油印的小报，但其淡黄色的土纸上套着红色的报名、印着黑色的文字，外观呈现出一种淡朴之美。其内容更是丰富多彩，包括言论、国内外要闻、船上的动态和趣闻、沿途码头上的商业新闻、诗词（古诗或今诗）、散文随笔、谜语和社会服务等，文章的作者基本上都是学者名流，另设有副刊，刊登的多是著名作家的手笔，字字珠玑，大多属于愤世忧时之作。据陆慧年回忆："在船上举行过好几次演讲会，主讲的有冯玉祥、李济深、褚辅成。船上的社会活动频繁，冯将军每天轮流招待各方人士会餐。中国妇女联谊会、燕京同学会都举行过会员会、妇女茶会、孩子会、同学会等。最活跃的，除民联日报社外，是'利他社'在船上设的临时服务处。他们开展了多种服务活动，还组织了桥牌、象棋比赛。有些朋友还自发地举行小型歌咏会、聚餐会、茶会等。这都是最生动的报道内容。"冯玉祥在《民联日报》创刊号上写了一首发刊词《民联引》：

说民联，道民联，民联果然如所愿，多少好朋友，共乘一条船。连连挥着手，都说：四川，再见，重庆，再见！

说不了的情怀，道不尽的依恋。一路江景皆大观，眼下一片绿水，岸上两排青山，还有名城和胜连，过了一站又一站。抗战胜利今还都，应当欣跃又狂欢，为什么心头不轻松？为什么面上少笑颜？那是为了政局未开明，那是为了各地有内战，大家个个皆不安，何时和平得实现？时时都在祷告，刻刻都在挂念；同胞还须努力，为了实现那一天。

四　支持反内战、反饥饿、反压迫运动

1947年5月至6月间，国民政府的内战独裁政策激起了全国各地青年学生的反内战、反饥饿、反压迫的运动。5月4日，上海学生提出“要生存、要饭吃、挽救教育危机、反饥饿、反内战”的口号，举行游行示威，最先掀起了反内战、反饥饿、反压迫的宣传。随之，北京大学、清华大学等各校陆续响应。20日，华北地区21所大、中学校学生在北平、天津举行反饥饿、反内战、反迫害的万人大游行。国民党当局在南京和天津两地进行了血腥镇压，殴打、逮捕游行的学生达200余人，造成了震惊全国的“五二〇”血案。这一暴行激起了学生的愤怒，从5月下旬到6月中旬，“反内战、反饥饿、反迫害”的运动在全国空前高涨，全国各阶层、各团体也随之纷纷起来声援爱国学生的正义斗争。

张雪岩是极其关心和爱护青年人的，不论是大学生、中学生，还是青年工作者。他在北平编辑《田家》的同时，还到燕京大学、北京师范大学、辅仁大学等学校兼职授课，所以，他家经常有青年学生光顾，如过圣诞节，有些青年学生会点着蜡烛唱着圣诞之歌到他家，他家里也会布置好圣诞树和其他装饰，他们一起热闹快乐地过节。张雪岩对穷苦的青年都会解囊相助，只要得知哪位学生上学有困难，他便乐意提供资助。为此，他

常对夫人说："多帮助一个学生，国家就多出一个人才，人才是国家的栋梁，有了人才，国家就能兴旺发达。人民的生活和日子过好了，要什么养儿防老？"

张雪岩在平时尚且对青年如此关心，遇到青年在"反内战、反饥饿、反压迫"的运动中遭受残忍的暴行，更是倍感痛心和气愤。他义愤填膺之余也采取了一些有效方式支持青年的爱国行为。1947 年 6 月 1 日，张雪岩在《田家》上新辟"青年呼声"专栏对这次运动大力宣传，分别刊载了《综合导报》的《蔓延中的学潮》、北大院系联合会的《我们为什么罢课》、《大公报》的《反内战！反饥饿！》等文章。他表示非常赞同青年学生为人民、为国家、为民族而呼喊的义举，并站在青年学生的立场上说："今天全国澎湃的学潮，看似严重，其实非常单纯，主要是为了'反内战'、'反饥饿'。这两个要求，是全国人民在生活要求上最起码的权利。自相残杀的内战，是促成物价高涨经济崩溃民不聊生的基本因素，人民为了求生存求安定，反内战反饥饿，岂不千该万该，纯洁敏感的青年学生，为了不愿见国家灭亡民族毁坏，起而为此呼喊，有何不可有何不当。"

1947 年 6 月 15 日，张雪岩又以基督徒的身份发表了为青年学生祈祷的言词，向国民政府当局声讨爱国青年所遭受的殴打镇压：

近半月来因为全国“反内战反饥饿”的学潮，引起政府当局的惶恐与高压，以致各地继续演出不少逮捕殴打伤亡和封闭报馆的不幸事件。因此使反对战争主张正义并为人类争取自由平等的基督教大为震动，全国教会和中西同道，对此颇多祈祷与讨论，认为这样作风，不但要绞杀民主政治，简直要把基督教所提倡宣扬的信仰，言论，集会，出版，结社等人类的基本自由权利都要剥夺净尽，故为卫护仁爱和平的真理正义，我们绝对反对这种和学生作对，增加社会不安，并有伤国体的反民主行为。

反内战反饥饿是全国人民一致合理的要求，国共两党和政府当局如果真爱人民尊重民意，就应该立刻停止内战，收缩通货，并澈查和充公贪官污吏的财产，使物价平稳，经济复常，这才是釜底抽薪的好办法，所以国共两党应赶快放下刀枪用善政善行的作风来争取人民的同情与拥护，不应讳疾忌医疑神疑鬼，乱诬乱蔑，更不应拿肯进谏诤善言的学生教授和文化人以及新闻记者为仇敌，那样一来，未免要造成反其道而行的大悲哀了！以枪刀棍棒对待赤手空拳的青年学生，是人类文明的奇耻大辱！

青年学生天真纯洁，是国家的至宝，文化的推动者，历史的创造人，所以应雅量相容，善加爱护，不应以对待土匪强盗的手段对待他们，这是我辈基督徒所殷切祷求的。我们虔诚祷求上帝恢复人类最高理性的天良，并保障国民和青年学生应享的信仰言论出版集会结社等天赐人权，阿门。

1947 年 11 月，人民解放军取得石家庄战役的胜利，晋察冀和晋冀鲁豫两大解放区连成一片，北平处于被包围之势。与张雪岩常有来往的北平高校的几位青年学生曾到他家对他讲，他们要去台湾了，意思是他们今后一段时间不能再来了，当时女儿张国华信以为真。可是，在北平和平解放后，这些学生又去了张雪岩家，张国华惊奇地问他们："不是说去台湾了吗？"他们笑着回答说："我们原来都是共产党的地下工作者，是用这种方式向你们做

张雪岩在北平与女儿国华合影（1947 年）

暂时的告别，其实我们就是到城外，去参加解放北平的工作去了。”这充分说明张雪岩与这些青年学生的关系密切，他虽然不是共产党员，但他与共产党积极合作，支持革命和进步的事业，为推进革命事业、为建立新中国而不遗余力地工作。

五　号召基督教徒起来伸张正义，争取和平

1946年12月24日，在北平发生了两个美国兵强奸北京大学女学生沈崇的事件。这个事件发生后，各界人士陆续发表声明抗议，各地青年学生组织游行抗议。12月31日，九三学社社员许德珩、袁翰青同北京大学其他教授共48人联名在北平《世界日报》上发表《为沈崇事件致司徒大使抗议书》，提出三点要求：“（一）对于被害人，望嘱有关方面迅速处理，以补偿被害人之荣誉损失。（二）对于犯罪之士兵，迅绳以法。（三）望保证此后绝不再有类似事件在中国任何地方发生。事关吾国国民身体自由及人格完整之保障，处置略欠允当，并足影响中、美两国人民间之敦睦，想贵国国务院暨在华有关各方面，决不能漠视也。”[①]

张雪岩于1947年1月15日在《田家》上发表《由美兵暴行说到宗教信仰》一文，抗议美兵的这一暴行，

① 中国社会科学院近代史研究所中华民国史研究室主编：《九三学社》，文史资料出版社，1981年2月版，第17–18页。

同时指责天主教和基督教会对此行径竟然沉默不言。他写道："三十五年十二月二十四日晚八时，全世界各地都在庆祝圣诞欢迎公义仁爱的和平救主耶稣基督降临的时候，在中国的文化古城北平的东单操场发生了两个美国兵强奸北京大学十九岁女学生沈女士的暴行事件！奇怪得很，这种污辱圣诞惨无人道的兽行，重贞操，讲圣洁，谈道德，说仁义的宗教，倒一言不发，发出抗议之声的，反而是无宗教信仰的学生和教授。别的宗教不讲，单讲天主教和基督教，圣诞两方都庆祝，女子的贞操圣洁两教都重视，这是破坏真理自由公义仁爱教义的严重罪行，怎么两教都默默无声！难道承认这兽性的暴行是庆祝圣诞应干的事！"可见，张雪岩作为基督徒，虽然信奉真理自由公义仁爱的教义，但对不站出来主张真理自由公义仁爱的教会组织却是勇于指责、敢于批判的。

1947 年 6 月 1 日上午 9 至 12 时，北平基督徒学生在东城南河沿联合礼拜堂举行为和平祈祷联合大礼拜，张雪岩应邀前往参加。到会的除大中学基督徒团契外，还有西方各国的基督教信徒，他们是为停止中国内战而参加祈祷。刚开始，由华北基督教联合会会督江长川主领礼拜。接着，张雪岩和中华基督教会总干事崔宪祥博士等做了演讲，演讲的大意是："人民需要和平，凡人类都应该当反对战争，日来各地学生反内战反饥饿都是民众呼声。基督徒应效法基督精神，只问是非，不计利害，伸张正义，争取和平。”最后，全体基督徒学生当场通过向国共双方呼吁停止内战，并提议由北平市各教会联络全国教会发动呼吁停止内战、急救民饥。

第三节　民主自由的宣传者

张雪岩青少年时即在教会学校读书，后又留学北美，再加上长期从事新闻出版工作，所以对西方民主制度有相当了解。他除了投身民主活动，还经常撰写文章宣传民主和自由常识，主张农民应积极关注并参与政治，争取民主。

张雪岩通过《田家》告诉农民读者，他们才是国家的真正主人：“抗战期间中国农民在出钱出力的供给上，是最有成绩的。这些占人口最多对抗战建国贡献最大的朴实农民应不应懂得并过问与他们的生活工作有直接利害关系的政府问题呢？当然应该，绝对的应该。因为他们才是国家的真主人。孙中山先生曾清楚说明政府官员不过是全国民众雇来的经理人，事情办的好坏和任免去留的大权，最后是操在国家的主人——民众手里。中国的农民对国家贡献最大，应享的权力得到的最少，所以现在国民党既允于十一月十二日召开国民大会，以便结束党治还政于民，那么我们农民应赶快在知识能力上做准备，好有辨识好人坏人的能力和自作主张的聪明，因为中国富强的民主前途，全在占全国人口最多数的农友们是不是肯对政治负责任。如果农民再不赶快负责，任凭没良心而违背政府法令的军阀官僚胡闹，不但对不起国父教导我们做主人的遗教，简直是自暴自弃，这是全国农民应自觉自醒的。”张雪岩借此详细论述了农民与政治的关系问题。

为了使民众对民主有更深刻更广泛的了解，明确区分真民主与假民主，张雪岩在编辑《田家》时专门列出了与此相关的问题。文章写道：“世界——必须是民主的世界。中国——必须是民主的中国。人——必须是民主的人。生活——要必须是民主的生活。民主，有美国的，有英国的，有苏联的，也有中国的吧。民主的程度并不在于它在政治上采取什么形式，主要的乃在于整个社会里的人与人的关系：是彼此平等，没有了任何形势的压迫与剥削。换句话说当社会里存在着任何形势的压迫与剥削的时候，就是不民主，伪民主，或者，与真正澈底的民主还有相当的距离。在不民主，伪民主，或者，与真正澈底的民主还有相当的距离的社会里，就不可避免的存在着上对下的，富对贫的，有权对无权的，男对女的压迫与剥削，这不专指政治上的压迫与经济上的剥削两种。由于政治不够真正的民主，也就没有了经济上的真正民主。进而言之，也就没有了生活上的民主，从而产生了精神活动上的压迫与剥削。”他认为民主的大潮在世界范围内涌起了，今后想奴役任何阶级、任何国家、任何民族都是不可能的，大的趋势是被奴役被压迫的民族在反抗、在独立。

张雪岩还曾撰写《天赋人权的运用》，强调选举对于民主的重要性，指出合理性的选举所需具备的条件。他说：“民众选举官吏，是天赋人权的神圣运用。所以选举时不但不应弃权，应当谨慎考虑选举最能造福人群的贤能人物。合理选举的基本条件有两个。一是不受金钱的贿买，一是不怕权势的压迫，倘使选举的结果，是由于这两种力量所促成，被选的一定是最狡诈的坏人，弄到选举者自己受欺压遭压迫。这是自暴自弃，也是误用人权，自己吃亏罪有应得，实在也太对不起赋于这种神圣权利的上天了！”

早在1936年5月，国民党立法院就通过了《中华民国宪法草案》(又称“五五宪草”)，此草案最大的特点是打出“还政于民”的旗号，并准备召开立宪国民大会，宣扬实行宪政、还政于民，但是由于1937年抗日战争的全面爆发而中断。直到1945年5月，国民党

“六大”上又摆出“还政于民”的姿态，决定在1945年11月12日召开国民大会。1945年9月4日，蒋介石在全国广播讲话《抗战胜利告全国同胞书》中再次提到要“还政于民”。1946年初，张雪岩对国民政府还政于民发表了看法，认为政府实践“还政于民”的宪政对于人民来说是非常重要的：“政府最近曾作严正的诺言，要还政于民，这是开明的诺言，是神圣的诺言，是全国国民渴盼已久极为应当的诺言。人民快活极了，高兴极了！因为从此可以根据国父孙中山先生的遗教实行民权，真真实实的执行选举罢免的权利，监督政府和官吏，肃清贪污改良政治，全在此举。这是转移国运的大事，是使国家繁荣富强的基本条件。”然而，当时所呈现的社会现状，又不能不令他感到有些失望：“但不幸得很，敌人投降已快五个月了，不但还政于民无望，反而大规模的进行内战，员不能复，物价不能平，生活不得安，全国各地尤其华北充满了火药气息！同时最不合理最不应当的是各收复区的糟烂，大公报‘接收一块烂一块’的慨叹话，是各收复区活事象的真实描写。在这烂糟的背后，深深蕴藏着无数祸国殃民的罪恶，危险万分，令忠贞国民见之心伤，闻之心痛！”

1946年1月10日，在全国各民主党派和人民群众的呼吁声中，以及美国政府的出面调解下，国共两党签订了停战协议，全国政治协商会议顺利召开。蒋介石在开幕式上宣布了人民应享的权利即："（一）保障人民身体，信仰，言论，出版，集会，结社之自由。（二）各政党均有合法地位。（三）实行由下而上之普选，推行地方自治。（四）释放政治犯。"1月31日，历时22天的政治协商会议结束，会议完成了政府改组、和平建国纲领、军队裁编、国民大会召开及宪法草案修正等问题的协商。张雪岩希望国民政府能够尽早解决政协会议上协商的问题，兑现民主决议，切实保障人民所享权利。他在《田家》上发表言论，对这次会议中所体现的民主精神大加赞扬，同时提醒全国国民："政治成功是民意促成的，今后能否满意实现，就要看全国人民是否继续运用自己的主权监督我们的雇员——政府的官吏了！我们欢迎新政府早日出现，更盼望人民施行主人的职权——创制，复决，选举，罢免，能这样，政治协商会议才算真成功，才真值得大庆特庆，因为这是民主的成功呀！是人民自己的成功，倘有阻挠或反对这成功的，就是人民的公敌！我们要大声疾呼赶快彻底实现政治协商会议的一切诺言和决议，不许任何方面假借任何理由再有拖延，因为这是民主政治的初步，是人民自由权利保障的开始。"

1946年7月，张雪岩在准备将《田家》迁离四川时，依然对于国内局势的好转抱有希望，期待和平民主的力量能够阻止内战。他认为“目前虽因内战，各种民主政治成就暂遭挫折暂遇阻难，但毕竟民主政治的基础是打定了。我们全国人民如能联合发动真理正义和平民主的舆论力量，是绝对可以打破困难，停止内战，实行整军方案及政协协议的”。可是，1946 年 11 月 15 日至 12 月 15 日，国民党未经过民主程序，擅自在南京召开国民大会。张雪岩意识到和平民主的前程再次受到重创，除了参加九三学社的反对国民党召开国民大会的活动外，也通过《田家》发布了《政协原则几全推翻》的消息，以便使农民读者知晓“这回国民大会，是在制定宪法，大家所根据讨论的是立法院提出来的宪法草案，这一草案是立法院参照政协宪草原则把《五五宪章》修改了一下的，所以并不算真正政协宪草，因为政协宪草小组并未修正完毕。就在这个修正的宪草里，由国民党方面和十年前选出的国大代表等多数通过的几点，青年、民社两党保留了许多意见。……政治协商会议，是为了结束国民党一党专政，真正由中国人民负起行政责任，但又顾及到当前的现实环境，所以通过了承认旧代表和改组政府制定宪法，现在小组通过的宪草，国体和总统职权加重独裁性，行政院又可不顾立法院的反对推行政策，国民大会包办了一切，使人民丧失了中山先生所主张的直接民权（选举、罢免、创制、复决），政协原则差不多都被推翻了”。

同时，张雪岩在《田家》上发表了《庆新年，哀国是》的文章，表达他对内战的痛恨和对民主的呼求，特别指出作为国民未承担起监督和指导政治的责任，也是造成政治腐败和社会混乱的一个原因，呼吁全国上下趁新年做一番自省，赶快行动起来回到建国的大道上。

> 庆祝新年，本是快乐事情，为何要搬出“哀国是”三个字，弄成不调和的气味。但事实如此，又将怪谁！所以不如正视现实，或可免掉自欺欺人的危祸。因此愿全体国民不论朝野上下，都趁新年佳节，对个人社会国家做番澈底省察工夫，或能得到改进的觉悟，与奋勉的努力。
>
> 胜利已一年多了，看看国情之混乱，人民之痛苦，以及国家地位之日益降低，不禁心忧！盖长此下去，终至闹到国将不国，造成中国历史空前悲哀。言念及此，深感我们全国人民都有罪过，应痛哭流涕，承认无能，把国家空前有利复兴的黄金机会，行将断送净尽。
>
> 首先全国上下应一致向为我们拓疆土建国家的列祖列宗告罪，承认不能彼此友爱和平相处，以致

自相残杀，遍地烽火，伤害民命，贻笑外人，辱国体，降国格，我们应一致悔罪。

次则想到我们的先贤先哲和一切前辈为我们创造了优越的文化与历史，我们无能，我们糊涂，竟自己以内战破坏毁灭起来，所以我们应当向他们承认自己的罪孽深重。

党派应当向国民悔罪，交通不能恢复，工农商各业以及教育文化等工作，均不能顺利复员，恢复生产建设，弄的通货膨胀，物价飞腾，经济凋敝，社会混乱，贪污横行，非法叠出，这种伤国脉，害民生的乱糟糟的危险恶化情势，争权夺利的党派都应负责，实在愧对国民，应当各自低头省罪忏悔。今后应受民意的指导，实现和平，民主，统一，独立自强的国家。

国民全体亦应全体悔罪，因为国民没有负起指导政治的责任，没有联合起来，根据国父中山先生的遗教把所授天赋的四项政权（基本民权）选举，罢免，创制，复决，好好运用，以致今天的政治腐败，社会混乱，所以不能单怪政府，单怪党派，更应怪国民自己疏忽无能。

假设全国能一体这样趁新年自省自检，并各痛悔前非，彼此以同胞手足之情，携手并肩努力建国，挽回厄运，尚不为晚，望全体国民，幸勿忽视以上所言。

张雪岩所说国民应当“悔罪”，是一种极而言之的说法，其实是鼓励民众起来争取和运用民主权利，建设和平、民主、统一、独立、自强的国家。而真正应该悔罪的是贪腐的政权和挑起内战的国民党。

张雪岩在美国留学时攻读社会学博士学位，回国后又曾兼任齐鲁大学社会学系教授。由于具有这种学术和职业背景，所以，他经常运用社会学的理论和方法分析社会问题。1947 年 7 月，他在《自由文丛之二：沧南行》上发表《社会学与政治》一文，通过社会学探讨民主政治问题，表达其对民主的呼求和对民主政治的主张。

首先，他介绍了社会学和政治的关系：“社会学是研究社会现象的科学，目的是要从复杂混乱的社会现象中探求出其因果关系的规律与法则来，藉以促社会进步实现社会改造之理想。社会现象的构成，主要是由于人类生活的互动，这种互动，形成了社会行为，即所谓社会关系，互动的好坏，就是关系的好坏。人类凭了社会关系的成功和失败经验，发明了社会组织，创制了社会约制的办法。除了家庭和各种自由的社会团体组织之外，政治算是最硬性而强制的社会组织了。因为家庭和其他自由社会组织，多半依靠传统的风俗习惯和道德伦理宗教等制度来尽约制的功能，不是积极严格的强制，乃是藉暗示，模仿，训教，舆论，讽刺等软性方法施行社会制裁。至于政治组织，就须靠严格强制的硬性法律了。法律制裁如有时失效，则赖军警以武力强制执行。因为这种制裁是硬性的强制的，所以它为人类生活关系所下的界定——立法，以及执行这种界定的办法——司法是否尽皆合理而满人意，就太成问题。这就谈到政体问题了，一个国家政体的好坏，关系其人民之福祸极大，所以社会学为了研究社会组织和社会约制等，对一个民族社会关系好坏所系的政体，就不能不以科学方法观察，比较，并分析其好坏的因果关系及其兴衰之运动规律与法则。由这种研究，才能明白为什么政治在社会组织上占着头等地位。”

其次，他抨击了美国式的资本主义民主政治存在的弊端，提倡“天下为公”的社会主义民主政治，“因为社会主义的民主政治，是以社会全体的意见和人民大众生活福利及基本人权的要求与享用为基础的，只有这样的政治基础，人民才能享有真正的自由平等的权利。这其中没有阶级利益党派利益一类寄生剥削压制独裁的不合理的现象，一切凭公，一切合理，每个人的个性才能和权利均能得到充分的发展保障。这样公有公享公治的政治才是真正的民主政治。这种政治的基础，是建立在全民利益上的，所以很容易产生互谅互爱互助的精神，构成合理的社会关系”。

最后，他阐述了民主政治的四个基本原则：“一、法理，根据法理行政，是民主政治首要的原则。民选的执政团体，不论一党多党，按照法理，有执政时限的规定，也有必须遵守的行政法规，既得遵照法规行事，就不许有徇私徇情专制垄断玩法忽法等败坏法纪的事情发生。……二、公平，‘天下为公’确为民主政治之必需前提，故为行政之重要技术。行政公平的基础是民意，所以代表人民大众利益的公正舆论，就是民意引发的泉源。尊重舆论并听说舆论的指导，一定会得到政治运用的公平结果。……三、诚信，民主政治的第三个有效技术，是对事以诚，对民以信。对事即执政者对政治任务的意思，一个在政府服务的官吏或一个执政党对人民所付托他们的政治任务，是要绝对以十分真诚来奉公守法克尽守职的，绝不许有丝毫‘推、拖、混、骗’的毛病。对民以信，指的政府的政治行为，要绝对根据符合民意的法令行事。……四、容异，容纳异见，是民主政治的重要风度和技术。能容异，就能尊他，就能重视人民的生活权利与自由——思想，言论，信仰，出版，集会，结社等。有这种襟怀和雅量，不论一个官吏和政党，决不会为卫护自身的短处而讳疾忌医甚或曲解伪造民意，也不会贪天之功把人民大众的汗血功劳，据为己有而骄横专肆。”

张雪岩还曾在《田家》的常识或文艺栏中列举了世界名人对民主的论述，例如选登美国四位名人对民主的观点和看法：

海士迪：“美国黑人取得选举权的史实，说明了民主的基本特性。民主是演进的，不是静止的；是调适的，而不仅是袭用的，它是易于抛弃而绝难完成的。它的本质是一种永恒的斗争。”

杰弗逊：“人民本身是社会基本力量最安全的仓库。假使我们认为人民行使政权的素质还不够健全，补救的方法，不是剥夺他们行使权利，而是用教育去启发他们的能力。”

马临立克：“民主的意义，不是由上而下的强调，它意味着一种行政。它不仅是一种政治的活动，而务必是一种世界观点，一种人生态度，依据这种观念和态度，每个公民，作为一个个人，尊重他的人格，民主足以鼓舞公义。”

杜威：“民主的含义十分广泛，他不仅是一种特殊的政治形态，不仅是一种用平民参政，选举官吏，以指导政府，制定法律与推动行政的方法，在政治与政府方面说，民主是一种手段，一种所有发现的最好的手段，用以实现调整人类关系发展人类品格的目的。民主是一种社会生活与个人生活的方式。”

除了宣传民主和提供保障民主的建议外，张雪岩还强调与民主不可分的自由。他将自由视为基督教思想中“真理”的产物，认为“人类生活中最宝贵的东西，就是自由。有自由才能在个人的生理健康知识进步精神愉快各方面不受陷害而得真实充分的发展。但自由却不是毫无条件的，这条件普通说，就是法理，以宗教论，就是真理。不过法理和真理，不一定绝对相同，法理是人为生活需要创立的法律制度和一切顺乎风俗的习惯礼节。这种法理可以随时代而变化因环境而不同。真理却不然，它是永久科学的原则，所以由真理而产生的自由是真实的可靠的。这个道理，可以用耶稣的话来解释。他说：‘真理必叫你们自由。’但他所说的真理究竟是什么东西呢？照耶稣在约翰福音十七章的祈祷说：‘求你用真理使他们成圣，你的道就是真理。’这是再清楚没有的定义了。真理就是上帝公义仁爱的道”。

第七章　北美讲学，沟通中西

第一节　出国感言

1947 年 11 月，华北基督教农村事业促进会召开董事会议，其中一项内容是讨论同意《田家》总编辑张雪岩博士赴英美学校和教会讲学讲道一年。当时张雪岩尚在燕京大学授课，需待学期结束后于次年 1 月间出国。到 1948 年初，张雪岩因支持“反饥饿、反内战、反迫害”的爱国运动，受到国民党当局的注意，于是，他正好利用英美教会邀请他讲道讲学的机会出国避开这一危机。1 月 7 日，在吴晗的帮助下，张雪岩乘坐空中霸王号飞机从北平飞往上海，在京沪两地办理出国手续、与亲友辞行。

张雪岩在与亲友告别时，各位亲友觉得他出国后，一时不能品尝到真正中国餐食菜肴的味道，便每天至少摆设两次宴会来款待他，这使得他内心颇感不安，因为他想到“目前中国人民经济困难生活艰苦，如此享受，虽系亲友厚爱，除感激外，内心里始终怀着不安。因为有的虽然富有或赚钱较易，但财富和钱的来源，却都是劳苦大众的血汗，郑板桥的诗‘锄禾日当午，汗滴禾下土，谁知盘中餐，粒粒皆辛苦’最足说明这种心情，谢饭歌里‘一粥一饭，来处不易’之句，就是由这种心感而来”。

出国之前，张雪岩在《田家》刊登了与读者告别的长篇告别信，谈到出国的原因是为学术努力，为真道作证，沟通中西文化，增加国际间之谅解；个人的道德学问，也可得到更好的修养与进步，以便回国后更好地为大众服务，满足农村人民的需要，希望读者爱护《田家》，多多订阅推销。兹节录如下：

> 笔者现应英美学校及教会之约请于一月动身出国讲学讲道，此行至少一年多才能回来，想到自二十九年第一次由美回国后，即以田家工作与读者共尝战乱苦味，直至今日虽胜利已两年有余，但和平未见，战乱更深，在任务的甘苦与共上，不免有惜别之意。好在此行，是为学术努力为真道作证，除沟通中西文化外，更可促进国际间之谅解，使西洋各国更能认识中国文化之重要及中国人民（尤其

农民）之可爱，个人的道德学问，也可藉此得到更好的修养与进步，以便回国后更有服务大众的能力与精神。

敝人出国后的担子，已付托给社中同人，相信他们这些可爱的同工，多能本着耶稣基督为人类福利背十字架的精神努力前进，更相信他们在工作上的表现，必较前更有进步，更能使读者们满意。我也相信各地读者，为爱护田家，在推销，撰稿和建议上，必定更能给他们种种帮忙。读者和田家同人的关系，只有一个，就是“彼此相爱”，这是耶稣救主的命令，信他的人，必定都能遵守。

出国后不但愿藉文字的报道与读者经常联系，而且要为敝人所拟十二年计划做宣传，以便得到国际的同情与援助。只有这种计划得到实现，本刊以文字服务全国农村的志愿和目的才能逐渐达成。所以这次出国，虽是讲学，实际也是为了读者，为了农村人民的需要。至于成绩好坏，除自己尽本分努力外，就要依赖上帝的祝福圣灵的指示了。

同时，张雪岩在告别信中将这次出国讲学与1937年8月出国留学时的心情做了比较，对一个和平民主独立自强之新中国的产生充满信心，认为目前的战乱局面是黎明前必有的黑暗，是病人康复前必动的手术、必服的苦药，是婴儿出生前应有的产前阵痛：

这次与祖国告别，与二十六年（1937年）第一次出国游学时，心情上恰成一不调和之对照。第一次出国正值全国上下一心一德发动神圣抗战，其悲壮几乎史无前例，以当时之国情国力讲，对抗一等强敌，直等以卵投石！正因如此，所以显得格外勇壮，格外惊人！国际地位一跃万丈，国族前途光芒无比。人前有光荣，说话易响亮，所以虽知是赌国运的悲壮险事，但以具有正义必胜的信念，故心情是活泼愉快的。这次就大大不然，因为以全国人民八年抗战的大牺牲所争来的四强之一的光荣地位和种种和平重建的光明前途，都被胜后两年余的内战打得净光而且一落千丈了！一言以蔽之，第一次出国是高视阔步，此次则未免是低首下心了！但这不过是两次出国由国情所演出的心理对照，对国家民族的前途，并未因此消失信念，而且反因此更加深了对中国人民在争取和平民主独立自强的历史使命的认识。目前的惨境悲局，是黎明前必有的黑暗，康复前必动的手术，必服的苦药，产前阵痛是婴儿出生前应有的现象，中国在转生，苦难是难以避免的。不过民主新婴的投世，系乎全体国民同保和平民主努力的健康，俾催速生，如此自重如此负责，和平民主独立自强之新中国的出现，是绝对有把握的。自尊自信之念既生，不但低首下心之心理可以消逝，而且更可理直气壮为中国人民奋斗创造的伟大精神做见证做宣传。

办理出国手续是比较烦琐的事情，特别是从弱国到强国去访问更是如此，这令张雪岩产生无限感慨。他谈道："国际间尚无真正自由可言，假如以天下为公的大同思想，和基督教上帝是父人类皆弟兄的信仰原则讲，就距离人类合理关系的目标太远了。天父创造的大地，何以他的儿女不能自由往来行动，而必需受国家民族种种不平不公的限制和束缚，这是违反天意，违反时代的。基督徒应当抱定最高的信仰与这种不合理的思想制度拼斗，扫除这种障碍，斩掉这种枷锁，推倒这种墙壁，解放人类，恢复人类在上帝面前的真自由真平等。在天父面前，人类本出一源，天下原系一家，可惜为贪权的政客，暴虐的军阀，以及偏狭自私的学人以种族国家色别等区别制造出种种强弱优劣的分别来，弄成欺压，猜忌，仇恨，战争等不合理的关系和局面来。这是人类自造的罪恶，由出国护照的繁苛手续里，可以了解其不合理无意义到了什么程度。其实所谓强弱以此而造成的种种封锁，并不见得是好的保障。正相反恐怕因此而招致的异族异国的不平和仇恨，会变成毁灭自己之不幸的。这是人类值得警惕的地方。”

尽管有这样的感慨，张雪岩还是向读者详细介绍了出国办理烦琐手续的几点注意事项，如出国的类型、基本程序、所需证件或文件材料、领取时间等，以便给读者提供一些出国常识。

第二节　旅途观感

1948 年 1 月 19 日午后，张雪岩随着旅美的游客一起登上了戈登将军号轮船。20 日早上 6 点，轮船从上海始发。戈登将军号是“二战”期间运输军队的一艘大船，载重量达 1.7 万余吨，在世界反法西斯战争胜利后的 6 个月内被改装成了航行于太平洋的客船。

张雪岩上船后，因所见所闻和对国内战乱现状的反思，便又生出很多感想，他归纳后写道：“美国战后海运复员非常之快，由船上的秩序和海员服务的谦和态度，可以看出，美国人民没有因战争把服务精神和道德基础摧毁，所以船上两天的生活经验，一点没看出与笔者战前第一次出国有什么分别，这与战乱创痛的中国比较，是不可同日而语的。战后美国政府有不少举动和政策遭国内外反对，但其复员进步并未稍懈，这是中国上下所应一致警惕的。他们所以能这样，固然由于科学进步和现代机械工业的基础坚强稳固，但人民教育水准高，民主自由思想强，也是复员进步快工作效率高的重要因素，所以科学教育的提高普及和民主思想的自由进步，就是国家不乱与社会进步的保障。这是全中国应一致觉醒的。船上有三百多海员，一千六百多客人，设备齐全，服务周到，处处令人发生人强我弱之感，因此也产生努力求进迎头赶上的志愿。因为卑情，嫉妒，仇恨，皆非进步之道，也不是健康的心理，最重要的是'卧薪尝胆'的精神，艰难困苦打不倒人，所谓的消极悲观失望退缩等屈服现实投降现实的心理态度，如能有'不受折磨不皈佛'的精神，则可了解苦难正是进步的磨练。本报的读者如能都有这种精神态度，国家的改善进步和人民权利的争取就都有责任都有贡献，而且是完全操在自己手里了。"

经过两天的航行，轮船于1月22日早上6点驶到香港，停靠在九龙，张雪岩在10点乘坐渡轮，经数分钟过海到香港岛，上岸访友购物。他对岸上的所见和所感记述道："轮渡秩序极好，工作效率极高，街上与敝人九年前由美回国时一样整洁，市民多系中国人，均守市规，不见紊乱。同是中国人，在别人所管地区，生活习惯也都两样了，令人慨叹，其中理由可以看出不是人民不好，实在是制度好坏的问题，我们应自醒。香港比上海等地，更为繁荣，物价虽也涨了点，比起内地，实与战前相差不远，买份两三张的大日报，不过港币一角，这可说明香港经济的稳定。一海之隔，就差的太多了。同是受过战争的苦害，到人家手里，就复员繁荣的那末快，秩序维持的那末好，工作效率那末高，同是人，为什么人家那样有出息向上进，这点我们应自己检讨，向人家学习。从所乘的船及香港的情形看，英美在和平复员建设工作上都很努力很有成绩，再看看这几天风平浪静的大海洋，与烽火遍地全国人民都在水深火热创巨痛深中的哀喊哭号的祖国，不禁戚然心悲。”

在心悲之余，张雪岩进而指出可以香港做参照和借鉴，解决中国内地的混乱现状问题：“他山之石，可以攻错，一月廿二日到香港后，实有此感，香港虽是英国的殖民地，但居民几乎全是华人，奇怪得很，英国亦曾受战争的创伤，但由香港的井然秩序，正常物价，和自由空气看，深觉英人之智慧能力和道德比中国人高一等，和平与战争秩序与混乱的分水岭，那能不令人愧怍。游资往香港逃，有钱人往香港躲，为了什么！值国人细思，如不自暴自弃，肯自省检，他山之石，是可以攻错的，好自为之，何患乎不及人！”

张雪岩由大陆和香港世俗社会的差异，又联想到中国教会在救人救世方面为何那么微弱无能，连自身都难保？他总结其中的原因是信徒缺乏信心，并对这一现象进行了严厉的批评。他说："如再进一步省审一下标榜救人救世的基督教，在中国的信徒不算不多，教会的组织不算不大，人才经济从数量上讲，都不算不雄厚丰富，但在这真正需要救人救世的时候，不但显得微弱无能，反连自身也要不保，究竟什么缘故！我看原因很简单，只有一个，就是我们所宣传的和平爱人的福音，自己尚缺少真信心，假如有耶稣救主那样真信心，我们绝不会怀疑上帝藉耶稣牺牲自己而救人救世的大道会在这时失效！所以这救法的实现，只有一个办法，就是信他的人都要真的在'舍己救人'上背起十字架来为和平公义的仁爱真理大声疾呼大胆履行，再不这样以殉道精神为和平的基督做精兵，为公义仁爱的上帝做孝顺的儿女，我们将把基督重钉十字架，将是历史的大罪人，悔改吧，信徒和教会，虔诚祈祷，求基督在我们身上复活，真正和平的人类关系，全在于此，望全国信徒，全世教会努力猛进，好自为之。为人类自由平等，为人类和平幸福的一切人权争。"

1月24日早上，轮船到菲律宾首府马尼拉。海港外还有几十艘被炸毁的日军船只，"有的微露烟囱，有的半露船桅，由零乱沉水之状，可以了解当日战争之激烈及攻守易势之狼狈！日船屈膝水中，似忏悔，似求饶。由锈坏之沉船，可以晓得叱咤风云的大和民族，已将维新六十年的努力和繁荣藏送海底。怪谁，帝国主义的军国侵略政策是主丧人，也是哀子，有法西斯侵略野心的军阀和政客应引以为鉴”。张雪岩在上岸游览时感叹道：“所见尽是战争破坏的残迹，重要建筑和当日精华，摧毁殆尽，菲律宾大学建筑良佳，因日人曾固守抗拒故破坏极惨，原有学生八千人，现在不过三千人，均在破屋烂舍断垣颓垣中上课，惟学生读书精神甚好，象征菲人是有前途的。马尼剌市共有教堂十二座，多为现代砖石建筑物，除一座比较完整外，其他十一所几尽成灰烬！教堂原是和平的象征，何以成了战争的目标，而毁于炮火！全世信徒应为此深思，在崇拜仁爱和平的上帝时，有否犯过犹太人的旧病，把上帝武装为征服异族打败敌人的军事领袖——万军之耶和华——利用神权毁灭异族！把天下一家的宗教目的与狭义的国家民族观念揉成一起，是否失了天真，丢了纯正，这样是否容易招怨招恨！耶稣为圣城落泪预断其悲惨结局将是一块石头不留在石头上！为什么？因为教堂不但成了卖牛羊鸽子和兑换银钱的贼窝，据耶稣看将成为离弃上帝背叛仁爱公义天父的反动大本营！大祸临头，是谁招来！耶稣的悲泪，尚晶莹明澈，今日全世信徒，应藉此透视礼拜堂的创伤，究竟什么原因获此恶果！”

几个小时后，轮船起航驶往檀香山。张雪岩独自一人站在船头，观赏着海上的风景，海阔天空，风平浪静，日丽月皎，鸟飞鱼跃，不论昼夜，尽呈和平恬静，风水气象无不象征自由。观景生情，他情不自禁地想起国内的战乱局面：“回首烽火遍地的祖国阡衡阴霾弥漫的世局，处处是欺压不平，到处充满猜忌仇恨，人类枷锁遍体，愁苦满面，再与大自然之自由氛围，不论阶级无分贫富，都可平等享受的情境作一对照，不免心悸神怆！”轮船航行了11天，于2月3日至檀香山。张雪岩参观了被日本侵略军偷袭过的珍珠港、檀香山岛上的经济情景和华侨状况，珍珠港上“除一破残军舰尚浮港中外，当年繁荣，一概摧毁，迄未恢复，但檀岛其他部分未受波及，繁荣如昔，波萝蜜工厂较十年前出国参观时，更加机械化了，因此省却人力不少，昔日经常六千工人，现在则不过三千人，人工虽减一半，但工作效率反增加了不少，每日现出五百万罐头，均能销掉，因市场范围，属全世各地。檀岛华人不过占全岛人口总数百分之六，但经济势力极为雄厚，政治力量亦渐抬头，一因华人受高等教育者渐多，二因中国国际地位业经提高，华侨对国内之战事极关怀，也极伤心。船上一华侨船员，提起祖国，无限感叹。据谓原拟回祖国海关服务，但见上海海关之受贿贪污情形，不胜伤心，一愤而返美工作，此种洁身自爱青年，令人敬服，祖国坏情，伤其怀抱与热望，损失之大，莫可言语，此不过一例，类此之事必多，不忍多想，更不愿多述”。

一路上风光美色无限，但张雪岩每当欣赏之时，总难免与满目疮痍的国内情景联系起来，产生强烈的对比。人类与自然，中国与外国的反差，使他心怀悲戚，同时又令其产生振兴中华民族、建设新中国的使命感。

同船的1000多名乘客中有600多是华人，张雪岩了解到几个青年学生的出国目的，愤而批评了那些出国给祖国丢脸泄气的青年：“以游学名义出国的学生约二十余，专心进修的好青年固有几位，但有的女子中心目的是出国结婚，有的读书其名发洋财其实，套取外汇，做些生意，严格讲来，这些青年如在国外发财，倒非发洋财，乃是发华财，因为往复套取外汇，吃亏是中国国家和人民，还有的不过中学毕业，恃仗家里有钱，凭钱买动势力人情以考察名义而出国了，高尚的藉此找个学校读书，下流的就不知藉此怎样鬼混而给祖国丢人泄气了！船上所见现象，就有不少令人伤感之处，少爷小姐群居终日言不及义，是经常表现，至于风流浪漫挥霍胡闹，形成了官绅子弟的特殊作风！这些孩子，多是以一万二千元官价外汇出国的，国家吃亏，人民吃亏，放出这般放荡不羁的孩子，弄风姿逞威风是神气还是泄气，天晓得！”

2月9日，轮船抵达美国西部最大港口旧金山，这是“二战”后联合国召开首次会议的地方，张雪岩再次将此地与国内对比：“该港气候极佳，市内整洁无比，秩序井然，与混乱之中国都市恰成对比，公务人员态度，多谦和可爱，想到国内公共机关服务人员之懒散与傲慢，不免兴悲耻之感。”他下船后，受到了济南齐鲁神学院前院长山理博士的热情招待，随之感谢道：“蒙其招待，并惠助一切，颇感便利，友谊之可重可爱，此其明证。”

张雪岩在旧金山停顿了两天，2月11日乘坐火车前往美国东部世界最大的都市纽约，路程约有5000公里，经过了三日三夜到达。对于这段行程中的感受，他记载道：“车上食睡极安适，头等车票加卧铺约美金一百四十余元，火车与轮船一样不再烧煤，全用汽油了！四个机车拖拉一列车约二三十辆不等，车无汽笛，至站无声无息，更不闻噪杂紊乱声音，与中国车站之紊乱噪杂，不堪其比。又是一叹。各都市汽车如蚁，但很少听见呜呜呜响之讨厌声音，各街口系自动红绿灯，行车不论公私，严自遵守，很少抢先，对公共秩序之公德训练，实在惊人！美人有短处，但也有不少长处，为自求进步，中国人应多学人长，少习人短，出国留学者尤应自爱自重。”

张雪岩在出国途中虽然由轮船的设施和服务，沿途的风光和市容，而赞叹美国人民、香港居民的精神文明和物质文明，表现出人强我弱之感，但他并非“消极悲观失望退缩”，而是保持着努力求进迎头赶上的心志。张雪岩身上具备的民族自信心和不甘落后的精神是难能可贵的。

第三节　北美讲学与生活

1948年3月上旬，张雪岩到哈福德校讲学，该校坐落在加奈特州（Connecticut，今译康涅狄格）的省会哈福德城（Hartford，今译哈特福德）。城市并不大，当时人口有20多万，但它是美国最富的都市之一。张雪岩考察到这个城市的几个特点：第一个特点是它与中国有着特别的关系，因为中国的第一批留学生是派送到哈城读书的，有一本名为《中国的头一百》（*China of First Hundred*）的英文书详细提到这件事，在第一批到哈城的中国学生中，包括国人皆知的唐绍仪，他到哈城的时间是1872年夏季。第二个特点是312年前浸信会教堂在此地建立时，哈城还没有诞生。第三个特点是哈城是一座保险城，保险公司有47家，这些保险公司每天从全世界各地收到的保险费有300万美金之多。第四个特点是战时美国数一数二的大飞机场建设在哈城郊外，这里还是重要的航空人员训练基地，战时中国许多航空人员也在此地接受训练。

张雪岩第二次到美国，仍然非常关注美国的国情。他虽然居住哈福德城，却依据一个法案的被否定而对美国的民主情况做了一个专题报道。他写道："（美国民情）这个问题，复杂多端，不能用短少篇幅讲明，但有一件事情值得我们注意，就是美国政府的统治阶级，不论有什么意见和提案，总是要经过参众两院的议员辩论通过，方能成为法案，见诸实行。如遭否决，全部议案，就等废纸，不能实行。其民主的关键就在于此。因为由各州人民公意所选出的国会议员，每周有关人民福利或国家兴亡，以及社会荣衰的大案，议员们表决时总要顾到民意的向背，当然有时也有违反民意的议案通过，但理由不在议员的疏忽无能或反动，重要之点还在人民是否对该种案件表示一致强烈的公意，假使人民有这种强有力的表示，有权通过议案的民选议员，总不敢过于违反公意而固执己见。"接着，他以当时最新提出的普遍军训法案为例，说明美国民意运用的重要。即美国4278号法案（H.R.4278），该法案的主要内容是要用强迫征兵的方式把全美国的青年武装起来，实行普遍强迫军训，以便“保障美国的安全和人类无谓的牺牲”。办法是17岁的青年都需登记，由18岁起正式入营严受一年军训。这引起了全美民主进步和爱好和平的人士热烈讨论与极力反对，他们认为这是反动军人毁坏美国、祸害人类的骗局和恶行。全国人民根据宪法中和平民主自由人权的精神、教育建设的原则原理、宗教和平普爱的教义，与之抗辩，加以反对。学校中的青年，也正在如火如荼地响应参加这个和平民主的大运动，并纷纷致函各州议员甚至杜鲁门总统表示反对。接下来，张雪岩谈到除了精神道义抗辩的理由外，还有一个最有力的反对理由就是军费开支远远大于教育和卫生的开支，并列出了大量具体数据说明这个观点。终于，军训法案遭受到普遍反对，美国人民这次争取和平民主取得了胜利。张雪岩想通过此文说明人民对不合理的提案及政府不合理的开支具有否定的权力，这是他眼中的美国式民主政治。

1948年3月28日，张雪岩应邀到距离学校不远的一个家庭吃午餐，一起过复活节，在座的还有一位名叫达彼得的在读大学生。张雪岩在这天的交谈中表达了他对外交工作和学术研究各自特点的看法，主人则讲述了一个与中国有关的家庭故事。根据张雪岩介绍：这家的姓氏，译成中文，应当是“魏”字，家庭成员只有老姊妹两位，年轻点的魏二小姐估计也有50余岁，曾于1931年到过中国旅游，家中遗产甚多，颇为富有。因为魏二小姐到过中国，所以室内的陈设和装饰很有点中国东西和风格。

在谈话过程中，张雪岩了解到魏氏两姊妹都很仁慈，均受过高等教育，知识范围甚广，只是思想表现的不同，大姐有点守旧，妹妹显得冒进。当时谈论的主要话题是围绕达彼得选专业的问题而展开。达彼得在普林斯顿大学读书，其父亲是位社会学知名教授，在叙利亚一所教会大学任教多年。其父有位叙利亚籍高足谭努士正好是张雪岩1939—1940年间在康奈尔大学读书时的同学。本来由询问谭努士的情况而引起话题，后来问到达彼得的学术专修计划，达彼得回答说他现在刚进大学，正在外交和社会学之间徘徊尚待决定。张雪岩听了达彼得的困惑，立即回应道："我可以表示点意见，帮你做参考吗？"达彼得很客气地说："好极啦，我太需要这种帮忙。"魏氏姊妹插话："好得很，我们也愿意听听你的意见。"张雪岩便娓娓道来："如果你学外交的目的，是为促进人类的谅解，敦睦国际间的友谊，把人类文化藉国际关系的紧密带上大同之路，那是很高尚很理想的，不过实际去作时，恐怕困难甚多，使你失望！因为办外交是以国家民族之利益做出发点，不能拿道德伦理等思想做基础。因此遇到国族利益与道德要求冲突时，政府的命令一定要你以国族权益为重，不许高谈道德理论而损及自己的利益，换言之，政治外交的重心是利害，不是是非，这就是有远见有良心外交家的痛苦！为了本国的利益，有时须撒谎骗人，甚至欺诈恫吓等鄙卑手段都要采用！至于做社会科学的学人，可以不受这种约束，而为科学真理做学术自由的见证。”达彼得听了这番话直点头，还没等他发表意见，魏氏姐妹中的妹妹笑眯眯地用略带怀疑的神情问张雪岩：“张博士，你说的很对，但外交人物中有无例外呢？”张雪岩愣了一下，回问了一句：“我不敢说没有，但可否举出一个具体实际的例证呢？”魏氏妹妹好像获得了光荣的胜利一般笑逐颜开，离席指着桌旁壁上悬挂着的一幅四五十岁样子的五彩人像说：“他就是实际例证，你愿听他的故事吗？”张雪岩迫不及待地应道：“好极啦，请讲。”

于是，魏氏妹妹返回到席座，讲述起一段该家庭与中国之间关系的历史故事：“他是我们的外曾祖，姓安名叫便雅纹（Benjamin P. Avery）[①]，1874 年第一个代

① Benjamin P. Avery 另可译为“艾忭敏”，1874 年 10 月 29 日至 1875 年 11 月 8 日，担任美国驻华全权公使。魏氏妹妹在此处的表述有误，艾忭敏的确是 1874 年由美国派遣来华的使节，但是第一位来华美国使节应当是在 1844 年的顾盛（Caleb Cushing）。

表美国出使中国的使节。他到天津见李鸿章时，就同情李对日本的警觉，认为日本有向台湾侵发的迹象，美国应准备与中国共同制止之。他同情李鸿章的第二点，是反对美国对华人入境的歧视。还有一点有趣的事，就是他是西太后接见外国使节的第一位，是大清早七点钟见的！据他解释，时间定得那么早，以及觐见时隆重严肃的朝拜仪节，都为表示中国之尊严优越，虽然有不少别的使节批评不满，但他却用最同情敬重别人的态度训教使馆的部下，中国是一个文化礼仪之古国，其风俗习惯或有非我辈所惯见惯闻者，唯一合理适应的外交态度，是要用心观察和善意同情。”

魏氏妹妹后来从安先生某年寄给他朋友的信中摘录下一段话，作为座右铭。原文是：“一个人对自己高尚的信念应忠贞不变，但在向别人表示这种信念时，应谦虚而不卑。对自己的错处，决不护短，应有接受批评的雅量，和勇于改革的精神。对自己进步的主张要坚定立场，但切忌固执成见。这样为人，于公于私，都有益处。”张雪岩特别翻译出这段文字，希望《田家》的读者阅后也能获得益处。

张雪岩将各种见闻及时写成《海外通讯》寄往《田家》发表，引起了读者极大的兴趣，颇受读者的欢迎。5月中旬，他收到由田家社转寄的一封读者来信：

雪岩先生大鉴：

每当接到我们的田家报时，我的眼光和精神一定全部集中在作为封面的“言论”上，从不会把一字溜过。先生大公无私，言论正确，这是最值得每一个读者佩服和学习的。

也许我写这封信时你已经在世界第一大都市——纽约的高楼大厦里了，你的出国真是对中国对田家有不少的增益，你在海外通讯里报告了不少的新闻给我们，这更是我们应该大大地感激你的，先生说：“……应多学人长少习人短……”不错，这正是建设三民主义新中国的一句铭言，不过我还希望先生能多报告号称世界第一等强国的美国帝国主义的政治动向及经济建设军事状态，及社会制度的一切详情，因为美国是最野心的国家，未来世界的和平与否她负有主要的责任。世界矛盾日益加深，民主与独裁斗争达到最高峰，战争的空气布满了全球，生在这乱世的世界上，每一份子，能知道一些杀气腾腾的美国底动态和趋向，虽不是什么安眠药，或死或生抑祸抑福也总算可以来一个预先的准备。

先生！公鸡啼了，黎明之前一定漆黑无光，我愿你拿起火把，驱走黑暗，让后辈的我们，认清道路，踏上了你走之途随着你迈步向前！

读者陈禾火敬上

民国三十七年儿童节之夜

张雪岩看了信后感到“喜慰不胜”，随即回信写道：“身在异域，仍能与读者交换意见，愉快非同寻常。陈君意见极宝贵，特遵嘱赶写此稿，藉答雅意。”他便撰写了《胜利也打倒了美国》为题的文章，分别评述了美国的积极备战、国内不安、外交混乱、民主进步力量四个方面，对美国政府反苏反共、扩军备战、内外矛盾等情况做了介绍，批评了政府的政策和作为，但肯定善良的美国人民是积极反对战争谋求和平的。全文如下：

来美三月，所得观感甚多，除表面繁荣安定外，人心精神却极度不安，非常混乱！简单的讲，可由以下几点看出。

一、积极备战

一个胜利的一等强国，握着世界最厉害的武器，经济最富，工业最发达，科学最进步，在联合国里说话最响亮。何以感觉没有和平保障，怕神怕鬼在天天喊战，日日备战！政府在喊欧洲对它有威胁，亚洲对它有威胁，南美要小心，近东要注意，非洲应当心，南北两冰洋都不能放松，大西洋，太平洋，印度洋，地中海均需设防。不得了，全世界的海陆空都是美国的生命线，应当加紧制造军火，并积极实行普遍征兵和军训，以备陆海空三军随时动员，因为世界第三次大战不但不能避免，而且恐怕迫在眉睫，反苏反共是备战的主题，握刀怕杀有钱怕抢，原来如此。可见美国是被胜利打倒了。

二、国内不安

因鼓吹战争，美国国内极度不安，物价不时涨，捐税天天增，而且范围很广，差不多无物无税。罢工时常有，这是资本主义国家最伤脑筋的问题，也是美国潜伏的最大危机。高度工业化的国家就怕罢工，倘在战争期间，劳工一捣乱，一齐来个怠罢，使运输制造一概停顿，那时立刻可以结束战争的。这是人民的世纪，战争和平操在人民手中，一点不错，人民会运用，一切战争贩子们都要束手无策，恭恭敬敬听命人民！此外如种族问题，尤其黑人和犹太人争闹的很凶，他们反对美国政府对他们的歧视和种种不平待遇，有不少美国善良人民，对他们很同情，并实际帮忙他们。舆论方面牵制的很厉害，所载国内外消息，多与政府及资本家有利，反面消息偶然有，但不多。报纸印刷都操在资本家手中，这也难怪政府设有特务网，这是美国善良国民最痛恨的事。

三、外交混乱

美国外交步伐最为混乱。近几月内有两件最显著的事，证明美国外交之举棋不定，一是先主巴力斯坦阿犹分治，近又忽然食言自肥，改变主张，要联合国施行托管制度，惹的阿犹两方不满意，都责骂而且已经开火！第二是前些日国会忽然把西班牙法西斯反动派领袖佛朗哥也放进马歇尔的经济援欧计划中，惹的舆论大哗，见势不好，立刻又取消原议，可笑。

四、民主进步力量

美国毕竟是有民主基础的国家，政府尽管闹的乌烟瘴气，但民主进步分子还是很多，如华莱士所领导的第三党，全国基督教的开明领袖和平信徒，以及其他民主进步人士都在积极反对战争谋求和平，争取人民的自由权利，这是美国自救的希望。

之后，张雪岩根据读者的要求，在海外通讯中进一步着力介绍美国的政治、经济、文化等领域的情况，尤其侧重有关战争与和平民主的问题，如《美国民主的前途》、《美国的机声与民声》、《美国教会的任务》和《美国人民的风度》等。他在这些文章中批评美国的军国主义动向和流氓作风，赞扬和平民主的力量。

张雪岩在讲学期间也努力为《田家》的事业发展奔波，谋求刊物的自力更生。中国人民解放战争自1948年春就开始取得战略反攻的节节胜利，此时有美国教会人士表示："田家应随国民党南迁。"张雪岩听后立即驳回，这令他们很不满意。张雪岩在民族利益问题上的态度十分明确，立场异常坚定。这正是他在1946年抗战胜利后与校友田仲济谈论文化侵略问题时所持观点的印证，当时他们谈到传教、办学校、设医院是不是文化侵略，张雪岩说："当然可以说是文化侵略，至少是可能形成倾向他们的思想意识。但最后在政治问题上或其他重大问题上的态度，则决定自己的觉悟水平了。"他以广文中学为例说："这是美国办得历史久，有成就的一个学校，在那大院落内同时还办了医院、教堂、护士学校等，可也是30年代中共在山东地下活动的重要据点之一。"他接着又举出《田家》的例子，"美国教会资助《田家》，并不是为了《田家》，更不是为了我，这是从教会工作考虑的，是他们的工作的内容。这样说我是在帮助他们工作了，但我也不希望他们这样想，我有我的想法，我是为中国广大的农民弟兄工作，这是我甘心情愿的。读者都知道《田家》的经济情况，现在当然一般都对美国教会有好感，但以后遇到重大问题要抉择时，是绝对不会因此而出卖民族利益的”。

1948年初，张雪岩到美国、加拿大等地讲学时，与董谟芳再次相逢。1948年夏天，张雪岩和董谟芳女士在康奈尔大学举办了婚礼。[①]有情人终成眷属，他们因有着共同的追求而走到了一起。

尽管是由英美学校和教会的邀请，张雪岩其实是在美国和加拿大[②]两国讲学讲道。他在讲学的同时，还到各地公开演讲，“揭露国民党反动派的黑幕，表扬新政府之民主，之合理，之受人民拥护和它必成功的道理。在华侨团体演讲时，恶徒起过暴动。他挨过领事的谩骂，恶徒们的殴打，也受过驱逐出境的威胁！雪岩崇拜真理，无畏无惧；拨开舆论的烟幕，冲破经济的封锁；从1948年冬到1949年春，完成横贯北美大陆的旅行演讲，宣传中国解放区的福音，博得国际上极大的同情和友谊”。[③]在北美访问讲学期间，张雪岩对共产党领导的人民解放事业有了清醒的认识，做好了迎接新中国诞生的思想准备。同时，他还收获了爱情，与志同道合的人生伴侣牵手。

---

① 此前，张雪岩与李耐梅已解除婚约。

② 加拿大属于英联邦国家，当时，有的学校或教会对外宣称为英国的学校或教会。

③ 董谟芳：《祝贺田家复刊纪念张雪岩同志》，《田家半月刊》第17卷第1–2期合刊，1951年11月15日，第5页。

第八章　迎接新生的中国

第一节　参加人民政治协商会议

1949 年 1 月 31 日，北平和平解放，此时的张雪岩尚在国外讲学。他知道中国即将结束苦难的历程，迈入一个新的伟大的时代；他愿意并迫切渴望参加建设新中国的事业。1949 年夏天，张雪岩谢绝了朋友的挽留，从北美回到祖国的北平。他作为九三学社的创始人之一、爱国的基督徒知识分子，受到中国共产党的欢迎，随即投入到了筹建新中国的工作中。

1949 年 9 月 21 日至 30 日，中国人民政治协商会议第一届全体会议在北平中南海怀仁堂召开，设置有政协组织法草案整理委员会、共同纲领草案整理委员会、政府组织法草案整理委员会、宣言起草委员会、国旗国徽国都纪年方案审查委员会、代表提案审查委员会等六个分组委员会。

张雪岩与吴耀宗、邓裕志、赵紫宸、刘良模等五人作为基督教团体的代表参加了中国人民政治协商会议，其中张雪岩分属于共同纲领草案整理委员会、吴耀宗分属于国旗国徽国都纪年方案审查委员会、邓裕志分属于宣言起草委员会、刘良模分属于政府组织法草案整理委员会。五位代表在联名发表的《我们参加政治协商会议的经过》中说："中国人民政治协商会议，从九月二十一日晚上开幕，到三十日下午闭幕，当中休息两天，一共开了八天的会。这个会在中国历史上，是一件空前的盛事，我们基督教的五个代表，能够参加这个盛会，是一件荣幸的事，也是一件愉快的事。"

基督教团体的这五位代表产生的经过是怎样的，张雪岩为何能受到革命进步力量的接纳呢？张雪岩等五人对此做了详细的说明：

> 这次参加政协的，共有五类的代表，那就是，党派代表、区域代表、军队代表、团体代表和特邀代表。宗教代表是属于团体代表的一类的。凡是已经有组织，而被政协筹备会认为是具有民主性的团体，他们的代表，都是根据已经协商好的名额，由本团体选出。没有成立组织的团体，或已有组织而筹备会还不能承认的团体，或完全没有组织的个

人，他们的代表，是由筹备会协商拟定的。基督教的代表，就是属于这一类的。

基督教的五个代表，究竟能不能代表整个基督教呢？这是不可能的。即使基督教的代表，是由全国性的基督教团体选举出来的，他们还是不能代表中国整个基督教，因为还有许多教派没有参加这些团体。但是，即使是这样，为什么基督教的代表，不能从这些全国性的团体产生呢？理由是很简单的，就是我在上面说过的：因为这些团体，没有被筹备会认为可以选派代表的团体。现在被选的五个代表，并不代表这些团体，他们所代表的是基督教里面与他们思想相同的一派力量。这派力量究竟有多少人，我们是无从知道，但这一派力量的存在，是没有人能否认的。这一派力量的思想，究竟是什么呢？简单的说，他们主张民主；他们反日、反蒋、反美帝国主义；他们接受新民主主义、接受共产党在政治上的领导，主张与共产党合作；他们不满于基督教的保守、腐败和它与帝国主义、封建力量的联系；他们认为社会革命是耶稣的福音一个重要的成分，而这个成分，同共产主义的主张，是大致相同的，他们的这些思想，不是从现在才开始的，他们思想的转变，虽然有时间上快慢的不同，但他们

出席第一届中国人民政治协商会议的宗教界民主人士合影。前排左起为邓裕志、巨赞、吴耀宗、赵紫宸；后排左起为刘良模、张雪岩、赵朴初、马坚。

所以形成今日的思想，是经过了一个相当长期的奋斗历程的。在国民党统治时期中，他们当中有些人，是一直在黑名单上的，是天天受到特务统治的威胁的。他们在思想上、信仰上，虽然与参加民主运动的其他人士并不完全相同，但在共同的目标上，在实际的行动上，他们和这些人是完全一致的。

基督教的五个代表就是代表上述那一派思想的人，他们并不希望、也不可能、代表与这一派思想不同的基督教同道。筹备会经过协议以后，所以选派他们，就是因为他们的主张，与未来新中国的趋向，是完全一致的，因此，他们可以代表基督教，去参加这个创立新中国的人民政协会议。

五位代表另外提到在中国人民政治协商会议召开期间宗教团体代表间的融洽关系和为新中国的建设计划："宗教单位里面代表三个不同的宗教的八个代表彼此间的关系，非常美满。除了公事的协商以外，我们还努力于私人友谊的建立，因此，我们决定组织一个宗教民主联谊会，作为少数同志道合的各教徒追求真理、分享经验的一个友谊团契。在这个团契里面，我们希望可以找到各个宗教的共同点，并在这共同的基础上，发挥宗教的真理，为新中国的建设而努力。"

在中国人民政治协商会议召开之前，也就是1949年9月4日，华北基督教联合会在北平青年会为参加中国人民政治协商会议的五位基督教团体代表举行欢迎聚餐会，江长川会督致欢迎辞时说道："他们五位代表，虽然不是我们选出来的，我们认为很可以代表基督教，就是要我们选的话，我们大概也会选他们。"欢迎之意表达完毕后，他接着做了一个题为《所望于基督教代表者》的演讲，提出六点希望："一、此次人民各团体公请参加新政协的我基督教会的五位代表（吴耀宗、邓裕志、赵紫宸、刘良模、张雪岩）皆系教会贤达，足能代表中国一百万信徒；二、请求代表申请新政协‘我们不求特别权利，只求给予信仰自由、集会自由、宣道自由’；三、决以人民的立场遵守政府法令，以基督徒团体的人力物力，配合政府建设新中国；四、决不受任何势力利用，亦不利用任何势力来做违反人民福利的动作；五、决努力合作早日促成中国教会的自立自养自传；六、决以正谊公道博爱平等和平敬神爱人的精神服务群众。”张雪岩认为这可以代表中国教会的新认识新态度和新精神，值得各地教会的注意和学习。

张雪岩等五位代表在欢迎聚餐会上回应说：“江会督这样的看重我们，我们非常感激，同时，我们也觉得非常惭愧，因为我们不但不能代表中国整个的基督教，我们实在也不配代表基督教里面建设新中国的力量。我们唯一的希望，就是做一个桥梁：一方面，我们自己加紧学习新中国给我们带来的新功课，忠诚地体验耶稣基督的福音和这个福音对今日时代的意义……同时把我们所学得到的，体验得到的，奉献给整个中国基督教运动，奉献给思想还不能与我们一致的国内外同道。如果我们能作基督教在新时代里一个传送信息的中心仆人，我们就心满意足了。”

张雪岩被选为中国人民政治协商会议的基督教代表

后，曾一度受到攻击。“因为他非但不歌颂美国，反而批评美国的反动政策。美帝分子乘隙向纽约教会控告他，纽约方面要他悔改，不谈政治，每期刊物要寄一份到纽约检查，否则停止经费。这样耻辱，雪岩哪能忍受！他决不向美帝摆尾乞怜；因而急谋自力更生的办法，保持《田家》独立自主的立场。”①

1949年10月1日，首都30万群众在天安门广场集会，翘首以待新中国的诞生。下午3时，盛大而隆重的开国大典正式举行。在这神圣的时刻，张雪岩和其他人民政协委员代表与中央人民政府委员会成员一起站在天安门城楼上，参加了开国大典。当中央人民政府秘书长林伯渠宣布大典开始后，中央人民政府主席、副主席和各位委员各就其位，乐队奏起响亮的国歌《义勇军进行曲》。国歌音落，中央人民政府主席毛泽东宣布：“中华人民共和国中央人民政府今天成立了！”张雪岩心潮澎湃地近距离聆听了这一庄严宣告。接着，毛泽东亲自按动电钮，第一面五星红旗在天安门广场上冉冉升起；与此同时，代表参加中国人民政治协商会议第一届全体会议的共54个单位的54门礼炮齐鸣28响，响彻于天地之间。升旗、鸣礼炮之后，张雪岩又聆听了毛泽东宣读

① 董谟芳：《祝贺田家复刊纪念张雪岩同志》，《田家半月刊》第17卷第1–2期合刊，1951年11月15日，第6页。

的《中华人民共和国中央人民政府公告》，随之观看了规模浩大而壮观的阅兵仪式和群众游行，亲身感受到聚集在天安门广场上30万军民的欢庆喜悦之情。

张雪岩参加了中国人民政治协商会议和开国大典之后，在《田家》上发表《惊天动地的政协》一文，表达其参加此次中国人民政协会议的印象和感受：

> 这次本人得以基督徒身份参加人民政治协商会议，实在觉得高兴，因为藉着这个眼见耳闻的机会，得了不少新知识。在一个星期多的会议中，值得报告的事情很多，因为篇幅的限制，只能把个人认为最重要的几点提出来。
>
> 第一，我觉得这次的政协是一个轰动历史的大会议。从代表的党派、团体、种族、社会阶层和职业部门讲，差不多是无所不包的。这不但在中国历史上是一桩伟大无比的新创作，就是在全世界的历史上也是没有前例的。这还不能说是轰动人类历史的人民大团结吗？这个大团结的革命，进步和创造建设的力量，一定是伟大无比的。
>
> 第二，由政治协商会议周到细密的筹备，和大会中一切坦白和协商，可以看出真民主的意义来。事情不论大小，没有不是本着“事事协商，反复讨

论”的原则和精神进行的，所以每件事非求得最后一致的协调，是决不放松的。例如大会一致隆重通过的三大文件：（一）中国人民政治协商会议组织法，（二）中华人民共和国中央人民政府组织法，（三）中国人民政治协商会议共同纲领，就是这种真民主精神的结晶，这是一个空前的大创造。

第三，大会中有四种代表给我印象特别深，一种是最受压迫而已取得领导权的工人，第二种是向来受剥削欺压而已得到大翻身的农民，第三是从来受歧视压迫而已得到了平等地位的少数民族，第四是反动派中弃暗投明的分子，他们不但坦白认错，而且都一致决心改过，从此跟着人民学习，并为人民忠诚服务，拥护人民政府，效忠国家。这真算是天翻地覆的大事件！

第四，会议中的一切坦白、友爱、和谐，表示了中华人民大团结的胜利和成功。人民做主的中华人民共和国就是由这种和乐团结的家庭空气中创造出来的。所以有这种空前伟大的胜利和成功，主要是由于毛主席英明的领导和共产党高深的修养与宽大的政策。这种修养和政策，就是中国共产党领导团结和建设进步的保障。

以上的观点，是本人本着基督教的信仰和立场来观察了解的。关系基督教在这个新国家里的地位和贡献，本期言论已有评述，不在这里重复。

张雪岩对政治协商会议的召开，对新中国的成立打心眼里感到高兴，他领导编辑的《田家》在言论、新闻、常识、文艺和宗教等栏，对中国人民政治协商会议召开的经过和取得的成果进行了大力宣传和报道，以期使其读者能够深入了解中国人民政治协商会议和新中国的情况。如登载在第16卷第6期上的内容：《基督教与新中国》（言论）、《人民政协全体会议大决议》（新闻）、《中央人民政府成立》（新闻）、《国旗制法说明》（专栏）、《基督教五位政协代表的观感》（宗教）、《中国人民政治协商会议共同纲领》（常识）、《中华人民共和国中央人民政府组织系统表》（常识）、《人民政协把历史改变！——访问人民政协代表李秀真写成此诗》（常识）、《第一声雷》（常识）、《介绍女工代表范小凤在政协会上的发言》（妇女与儿童）等。《田家》宣传的效果很快就有了反馈，陆续收到的读者来信，均表示从《田家》中大有所获。选录两封如下：

雪岩张先生道安：

敝人等数年间阅读贵刊，十分钦佩阁下之社会主义及民主思想，真堪为我教中代表，而今果然，阁下被选为中国政协代表，斯乃真合舆论。是选举得人了。深愿阁下这次更需高申阔论，发扬素日之抱负，以彰显基督原来之精神。国家号召我教人士参加协议，这更表明毛主席之英明。这是督促我们在新中国，服务和宣传真理中，反对帝国主义，反对封建主义，并反对官僚资本主义，同时努力学习，努力生产，这就是教会的新任务。

弟张续昌鞠躬

一九四九年九月三十日

中国人民政治协商会议：

我们这些散布在全国农村的农民读者，由《田家半月刊》知道了中国人民政治协商会议在北平已经胜利开会，通过了《人民政治协商会议组织法》，《中央人民政府组织法》和《中国人民政治协商会议共同纲领》三个划时代的大文件，同时又创造了中华人民共和国，选出了中央人民政府的委员，人民听了，真真是人人欢喜，个个快乐，因为这表明全国的穷苦农民，靠赖共产党和人民解放军所得到的大翻身，已经有了政治上的保障，所以我们一致向大会致热烈的庆贺，并祝大会圆满成功。我们将竭诚拥护政协的一切决议案，并将用努力生产来庆祝中华人民共和国的长寿。竭诚拥护中央人民政府的一切法令，我们绝对相信人民政府的法令，一定都是合乎人民利益的。

《田家半月刊》的一部分农民读者敬贺

中国人民政治协商会议结束后，张雪岩参加了一系列宣传报告人民政治协商会议情况的活动。中华基督教会全国总会崔宪祥总干事为了向各地基督教教会团体宣传人民政治协商会议的盛况和各种成就，邀请张雪岩于1949年11月1日赴青岛召开山东大会演讲，与会听众听了张雪岩的报告和演讲之后，深受感动。此后，张雪岩除了到济南参加预定的演讲会外，潍县、泰安和周村等地的教会团体都纷纷请求前往，但是由于张雪岩和崔宪祥二人所计划的时间有限，后来只到周村停留了一天，其他几处均未能去成。

1949年11月下旬，全国基督教协进会男女青年协会等机构为了向各地教会团体宣达人民政治协商会议的盛况和成就，联合组织了参加人民政治协商会议的基督教代表的中心访问团。吴耀宗、刘良模二人担任杭州、南昌、长沙、武汉等华中地区的访问；赵紫宸、张雪岩二人担任华北各地的访问，除京津之外，张雪岩还访问了西安、太原、开封等地的教会团体。

华北基督教联合会根据上海全国基督教协进会男女青年协会等团体的建议，组织基督教访问团，请基督教参加政协的两位驻京代表赵紫宸、张雪岩偕同联合会干事干梓仲牧师于11月22日前往天津，举行演讲讨论。此次演讲“目的在由共同纲领所定的义务权利中学习了解基督教应走的方向和应努力的工作。讨论时大家都很虚心坦白，情形非常好，证明教会是有改造创新的光明前途的，再一种重要工作，是建立当地政府与教会的桥梁关系。相信今后政府与教会的关系，在携手建国和一切服务人民的工作上，必能一天一天密切配合起来”。

1949年12月，北京市各教会举行学习政协文件，华北基督教联合会为帮助北京市各教会展开学习之风，特别邀请参加政协的代表张雪岩于每星期三午后在青年会讲解政协的三大文件，先从共同纲领开始，听讲的都是各教会团体的领袖，每次讲完，都安排有讨论。听讲讨论完之后，各领袖回到其团体领导会众做同样的学习。

1950年1月16日至19日，张雪岩应华北基督教联合会邀请，作为访问团成员赴保定教会访问，并报告人民政协会议的情况，“藉以鼓励教会在人民政府领导下，努力发扬基督教服务人民的工作精神。就此与河北省政府当局取得联系，以便教会与政府更能彼此了解合作，共同推动建国大业”。

第二节　基督教与新中国

1949 年 8 月 5 日，美国政府公布了轰动一时的《美国与中国的关系》白皮书，以准备调整对华的外交政策。白皮书的正文分为 8 章，叙述中美关系的时间范围是从 1844 年美国强迫中国签订《望厦条约》起，至 1949 年中国人民革命在全国范围内取得基本胜利时止，尤其侧重在抗日战争后期 1944 年至 1949 年长达 5 年的时间内，美国所实行的扶蒋反共政策，并最后遭到失败的经过。白皮书出台后，引起中国朝野上下的强烈反响，各党各界纷纷对白皮书发表看法。8 月 12 日，新华社刊登了《无可奈何的供状——评美国关于中国问题的白皮书》；8 月 16 日，国民政府发布《南京国民政府外交部对美国政府发表对华关系白皮书的声明》；8 月中旬之后，毛泽东分别撰写了《别了，司徒雷登》和《为什么要讨论白皮书》等文；8 月 26 日，清华大学教职员在《人民日报》上发表对白皮书的看法。

9 月 1 日，《田家》上的“农民时事读本”栏目也对白皮书做了报道和介绍，使广大的农民读者了解到此事的真相。该栏的记述如下：

美国国务院在今年（一九四九年）八月五日发表了一篇题目叫做“中美关系”的白皮书。共有一千零五十四页。内容要点，已经由美国新闻处广播了，白皮书以美国国务卿艾奇逊给美国总统杜鲁门的一封信为序文，这一封信承认美国政府援助国民党进攻中国人民民主力量的努力已经失败，同时承认国民党政府早已失去人民的支持，而中国共产党所领导的人民解放斗争，则为中国广大人民所拥护。

艾奇逊的信，和搜集在白皮书里的美国对华政策文件，都公然主张干涉中国内政。这些文件不完全地列举了美国政府对国民党政府和国民党军队的援助，而国民党则被白皮书描写为一个腐败的丧失人民信任和支持的反动集团。

白皮书一面诋毁中国人民和中国共产党，另一面又责骂国民党的无能和没有完全听从美国指挥，使美国的援助归于无效。白皮书中再三说，美国干涉中国失败的责任，应由国民党负担。甚至把错误推到已故罗斯福总统建议的雅尔达协定和中苏友好同盟条约上，更认为苏联没有像美国一样地在中国内战中，援助国民党来反对中国人民亦是不对的。白皮书公布了从来未公布的魏德迈访华报告，这个报告曾建议联合国把中国东北置于五强监护或联合国托管之下。

9月15日，张雪岩写了一篇名为《基督教对白皮书为什么不讲话》的文章，阐述他对白皮书问题的立场。他认为基督教的中心信仰是和平爱人，这是基督教所宣传的真理，这个真理对家庭、社会、国家和国际的各种人类关系都可适用，人类在这些生活关系中，若能真正依照耶稣舍己爱人的榜样彼此相爱，人间的和平立刻可以实现。美国虽然一向是以基督教国家相称，但其政府近来有好些言行，是与和平爱人的教旨相违背的，这从新近发表的对华白皮书可以看出。在这个白皮书中，美国政府对华政策表现了帝国主义侵略和独霸中国的野心，其中充满了阴谋捣乱分化中国的种种诡计。对这些内容分析、讨论和谴责是基督教最不可忽略、最应讨论的，因为基督教介绍给人间的救主，是代表和平、仁爱和公义的救法的。所以人与人之间，社会与社会之间，以及国际间的一切关系，缺少了这些平等互爱的原则，一定会有猜忌、冲突，甚至战争的发生。张雪岩向那些对白皮书态度暧昧的基督教会发出质疑，并明确亮明了自己的态度：

根据各方面的讨论，美国的白皮书，不打自招承认了以军火物资支持中国人民公敌——以蒋介石为首的国民党反动派所发动的内战，而且坦白承认失败，并暴露了欺骗诬蔑挑拨离间和分化中国人民的种种捣乱和阴谋。

假如全国人民对白皮书的分析和谴责是对的，教会就应本着宣传真理正义的宗教精神，向美国人民提出警告，向其反动政府提出申斥。尤其美国留华的传教士，更应对这件事说公平话，证明自己来华宣教和工作，丝毫没有被反动政权利用的情事，如果认为中国各方面对白皮书的分析和谴责是不对的，也应该指正出来，与各方面公开讨论，将白皮书关乎中美友谊和世界和平的是非，弄个清楚，这才是基督教为真理做见证的真精神。耶稣说："是就说是，不是就说不是"，白皮书关系中美邦交甚大，其是非应绝对本耶稣的遗教说个明白，如果发现白皮书的错点而将其指出，不但不算是"反美"，倒可借此帮忙美国的善良人民，了解中国教会对美国政府勾结国民党反动集团伤害中国的种种自由的罪行，是十分明白，十分反对的，同时使他们了解中国人民所反对的，并不是美国的善良人民，乃是那些骄狂的好战反动份子，同时更可使美国的人民了解中国教会具有先知的远见，和耶稣"守死善道”的精神，而绝不因金钱关系，而有情感上的偏向，藉此也可使中国人民了解基督教并不是帝国主义侵略的工具，也不是丧失灵魂的吃教奴隶。

在中国人民政治协商会议第一届全体会议结束、中华人民共和国成立之后，张雪岩通过《田家》的“言论”栏目发表了《基督教与新中国》一文，解答全国信徒所关心的问题，即基督教在新中国究竟占什么地位、有什么贡献。他指出新中国具有统一战线的基础、新民主主义的方针和人民民主专政的政策三个特点，这三个特点与基督教思想主张一致，基督教团体应当拥护、推动和提倡。文中所论新中国的特点，有以下几种：

一、统一战线的基础。新中国的第一特征，是统一战线的基础。照中国人民政治协商会议共同纲领的定义，这个新国家是“中国工人阶级，农民阶级，小资产阶级，民族资产阶级，及其他爱国民主分子的人民民主统一战线的政权，而以工农联盟为基础，以工人阶级为领导”。

二、新民主主义的方针。新中国的第二个特征，是新民主主义的方针。按照新民主主义的第一个方针，是民族的。因此它“反对帝国主义的压迫，主张中华民族的尊严与独立。……它同一切别的民族的社会主义文化与新民主主义文化相联合，……但是决不能与任何别的民族的帝国主义反动文化相联合”。新民主主义的第二个方针是科学的，“它反对一切封建思想与迷信思想，主张实事求是，主张客观真理，主张理论与实践一致的”。新民主主义的第三个方针是“大众的，因而即是民主的。它应为全民族中百分之九十以上的工农劳苦大众服务”。上面引证的话都是毛主席在《新民主主义论》的一本书里所讲的。

三、人民民主专政的政策。新中国的第三个特征，就是人民民主专政。照毛主席在《论人民民主专政》的书里的解释是“人民是什么？在现在阶段，是工人阶级，农民阶级，小资产阶级和民族资产阶级。这些阶级在工人阶级及共产党的领导之下，团结起来，组织自己的国家，选举自己的政府，向着帝国主义的走狗，即地主阶级和官僚资产阶级，以及代表这些阶级的国民党反动派及其帮凶们实行专政，实行独裁，压迫这些人，只许他们规规矩矩，不许他们乱说乱动。……对于人民内部，则实行民主制度，给予言论集会结社等项的自由权……这两方面，即是说对人民内部的民主方面和对反动派的专政方面相互结合起来，就是人民民主专政”。

在介绍了新中国的三个特征之后，张雪岩接着指出可以通过新中国的三个特征了解基督教应当站在什么地方，应有什么贡献了。他进一步做了说明，因为基督教是宣传真理的宗教，真理的内容是公义、仁爱。实行这个教义的方法，是牺牲服务，从教主耶稣本身的言行看，他是主张理论与实践一致的，他最反对口是心非。这是极为实事求是的科学态度，他也最主张并彻底实行为穷苦大众服务的生活。“所以从耶稣的信仰与生活上看，新中国的三个特征，不但与基督教不违背，而且是基督教应当提倡的。自己既然不能提倡，就应当尽拥护和推动的责任了。这是真理，基督教应当站在真理上，并为这真理做实践的宣传，这就是基督教应有的贡献。”《基督教与新中国》是张雪岩的一篇重要的代表作，反映了一个爱国的基督徒知识分子对新中国的认识，对共产党方针政策的理解，对自己政治观点的表白。

1949 年 11 月，张雪岩收到上海全国基督教协进会男女青年协会编的《消息月刊》编辑部的来信，希望他作为人民政协代表解答三个有关宗教的问题。他很快将自己的答复寄给《消息月刊》，并表示“谨以个人之见地”而作答，随后又把这些问题和回答的内容刊登在《田家》上。他对三个宗教问题的作答进一步阐明了基督教与新中国的关系：

(一)基督教在新中国的地位？

答：基督教在新中国的地位，由五位被选参加人民政协的基督教代表可以看出来。这证明基督教在新民主主义的中华人民共和国中有了地位，不过这个地位的获得是有条件的。他们被选，至少是根据三大原则，一是必须为爱国民主进步分子，二是必须有革命努力和成绩，三是在科学观点和革命立场上必须清楚坚定。最后一个条件，可以说是基督教在新中国地位的界定和说明。换句话说，就是基督教在新中国的地位，是以科学观点和革命立场为基础的。科学观点，就是新民主主义的观点——民族的，科学的，大众的。革命的立场，即统一战线的立场。就是四个友人——工人阶级、农民阶级、小资产阶级、民族资产阶级，及其他爱国民主分子联合起来打倒并肃清三个敌人——帝国主义、封建主义、官僚资本主义，达到独立民主和平统一及富强新中国的远大目标。

(二)基督教对新中国应有的贡献？

答：1.基督教应本寻求真理的精神，发动信众，展开政治学习，提高信徒及一般民众之政治觉悟，俾能扫除半殖民地半封建的自卑依赖等奴隶心理。

2. 基督教应以大勇敢检讨本身的错处和罪过，并以大气量谅解别人，宽恕别人，藉以协助政府推动检讨坦白的新作风。惟有发扬这种风气，人民的大团结才有真实强固的基础。

3. 基督教在牺牲服务上应当处处争先，例如发动救济，提倡劳动生产，推广文化教育，都是基督教应有的贡献。

4. 新中国是主张并拥护和平，反对帝国主义之侵略政策和战争政策的。基督教最拿手的好戏，就是提倡人间和平，所以对和平国策，基督教应有最具体最领先的贡献。

（三）基督徒学生当前的任务是什么?

答：基督徒学生当前的任务，至少有下列几种。

1. 基督徒学生应恢复耶稣的革命精神，对传统的、资本主义的、封建的一切陈腐的上帝观人生观世界观予以严格的科学的批判，并创造出革命的科学的大众的前进的上帝观人生观和世界观来。这是基督徒学生在革新基督教思想信仰以配合历史潮流和新民主主义文化的急切任务，因为青年学生肯学习肯前进有勇敢能革命。细察耶稣所以能用殉道精神创立了新教，完全是凭了这股劲！

2. 基督徒学生不只在理论上要革命求进，在生活实践上更要澈底发扬耶稣服务爱人的精神，公义仁爱和平自由的天道，不是玄空的幻想，乃是理想人道——人间关系——的充分实现，天国也好，共产主义社会也好，反正最后目的是消灭阶级、仇恨、战争，达到“各尽所能各取所需”的互助互爱的理想社会境界。

基督徒学生在教育目的和生活实践上应澈底走群众路线，一切为了全心全意的服务人民。

3. 基督徒学生应积极提倡国际和平，当务之急，是对留华英美加等国宣教士，及各国教会团体，展开和平宣传。联络各国进步基督徒学生团体，与负责国际和平的政府当局取得联系建议并筹备于最近期间在中国召开基督徒学生国际和平大会。

4. 争取留学美英加等国的中国留学生及华侨子弟回国，以所学服务祖国人民。共同负起建设独立、民主、和平、统一及富强新中国的艰巨任务。

张雪岩认为基督教在人民革命胜利的历史高潮中显得处处落伍了，得出这样的结论，依据是在信徒之中产生了种种不同的态度：有的张皇失措，有的悲观失望，有的忧苦欲绝，有的顽强抗变，有的投机取巧，但同时也有人在安心学习，力求了解和进步，另有少数人则早已有了认识和了解，因而已能配合民主新潮流发扬基督教为人服务的积极精神。以上几种态度，除了最后两种外，其他都没有用处，而且会有害。由此，他强调基督教在人民革命胜利的高潮中不应落伍，而应急起直追参加新中国的建设，并相应地提出了急起直追的三个办法：

一是安心学习，力求进步。有不少教会人士在过去除圣经和宗教书报外，任何书报都不阅读，以致弄的心眼很窄，人生观世界观都小的不得了。因此到了人民大翻身的大时代大世界里，就有点头昏脑晕。这是钻牛角尖的结果，要想冲出这个牛角尖，唯一的办法，就是安心学习，共产党在中国得到胜利的优良作风应当学习，领导共产党胜利的毛泽东思想应当学习。这种学习，不但增加知识，而且可以藉此了解自身的短处和弱点在那里。学习的方法，最好组织学习会，演讲会，座谈会等，每种学习，能请专家领导最好。

二是认错改过。知道了自己的弱点，晓得了本

> 身的短处，就应当知过必改，努力革新。改过革新是急起直追最切实最有效的办法。如果不护短的话，我们不能不承认基督教是与帝国主义封建主义甚至官僚资本主义都有些沾连的。这是阻挠中国独立民主和平统一与富强的三个敌人，我们既有沾连，就应富有勇敢悔过自新。
>
> 三是创造建设。基督教和其他的宗教一样，有不少消费寄生的分子，在今天劳动创造的时代和环境里，不但感到不便，简直连存在都成了问题。所以在这点上应当急起直追，学保罗的态度和精神，努力往生产建设的路上走。这不但可以解决教会自立自养的问题，而且可以在宣传真道上有充分的自由。

对于基督教与共同纲领的关系问题，张雪岩也在《田家》上有过专门论述。他指出共同纲领确定了中华人民共和国的政权性质是人民民主专政，专政的基础是人民民主统一战线，其中包括工人阶级、农民阶级、小资产阶级和民族资产阶级及其他爱国民主分子，必须了解这个政权是以工农联盟为基础、以工人阶级为领导的。上面所列的几种阶级和分子里面，恐怕多少都有基督教的信徒在内，所以基督教的首要任务是站在民主爱国的立场，把这个中国人民政治协商会议代表全国人民意志所制定通过的人民大宪章——共同纲领——向全国教会信徒介绍，以便普遍展开学习，好向全国人民推动遵守纲领和实现纲领的事工。张雪岩又继而分析了一个基督徒应如何理解权利与义务的关系，例如共同纲领中规定了中华人民共和国的人民有思想、言论、出版、集会、结社及宗教信仰等的自由权，这都是与宗教信仰有关的神圣尊严的人民权利的规定，但基督徒享受这些权利，就应该履行义务，即国民有“保卫祖国，遵守法律，遵守劳动纪律，爱护公共财产，应征公役兵役，和纳赋税的义务”。张雪岩还特别提到共同纲领中有的条目与基督教所讲的爱与和平的教义是很有关系的，例如第 42 条所定“提倡爱祖国，爱人民，爱劳动，爱科学，爱护公共财物”的公德，就是基督教应提倡的最具体最真实的爱；关于和平问题，共同纲领规定“中华人民共和国联合世界上一切爱好和平，自由的国家和人民……共同反对帝国主义侵略，以保障世界的持久和平”，而提倡和平也是基督教最高的目标，共同纲领既然如此规定，以此相标榜的基督教在拥护提倡这个纲领上就责无旁贷了。

张雪岩除了大力宣扬爱国进步言论，积极拥护共产党的领导外，还在社会活动中实践着他所倡导的基督教爱国主义。在张雪岩看来，新中国诞生意味着劳苦大众翻身的新时代来临，基督教正面临着是否适应这个时代的考验，基督徒不仅在思想上要拥护新中国，而且还应该在行动上表现出来。中国人民政治协商会议召开期间，适逢全国水灾区域广大，灾情严重，张雪岩撰写《基督教当前的两大任务》，建议基督教团体应本着“爱人如己”的教义，响应政府号召，担负起两大任务，即参与紧急救济水灾和积极推动劳动生产。文中写道：

> 基督教目前面临着两个大试验，对他转变的前途，是极关重要的。一个是紧急救济水灾，一个是积极推动劳动生产。今年的水灾不但严重，而且被灾的区域，非常广大。因此非全国人民一致起来，响应政府的救灾号召不可。以救人救世相标榜的基督教，尤其责无旁贷。耶稣会把基督教信仰的真实性，用“义”和“不义”的行为做判断的标准。他说：能把以下的事情作在弟兄中一个最小的身上，就算真信徒了。这些事就是他所说的：“饿的给他吃，渴的给他喝，没有住处的给他住，没有衣服的给他穿……”目前的大水灾，不知有多少万人民要遭受冻饿之苦。基督教应赶快起来本着“爱人如

己”的教义，号召全国教会组织起来，拟定救灾计划，向全国甚至全世界呼吁，以便由各方面得到大量捐助，使受灾的人民得以渡过苦难。政府号召的每人每天节省一两米的运动，宣传牺牲爱人的基督教，更应当首先响应。

摆在基督教面前的第二个试验，是由寄生消费和依赖外援的宗教，转变到劳动生产的建设上去。只有这样，才能把中国教会推移到自立自存的基础上。救灾运动，就是一个发动和提倡生产建设的好机会，除急赈外，教会的救灾计划，应包括分地选招灾民男女实行以工代赈的办法，给他们以适合各地人民生活需要的工艺生产，并用合作的方法推行这个运动。这样可以大部赈款用到工艺的生产训练上去，使赈济不但可以消极的解除民困，而且更可以积极的促进生产建设，教会本身亦可藉此踏上合作生产的建设大路。

1950年1月4日，华北基督教联合会以“教会应配合政府救济”号召，积极开展推动救济工作，在北京公理会召集了救济会议，邀请张雪岩报告了政府救济计划、讲述教会应如何配合政府号召发动救济及推销胜利公债等应做的事工。1月中旬，华北基督教联合会又为响应政府发行胜利公债的号召，与北京市宗教界联合组织推动公债的认购工作，宗教界公推张雪岩和侯孚允①二人负责推动与联络的总责，原则是各宗教根据“人人认购”的方针分头自行推动劝购，基督教由华北基督教联合会负责推行。《田家》在刊登消息时指出：“基督教的中心信仰是牺牲服务，对这件爱国爱民的大事，必能争个成绩。”

第三节　北平解放后的《田家》

受政局变动的影响，《田家》于 1948 年 12 月 15 日出版了第 15 卷第 10 期之后，曾中断两个月。在田家社编辑们尽心尽力的努力工作下，1949 年 3 月 1 日，《田家》得以恢复出版，并且依然按照张雪岩出国之前的精心安排运转。鉴于北平刚刚解放，《田家》发表“言论”特别声明了该刊在新时期的立场和方向：

> 田家是一个基督教综合性的读物，读者对象是

① 侯孚允（1906—1996），河北沙河市人。1924 年，进入北京基督教青年会工作；30 年代初，到燕京大学宗教学院进修，毕业后继续从事青年会干事工作；1937 年，抗日战争爆发后，积极组织青年会会员成立青年服务部，为抗日将士服务；后历任北京基督教青年会干事、副总干事、总干事，北京基督教三自爱国运动委员会常务委员、北京市东城区第一至六届政协委员等职。

农村的民众，这里我们第一点要说明的，就是我们基督教的立场。……

为了达到社会改造这个目标，不同的人有不同的看法与路线。有些人想从政治方面入手，有些人想从经济方面入手，也有些人想从社会制度的改革入手；但是基督教的路线都是从个人改造入手。我们认为好的制度没有好人来实行是没有用的。我们不是说社会制度不重要，然而基督教不是政治学，不是经济学，也不是社会学，而是改造个人的福音。我们认为每个人如果不能自我改造，去掉自私自利的心，损人利己的心，骄傲自恃的心，这社会是不会变好的，基督教所走的路线是从个人的改造达到社会的改造。把天国建立在人心里，也建立在地上。

我们又深知在今日的中国社会里，农民所需要的，不仅只是基督教，还需要各方面的知识。例如国内外大事，农业技术，社会常识，医药卫生常识，家庭常识。所以田家又负起这个灌输农民常识，提高知识水准的责任。如果人民的知识不足，科学落后，孤陋寡闻，是谈不到社会改造与增进人民幸福的。因此本刊尽力搜集这些方面的新知识贡献给农民读者。……

我们的立场与今后的方向即如上面所说的，我们在这里期待着田家的读者们伸出支持的手。让我们在上帝的引导与读者的援助下，共同向前迈进！

这篇“言论”强调《田家》遵循的是基督教所走的路线，即是从个人的改造达到社会的改造，把天国建立在人心里，也建立在地上。同时仍然坚持一切从农民出发，向农民进行文化和科技知识宣传。

1949年夏，张雪岩和夫人董谟芳一起归国，途经温哥华，由于乘飞机时所带东西超重，张雪岩选择把给女儿们带的衣服和纪念品等都扔下，而将他自己所需要的书籍和报刊材料携带回来。当时正值暑假，在读大学的二女儿张国华到天津迎接了他们。他们回北平后直接到南池子箭厂胡同2号，因为田家社在1948年7月从鼓楼西大街50号中华基督教会内搬迁至此处，这里是前后两个四合院，算是田家社真正用上了自己的房子。张雪岩看了田家社前后院的新社址，感到非常满意，还计划将来改成二层小楼。

在社会主义革命和社会主义建设的环境下，基督教与其他宗教一样，必须割断同剥削阶级的联系，恢复以满足信徒宗教需要的本来面目，必须脱离帝国主义的操纵和控制，实行独立自主、自办教会，才会有继续存在和发展的出路。张雪岩作为《田家》的社长兼总编辑，重视学习共产党的宗教政策，回国后立刻筹划田家社的独立，设法摆脱对美国教会的经济依赖，并拟定扩大董事会，发起五十万订户运动，以便自给。他筹划创办田家工艺社，以副业生产来补助经费，有了生产基础，其他计划如田家托儿所、函授学校、奖学金、征文奖金等，都要逐步实现。

中华人民共和国成立前夕，张雪岩再次重申了《田家》的立场和任务，“本报采取的言论立场，是‘为真理说话，替正义做声’十个字，过去在国民党反动统治的黑暗时期如此，今后在人民革命解放了的光明天地中更要如此。这是宗教的立场，也是人民大众的立场。……本报站在基督教的立场，今后更将遵循耶稣的遗教，态度和精神，站在人民大众的立场，‘为真理说话，替正义做声’。使教会变成创造平等新社会的大动力。……本报为了使农民大众所得到的自由平等有保障，一定要根据新民主主义反帝反封建反官僚资本的革命目标，用仗义执言的宗教精神奋斗到底”。中华人民共和国成立后，张雪岩于1949年12月15日又在《田家》“言论”栏的报端上标注了醒目的“本刊宗旨”，说明：“本刊以文字服务乡村大众，重点在推动促进生产力之发展，使农民的政治和科学知识提高，生活得到改善，因此特别注重各种科学常识之介绍，例如宗教栏，则注重破除迷信，并建立科学的革命的人生观和世界观。”

1949年8月，张雪岩根据《田家》读者反馈的意见，在编辑方面也做了较大革新和改进。读者曾批评和反映《田家》存在以下几个缺点：（1）纸张太坏。（2）字迹太小。（3）文字太深。（4）长篇大论的文章太多。张雪岩召集田家社编辑开会，决定从《田家》的第16卷第1期起针对读者所指出的缺点加以解决，承诺：（1）关于纸张问题，今后用报纸刊行。（2）关于“字”的问题，以后尽量用大一点的字。（3）关于文字方面，今后将尽可能的让它浅近、通俗，使《田家》今后能真正成为农民大众的刊物。（4）关于每篇文章的字数，尽可能的让它在1000字以内。

与此同时，张雪岩还发表言论声明：“我们愿意把第16卷第1期的田家作为一个新的开始。这个意思可以从几方面来说：第一，在用字和选材料方面，我们要力求通俗易懂。根据各位读者的意见，我们觉得过去的田家内容对读者是太艰深难懂的，所以从这一期开始，我们要把一些有价值的文章或消息用农民容易懂的话重写出来，然后印出来给农民看。有些字，我们是用较大的字体排印出来的，农民可以更清楚地念它。第二，从这一期起，我们改用报纸印刷。这样至少有三个好处：一、字体印得清楚；二、可以印图画照片；三、可以长久保存，不易弄撕。第三，我们要注意灌输各种知识，尤其是农业知识，这一点非常希望农村的读者们指导我们，常常写信告诉我们应当注重那些方面的材料，使我们更能为农民服务。第四，关于宗教方面的稿子，我们要尽量选择与实际生活有关系的，能够帮助人，鼓励人的作品，希望各位同道随时赐稿。这是一个新的起始，我们共同努力吧！”

为了帮助农民读者增加对时事知识和政治常识的了解，以及给不识字的农民提供认字的机会，《田家》从第 16 卷第 1 期起增加了《农民时事读本》、《农民政治读本》、《农民识字课本》，其中《农民识字课本》分初级用和中级用两种，以便不识字的农民有认字的机会。[①]所谓“课本”其实是以栏目形式出现的。这时《田家》的栏目设置有：言论、新闻、农业、宗教、常识、文艺、卫生、妇女、儿童、通讯、医药问答、农业问答、读者信箱、田家同乐、农民时事读本、农民政治读本、农民识字读本等。其中新闻在此期后也有改变，《田家》编辑将半月大事按日排列，并且对每篇新闻稿

① 后因这几种课本所占篇幅太多，影响到其他材料的介绍，刊载至第 16 卷第 4 期，之后取消。

的内容都花一番工夫进行简化，使之通俗化。

1949年10月1日，中华人民共和国成立。张雪岩借举国欢庆的机会向《田家》的读者提出两个请求：第一个是“欢迎旧读者介绍新读者”，这一要求的理由是“中国已经大都解放，全国解放的日子，快要来到，庆祝人民翻身和纪念解放的办法，莫过于尽量追求新知识，学习新技能，以便个个人人都能变成新中国的生产建设份子。为此我们很欢迎过去订阅过本报的旧读者重新定阅，并希望多多介绍新读者，以便藉本报共同学习，共同进步”。第二个是“欢迎读者批评指导”，他对此要求承诺“读者对本报不论有什么批评建议，本报愿处心领教，凡属合理而能办到的，必定尽量刷新改善”。

1949年10月19日，张雪岩向基督教联合出版社年议会汇报了田家社的出版发行情况，并指出基督教出版界和文字工作者应注意到教会适应时代与新政治配合的问题，提出了四条文字出版的建议。报告原文如下：

> 田家半月刊已于本年八月进入其第十六年之历史，随着全国各地之解放，旧读者已渐见恢复，新定户亦日有增加。但以今年全国农村灾情普遍严

重，所以恢复及增加情形，自然难如预期。惟灾荒过后，其发展则未可限量也。

田家读者与编者感情，是特别深厚的。主要是因为这些遍布全国农村的读者，太也需要这个刊物，不但从新定户的热情中可以看出，由因战争隔离已久的旧读者的续订函件中，更能证明这种热情的联系绝非一个普通刊物所能有的现象。

由读者所提各种问题的分析，教会适应时代及与新政治配合，似已成为当前之紧要问题，这不但是田家半月刊应当注意的问题，也是基督教出版界及从事文字工作者应一致注意的，因为这是教会整个的问题。

附建议案如下：

一、建议基督教联合出版社根据基督教和平仁爱牺牲服务的信仰原则，并针对目前人民革命发展的形势拟定基督教出版计划——包括宗教，文化，艺术，小说，戏剧，音乐，哲学等。

二、基督教之出版计划，重点应偏于创作，并以基督教之革命科学及大众化的劳动创作精神为基础，发扬基督教昂首前进的精神。

三、中国人口，农民占大多数，出版计划，应多注重农民之需要。

四、这种出版计划，应强调提倡国际和平。

此致

中华基督教联合出版社年议会

田家半月刊社社长兼总编辑张雪岩谨具

一九四九，十，十九

为了使《田家》割断与帝国主义的关系，保障其服务农民大众而独立自主的顺利发展，更重要的是要为新中国的文化建设贡献力量，张雪岩在 1949 年 12 月 15 日发起“解放竞销运动”。他指出：“新中国已于一九四九年十月一日诞生了！旧中国同时也被宣布灭亡了！正在成长的新国家，需要大量新的文化建设，但现在新中国还是一个落后的农业国家，全国农民占百分之八十多，要不先从农村着手，中国的文化教育是不能普及的，更谈不到改革与建设。因此《田家》接受这个使命，并愿与各地热心人士，来共同搞好这个工作，请你们多多的投稿、建议、批评，广为介绍订阅。近来解放战争，有飞速惊人的发展，全国统一，就在眼前。《田家》为了配合这个新的形势，特发起‘解放竞销’运动，希望全国热爱本报的读者，踊跃参加这个竞赛，以便帮助我们推动农村文化建设，并早日达到本报‘村村有定户，家家有读者’的愿望。亲爱的读者们：努力吧！看谁争取到第一，那光荣服务人民的称号，就属于谁。”他与田家社其他编辑成员共同制定出“解放竞销运动”的办法细则：

一、参加解放竞销者，至少须介绍壹百份新定户，少于壹百户者不算，多则不拘，竞销总目的为五万份。

二、竞销时须按定价足数汇款，应得折扣报酬，结束时按照规定份数清算汇寄，介绍不足百份者，临时议折给酬。

三、参加竞销者，望先将姓名通讯处寄交本社登记。

四、每逢介绍定户，务在定单或信尾注明“竞销人某某某”字样。

五、介绍百户以上者，均按定价七折给酬，介绍最多的一二三名，除七折给酬外，另外颁给奖品。

六、竞销日期，由一九五〇年一月一日起至六月三十日止。

在发起“解放竞销运动”的同时，张雪岩还采取了另一种促销措施，即在全国各地设置代销处，明确规定征求各地代销处代销办法，其最高目标是“为实施新民主主义普及文化教育的政策，藉以提高农村大众的知识水准，促进生产力的增加，以便改善并提高农村生活”。具体规则如下：

一、本刊为实施新民主主义普及文化教育的政策，藉以提高农村大众的知识水准，促进生产力的增加，以便改善并提高农村生活，特广为征求各地代销处。

二、凡各地愿代销本报出版之书籍杂志者，请来函接洽，以便寄奉样本。

三、接到本刊样本，认为可在当地发展推销，请即酌量情形及能销数目，按定价七折汇款来购，当照寄不误。

四、如各代销处能替我们广为介绍长期定户，更为欢迎，并请来函示知，以便寄奉代定簿使用。有新定户，将代定单填好连同报费汇交本社，以便登记统一发报。

五、本刊暂定全年每份伍千元，半年叁千元，零售每本贰百伍拾元（邮费在内）。不过因物价常有波动，请随时注意价格的调整，已经交足订费者不再追补。

六、代定手续费，亦按定价七折计算，但只限新定户。寄代定单与报费时可以扣除。

七、代定本刊，须先汇款，无款一律不定，汇款以邮局汇单或银行汇票为宜。邮票因各地区域不同，一概不收，敬希原谅。

八、本报早已在北京市军管会登记，登记证系新字“十号”。致望各地热心人士广为推销，俾此服务农村之文化工作，早得开展。

九、本办法如有未尽事宜，随时加以修改。欢迎各地来函建议批评。

1950年1月底，田家社刊登了一条重要启事，宣布与其隶属机构华北基督教农村事业促进会脱离关系，其中的原因是：“本报于一九四六年应华北基督教农村事业促进会（现改华北基督教农村服务联合会——简称农联）之邀来北京出版。本系合作性质，故为保持本报十数年来超会派服务全国农村大众独立发展之历史，行政出版以及经济均保独立。现以该会——农联——屡改章程，不但组织宗旨有违原来合作原则，即作风态度，亦有不少与民主服务精神相背之处，故为恢复本报服务全国人民独立发展之自由，决定即与该会脱离关系，并推行组织开明有力民主进步之董事会，谨此郑重声明。”

第四节　鞠躬尽瘁，薪火复燃

张雪岩参加了中国人民政治协商会议之后，奔波于华北各地教会宣传报告人民政协的情况和所取得的成就，帮助教会解决实际困难，参与政府号召的救济和推行胜利公债的工作，还要担负《田家》烦琐的编辑与撰稿之责。1950年1月28日上午8时30分，张雪岩因任务繁重、操劳过度，不幸患脑溢血在北京寓所病逝。据女儿张国华回忆，张雪岩于1月27日晚出差回来，洗澡之后还和她讨论了她考试的答题，第二天早上，她去学校准备参加化学考试，正在与同学讲话时，田家社一名职工来到教室喊她："你现在回去吧！张先生病了。"她回应说："马上就要上课考试了，等考完了再回去。"那位职工坚持说不行，于是她只好随同那位职工匆匆忙忙地赶回家，当他们到家的时候，张雪岩已经停止了呼吸，协和医院来的医生检查诊断后也说不行了。突如其来的病魔就这样夺走了张雪岩年仅49岁的生命。张国华悲痛万分，急忙给姐姐张菊魁（当时在上海工作）发电报到北京和她一起守灵。

1月30日，《人民日报》第3版刊登了《张雪岩先生治丧委员会公告》，定于2月2日上午9时至12时，在南池子箭厂胡同2号公祭。胡同口扎了牌楼，胡同和

田家社为张雪岩设的灵堂

灵堂内吊唁的花圈一角

院子摆满了花圈，田家社的客厅作为灵堂，灵堂里挂满了挽联。追悼会由时任政务院副总理的董必武主持，前往吊唁的包括国家领导人、政府各部门领导、九三学社代表、宗教界人士、大学教师、学生等，持续时间约一周。最后，张雪岩的遗体安葬于北京香山东麓的万安公墓。

张雪岩的夫人董谟芳曾说，张雪岩的去世使“田家损失一个踏实苦干的劳动力，新中国损失一个忠贞勤劳的服务员，国际上损失一个沟通中西文化的好桥梁”。这个评价的确恰如其分。

新修张雪岩先生墓地

2007 年 4 月 19 日上午，九三学社中央在北京万安公墓举行了张雪岩先生墓地修复工程竣工暨追思仪式，九三学社中央委员会副主席邵鸿出席仪式并讲话。邵鸿指出：张雪岩先生是一位与时俱进的基督徒，也是一位忠诚的爱国者，在挫折中不断追寻、求索着救国救民的道路；张雪岩先生是我国现代著名的教育家和传播工作者，为提高农民素质，普及大众文化呕心沥血，鞠躬尽瘁，做了大量卓有成效的工作；张雪岩先生是九三学社的创始人之一，为九三学社的创建做出了重要贡献。[①]张雪岩先生为民族所做出的贡献在他去世 50 多年后再次得到了充分肯定，如果他在天堂有知，一定会感到非常的欣慰。

① 据九三学社中央网站。

附录　张雪岩著述一览

（以发表时间为序）

著　作

1. 受托真义与实践．广学会出版，1935 年
2. 田家医药指南（上册）．田家社出版，1942 年 1 月
3. 田家读者自传．田家社出版，1942 年 7 月
4. 田家医药指南（下册），田家社出版．1942 年 8 月
5. 田家瞻望．田家社出版，1942 年 12 月
6. 拓荒文化．田家社出版，1947 年 3 月
7. 真理论坛．田家社出版，1948 年 1 月
8. 灵修进程．田家社出版，1948 年 1 月
9. 圣经及教会人物．田家社出版，1948 年 1 月

译 著

1. 林中的生活．索尔顿著，张雪岩、贝厚德译．广学会出版，1929 年
2. 怎样建设基督化家庭．海珥玛著，张雪岩译．广学会出版，1937 年
3. 基督徒对于儿女应有的态度．（美）菲茄菩著，孙恩三、张雪岩译．广学会出版，1938 年
4. 创造教会的伟人．林仰山著，张雪岩译．广学会出版．1939 年 12 月初版，1947 年 10 月 3 版
5. 印度政府问题．张雪岩编译，英国驻华大使馆印行，成都四圣祠北街华英书局印刷，1942 年 5 月

《田家半月报》中所载张雪岩的文章

文章标题	所属栏目	卷：期	时间	页码
怎样打破中国教会的难关	言论	试刊号	1934.7	9−10
为什么纪念马礼逊	言论	1:1	1934.8.1	7−8
纪念马礼逊礼拜	宗教	1:1	1934.8.1	13
妇女国货年	言论	1:3	1934.9.1	11

（续表）

文章标题	所属栏目	卷：期	时间	页码
美国收买白银与中国老百姓的关系	常识	1:3	1934.9.1	12
九一八	常识	1:4	1934.9.15	11
国难礼拜	宗教	1:4	1934.9.15	15
美国说谎与中国的面子	言论	1:5	1934.10.1	10
创造教会的伟人——（三）奥古斯丁（译）	宗教	1:5	1934.10.1	14
国庆礼拜	宗教	1:5	1934.10.1	15
从修孔庙说到水旱灾	言论	1:6	1934.10.15	8–9
使人人都识字的好法子	言论	1:6	1934.10.15	9
做官的偷东西该当何罪	言论	1:8	1934.11.15	9
从一百多万的礼拜堂说到老百姓饿肚皮	言论	1:8	1934.11.15	9
创造教会的伟人——（四）格列高里（译）	宗教	1:8	1934.11.15	17
日本人自讨没趣	言论	1:9	1934.12.1	9
家庭里该不该养婢女	言论	1:9	1934.12.1	9–10
家庭中应讲的礼节	家事副刊	1:9	1934.12.1	21–22

（续表）

文章标题	所属栏目	卷：期	时间	页码
圣诞是什么意思（林森著，雪岩译）	言论	1:10	1934.12.15	9
汪蒋通电	言论	1:10	1934.12.15	9–10
给叫花子开纪念会	言论	1:10	1934.12.15	10
创造教会的伟人——（五）伯尔拿（译）	宗教	2:1	1935.1.1	13
新年礼拜	宗教	2:1	1935.1.1	14
该不该和穷人结婚	言论	2:2	1935.1.15	10
打狗棒（小说）	文艺	2:3	1935.2.1	10–11
为什么不应当偷拆别人的信	言论	2:4	1935.2.15	9
打狗棒（续）	文艺	2:4	1935.2.15	10–11
家庭礼拜	宗教	2:4	1935.2.15	13
打狗棒（续）	文艺	2:5	1935.3.1	10
创造教会的伟人——（六）圣法兰西斯（译）	宗教	2:5	1935.3.1	11–12
早抱小鸡的好处（亨德著，雪岩译）	生计副刊	2:5	1935.3.1	15–16
打狗棒（续）	文艺	2:7	1935.4.1	12
复活节礼拜	宗教	2:7	1935.4.1	14
创造教会的伟人——（七）多马哀恳匹斯（译）	宗教	2:8	1935.4.15	12–13
家庭礼拜	宗教	2:8	1935.4.15	14
多难兴邦	老实话	2:9	1935.5.1	8–9

（续表）

文章标题	所属栏目	卷：期	时间	页码
多事的五月	常识	2:9	1935.5.1	10–11
创造教会的伟人——（八）马丁路得（译）	宗教	2:9	1935.5.1	12–13
选鸡种（亨德著，雪岩译）	生计副刊	2:9	1935.5.1	15–17
推行公葬场地制度的重要	老实话	2:10	1935.5.15	9
多事的五月（续）	常识	2:10	1935.5.15	10–11
国耻礼拜	宗教	2:10	1935.5.15	14
创造教会的伟人——（九）彭宁（译）	宗教	2:11	1935.6.1	12–13
家庭礼拜	宗教	2:11	1935.6.1	14
提倡养猪合作社（亨德著，雪岩译）	生计副刊	2:11	1935.6.1	15–16
创造教会的伟人——（十）卫斯理（译）	宗教	2:12	1935.6.15	13–14
家庭礼拜	宗教	2:12	1935.6.15	15
创造教会的伟人——（十一）马礼逊（译）	宗教	2:13	1935.7.1	12–13
一个实行到民间去的学生夏令会	专论	2:14	1935.7.15	12
创造教会的伟人（续前期）（译）	宗教	2:14	1935.7.15	13

（续表）

文章标题	所属栏目	卷：期	时间	页码
圣经中的模范人物：一、亚伯拉罕	宗教	2:15	1935.8.1	19–20
教母亲识字的妙法	儿童副刊	2:15	1935.8.1	30
从汪精卫辞职说到中国政府的难处	老实话	2:16	1935.8.15	9
圣经中的模范人物：二、雅各布	宗教	2:16	1935.8.15	13–14
救命运动	老实话	2:16	1935.8.15	9
陶尚铭被扣案	老实话	2:17	1935.9.1	9
汪蒋合作	老实话	2:17	1935.9.1	9
圣经中的模范人物：三、约瑟	宗教	2:17	1935.9.1	11
九一八又到了	老实话	2:18	1935.9.15	9–10
对灾民说几句话	老实话	2:18	1935.9.15	10
圣经中的模范人物：四、摩西	宗教	2:18	1935.9.15	12
怎样纪念国庆日	老实话	2:19	1935.10.1	9
知法犯法该当何罪	老实话	2:19	1935.10.1	9
陕北的共匪问题	老实话	2:19	1935.10.1	9
圣经中的模范人物：五、路得	宗教	2:19	1935.10.1	13
意亚开火与中国	老实话	2:20	1935.10.15	9
国联第一次的汉子气	老实话	2:20	1935.10.15	9–10
儿童年是谁的	老实话	2:20	1935.10.15	10

（续表）

文章标题	所属栏目	卷：期	时间	页码
圣经中的模范人物：六、塞缪尔	宗教	2:20	1935.10.15	12
替老百姓喊冤	老实话	2:21	1935.11.1	9
圣经中的模范人物：七、大卫	宗教	2:21	1935.11.1	13
汪精卫被刺	老实话	2:22	1935.11.15	9
阎冯进京	老实话	2:22	1935.11.15	9
统一货币的好处	老实话	2:22	1935.11.15	9–10
真正的慈善家	老实话	2:22	1935.11.15	10
圣经中的模范人物：八、所罗门	宗教	2:22	1935.11.15	13
要人们的话	老实话	2:23	1935.12.1	9
偷卖现洋的错处	老实话	2:23	1935.12.1	9
圣经中的模范人物：九、以利亚	宗教	2:23	1935.12.1	12
老百姓可以愚弄吗？	言论	2:24	1935.12.15	13
书生也可救国	言论	2:24	1935.12.15	13
对蒋介石先生进一言	言论	2:24	1935.12.15	13–14
基督教该不该说话	言论	2:24	1935.12.15	14
且看今年	言论	3:1	1936.1.1	11
圣经中的模范人物：十、但以理	宗教	3:1	1936.1.1	15
大祸临头的准备	言论	3:2	1936.1.15	8
请政府揭开鼓皮	言论	3:2	1936.1.15	8–9

（续表）

文章标题	所属栏目	卷：期	时间	页码
基督徒当怎样爱国	言论	3:2	1936.1.15	9
希望政府不骗学生	言论	3:3	1936.2.1	9
哀英国故王贺英国新王	言论	3:3	1936.2.1	9
国难教育和老百姓	言论	3:4	1936.2.15	10
睁开眼睛看是非	言论	3:4	1936.2.15	10
圣经中的模范人物：十一、以利亚撒	宗教	3:4	1936.2.15	12
敬告胡汉民先生	言论	3:5	1936.3.1	9
平津学潮的危险	言论	3:5	1936.3.1	9
圣经中的模范人物：十二、阿摩司	宗教	3:5	1936.3.1	13
日本暴变的影响	言论	3:6	1936.3.15	9
山西吃紧和共产党的巧计	言论	3:6	1936.3.15	9
圣经中的模范人物：十三、何西亚	宗教	3:6	1936.3.15	12
意亚问题	言论	3:7	1936.4.1	8
铲除贪官污吏	言论	3:7	1936.4.1	8
儿童节与新中国	言论	3:7	1936.4.1	8
圣经中的模范人物：十四、弥迦	宗教	3:7	1936.4.1	13
日本为什么开发华北	言论	3:8	1936.4.15	9
吃死尸的灾民和吃活人的贪官	言论	3:8	1936.4.15	9

（续表）

文章标题	所属栏目	卷：期	时间	页码
五一劳动节和庄户人	言论	3:9	1936.5.1	8
五月与中国	言论	3:9	1936.5.1	8–9
圣经中的模范人物：十五、参孙	宗教	3:9	1936.5.1	13
亚比尼亚亡国了吗？	言论	3:10	1936.5.15	9
请大家注意宪法及国民选举法	言论	3:10	1936.5.15	9
华北走私与日本增兵	言论	3:11	1936.6.1	8
圣经中的模范人物：十六、以赛亚	宗教	3:11	1936.6.1	13
华北局势又紧张	言论	3:12	1936.6.15	9
西南出兵与老百姓的哀告	言论	3:12	1936.6.15	9
圣经中的模范人物：十七、西番雅	宗教	3:12	1936.6.15	12
再向西南哀告并向中央进言	言论	3:13	1936.7.1	10
勉天津市长张自忠	言论	3:13	1936.7.1	10
圣经中的模范人物：十八、杰里迈亚	宗教	3:13	1936.7.1	13
两广与南京	言论	3:14	1936.7.15	8
内战的危险	言论	3:14	1936.7.15	8
亚皇的悲鸣	言论	3:14	1936.7.15	8

（续表）

文章标题	所属栏目	卷：期	时间	页码
圣经中的模范人物：十九、弥迦	宗教	3:14	1936.7.15	13
识大义的余汉谋	言论	3:15	1936.8.1	11
敬告李白	言论	3:15	1936.8.1	11
蒋委员长讲救亡大计	言论	3:15	1936.8.1	11
圣经中的模范人物：二十、以西结	宗教	3:15	1936.8.1	14
再劝李白	言论	3:16	1936.8.15	9
我们所希望于中央政府的	言论	3:16	1936.8.15	9
看清西班牙的内乱	言论	3:16	1936.8.15	9
圣经中的模范人物：二十一、哈巴谷	宗教	3:16	1936.8.15	13
绥远紧张所给政府的测验	言论	3:17	1936.9.1	10
失意军政人员都到广西干什么？	言论	3:17	1936.9.1	10
圣经中的模范人物：二十二、俄巴底亚	宗教	3:17	1936.9.1	13
祈祷和平	言论	3:18	1936.9.15	11
粤汉通车成功	言论	3:18	1936.9.15	11
望全国都注意选举	言论	3:18	1936.9.15	11
圣经中的模范人物：二十三、玛拉基	宗教	3:18	1936.9.15	14

（续表）

文章标题	所属栏目	卷：期	时间	页码
庆祝国内和平	言论	3:19	1936.10.1	10
敬告中央政府	言论	3:19	1936.10.1	10
圣经中的模范人物：二十四、约珥	宗教	3:19	1936.10.1	13
中日交涉的重大关头	言论	3:20	1936.10.15	10
不可忽视中国民众的势力	言论	3:20	1936.10.15	10
圣经中的模范人物：二十五、撒迦利亚	宗教	3:20	1936.10.15	13
我们对中日交涉的主张	言论	3:21	1936.11.1	9
团结力量的又一表现	言论	3:21	1936.11.1	9
日军大演战与中国主权的大破坏	言论	3:22	1936.11.15	10
给蒋院长祝寿	言论	3:22	1936.11.15	10
圣经中的模范人物：二十六、那鸿	宗教	3:22	1936.11.15	13
圣经中的模范人物：二十七、哈该	宗教	3:23	1936.12.1	13
已到毁家纾难的时期了	言论	3:24	1936.12.15	13
全国一致援助绥远抗敌将士	言论	3:24	1936.12.15	13
请大家注意日德同盟	言论	3:24	1936.12.15	14

（续表）

文章标题	所属栏目	卷：期	时间	页码
新年的悲哀	言论	4:1	1937.1.1	12
张学良造反与土匪绑票	言论	4:1	1937.1.1	12
对张杨最后的忠告	言论	4:1	1937.1.1	13
圣经中的模范人物：二十八、施洗约翰	宗教	4:1	1937.1.1	16
西安叛变后的发现与教训	言论	4:2	1937.1.15	9
英国国王逊位的真因	言论	4:2	1937.1.15	10
圣经中的模范人物：二十九、马利亚	宗教	4:2	1937.1.15	12
对汪精卫先生的希望	言论	4:3	1937.2.1	9
陕甘的大局全在杨于的悔悟	言论	4:3	1937.2.1	9
所得税实行了	言论	4:3	1937.2.1	9
西班牙内战的教训	言论	4:3	1937.2.1	9
敬告青年学生	言论	4:4	1937.2.15	9
为郑州事件敬告日本官家	言论	4:4	1937.2.15	9
为西班牙国民进一句忠告的话	言论	4:4	1937.2.15	9
厅长考成与民意	言论	4:5	1937.3.1	9
怎样团结民众	言论	4:5	1937.3.1	9

（续表）

文章标题	所属栏目	卷：期	时间	页码
请全国老百姓注意国民大会	言论	4:5	1937.3.1	9
我们盼望日本能对忠告有进一步的认识	言论	4:6	1937.3.15	8
对新外交部长的希望	言论	4:6	1937.3.15	8
对东北军进一言	言论	4:6	1937.3.15	8
苏俄恢复宗教自由与宗教今后的猛省	言论	4:7	1937.4.1	8
换汤不换药的外交有什么用处	言论	4:7	1937.4.1	8
读了蒋委员长纪念耶稣受难演词以后	言论	4:8	1937.4.15	8
请日本国民注意贵国官民在中国的行为	言论	4:8	1937.4.15	8
为四川灾民求命	言论	4:9	1937.5.1	9
敬告日本报界的同行	言论	4:9	1937.5.1	9
林主席游行华南的重大意义	言论	4:9	1937.5.1	9
英日对华合作	言论	4:10	1937.5.15	8
走私与拒私	言论	4:10	1937.5.15	8
与政府商量国民大会的指定代表问题	言论	4:10	1937.5.15	8

（续表）

文章标题	所属栏目	卷：期	时间	页码
杨虎城不亏为识时务	言论	4:10	1937.5.15	8
欢迎本报总编辑孙恩三先生回国	言论	4:11	1937.6.1	8
四川谣言所给国民的忧痛	言论	4:11	1937.6.1	8
万不可放过英日谈判	言论	4:11	1937.6.1	8
蒋委员长销假与召集大学教授谈话	言论	4:12	1937.6.15	8
四川谣言平息以后当怎样	言论	4:12	1937.6.15	8
对日本新内阁的希望	言论	4:12	1937.6.15	8
四川急赈太慢了	言论	4:13	1937.7.1	8
望政府赶快公布冤狱赔偿法	言论	4:13	1937.7.1	8
澈查买空卖空的重要	言论	4:14	1937.7.15	8
旱灾未了，水患又来！	言论	4:14	1937.7.15	8
宛平事件与华北存亡	言论	4:14	1937.7.15	8
猛醒吧全国国民时局已到最后关头	言论	4:15	1937.8.1	8
为国家和世界的和平祈祷	宗教	4:15	1937.8.1	16

（续表）

文章标题	所属栏目	卷：期	时间	页码
与读者告别	言论	4:17	1937.9.1	2
途中的观感	海外通讯	4:18	1937.9.15	8
海外通讯	海外通讯	5:1	1938.1.1	12
一封问候信	海外通讯	6:21	1939.11.1	6—7
纽约世界展览大会的见闻	海外通讯	6:22	1939.11.16	8
美国人对中国抗战建国的敬服	言论	7:18	1940.9.16	2
回国后的观感	言论	7:19	1940.10.1	2
抗战建国的模范	言论	7:20	1940.10.16	2
德意日三国同盟对中国有什么影响？	言论	7:21	1940.11.1	2
美国见闻：一、幸而不是日本人	文艺	7:21	1940.11.1	8
敌军撤退南宁的重大意义	言论	7:22	1940.11.16	2
美国政党的宽宏大度	言论	7:22	1940.11.16	2
美国见闻：二、美国人的家庭	文艺	7:22	1940.11.16	6
烽火中怎样庆祝圣诞	言论	7:24	1940.12.16	2
恭迎胜利年	言论	8:1	1941.1.1	2
美国见闻：三、美国人的家庭	文艺	8:1	1941.1.1	6

（续表）

文章标题	所属栏目	卷：期	时间	页码
以爱民保障我们最后的胜利	言论	8:2	1941.1.16	2
美国见闻：四、电气化的生活	文艺	8:2	1941.1.16	8
为平抑物价再向当局进一言	言论	8:3	1941.2.1	2
美国见闻：五、美国人的风俗习惯	文艺	8:3	1941.2.1	6
全国国民应加紧警备着	言论	8:6	1941.3.16	2
美国见闻：路不拾遗	文艺	8:6	1941.3.16	7
美国总统的怒吼	言论	8:7	1941.4.1	2
巴尔干大战的瞭望	言论	8:8	1941.4.16	2
领袖的要训	言论	8:8	1941.4.16	2
美国见闻：农民阅报的习惯	常识	8:8	1941.4.16	7
中华民族不可动摇的自尊自信	言论	8:9	1941.5.1	2
为国祈祷的意义	言论	8:9	1941.5.1	2
日本的狂妄与无耻	言论	8:10	1941.5.16	2
美国见闻：美国的交通	常识	8:10	1941.5.16	6
军事第一与士气民气	言论	8:11	1941.6.1	2
以不变应万变的应用	言论	8:11	1941.6.1	2

（续表）

文章标题	所属栏目	卷：期	时间	页码
迅速制日是美国的上策	言论	8:12	1941.6.16	2
美国见闻：旅行	常识	8:12	1941.6.16	6
抗战四周年	言论	8:13	1941.7.1	2
苏德大战的国际意义	言论	8:13	1941.7.1	2
明快的新外交	言论	8:14	1941.7.16	2
拥护新令	言论	8:14	1941.7.16	2
美国见闻：卫生	常识	8:14	1941.7.16	7
本报七周年之回顾与前瞻	言论	8:15−16	1941.8.1	2
中苏英美应即成立同盟	言论	8:17	1941.9.1	2
罗邱宣言的评价	言论	8:17	1941.9.1	2
美国见闻：教育（一）	常识	8:17	1941.9.1	7−8
为日美谈话正告美国当局	言论	8:18	1941.9.16	2
我们要永远纪念双十	言论	8:19	1941.10.1	2
美国见闻：教育（二）	常识	8:19	1941.10.1	6
湘北二次大捷对今后战局的影响	言论	8:20	1941.10.16	2
敌国换阁与侵华	言论	8:21	1941.11.1	2
美国见闻：教育（三）	常识	8:21	1941.11.1	6

（续表）

文章标题	所属栏目	卷：期	时间	页码
蒋委员长的重大指示	言论	8:22	1941.11.16	2
山雨欲来风满楼的太平洋	言论	8:22	1941.11.16	2
正义之声	言论	8:23	1941.12.1	2
物价上涨与最后胜利	言论	8:23	1941.12.1	2
美国见闻：教育（四）	常识	8:23	1941.12.1	6
太平洋大战的展望	言论	8:24	1941.12.16	2
紧急呼吁	言论	9:1	1942.1.1	2
长沙三次大捷与中国之国际地位	言论	9:2	1942.1.16	2
盟军南太平洋失利与中国抗战	言论	9:5–6	1942.3.1	2
保卫印澳与反守为攻	言论	9:7–8	1942.4.1	2
用户严禁田赋转嫁	言论	9:7–8	1942.4.1	2
美国见闻：教育（五）	常识	9:7–8	1942.4.1	6
美机大举轰炸日本	言论	9:9–10	1942.5.1	2
法阁改组欧局突转严重	言论	9:9–10	1942.5.1	2
入缅我军大捷的国际意义	言论	9:9–10	1942.5.1	2
国内战局与国人信念	言论	9:11–12	1942.6.1	2

（续表）

文章标题	所属栏目	卷：期	时间	页码
纪念抗战五周年	言论	9:13–14	1942.7.1	2
希望政府严办大贪污案	言论	9:17–18	1942.9.1	2
为国民精神食粮呼吁	言论	9:17–18	1942.9.1	2
向读者申诉	言论	9:19	1942.10.1	2
百年枷锁顿释一朝	言论	9:20	1942.10.15	2
拥护领袖训示与对参政会之期望	言论	9:21	1942.11.1	1
且看今年	言论	10:1	1943.1.1	1
不平等条约之废除与基督教在华之前途	言论	10:4–5	1943.3.1	1
“七七”纪念与本报	言论	10:13	1943.7.1	1
本报九周年纪念感言	言论	10:15–16	1943.8.15	1
对罗邱进一言	言论	10:17	1943.9.1	1
收复东北	言论	10:18	1943.9.15	1
以争胜与建国庆祝双十	言论	10:19	1943.10.1	1
论四国宣言	言论	10:20–21	1943.11.1	1
人物篇：（一）胡适	常识	10:20–21	1943.11.1	23
谈谈社会风气	言论	10:20–21	1943.11.1	28–29
中英美三国会议的伟大成功	言论	10:22–24	1943.12.15	1

（续表）

文章标题	所属栏目	卷：期	时间	页码
圣诞的真义	宗教	10:22—24	1943.12.15	10
恭迎三十三年	言论	11:1—2	1944.1.1	2
向读者呼救	言论	11:5—6	1944.3.1	1
新儿童与新中国	言论	11:7—8	1944.4.1	1
继续呼救	言论	11:7—8	1944.4.1	1
国民节约献金救国运动之意义	言论	11:7—8	1944.4.1	22—23
向读者告急	言论	11:9—10	1944.5.1	1
为本报迁移重庆告读者	言论	11: 迁渝特刊	1944 年夏	1
国运一新	言论	11:13—14	1945.2.1	1
严防偷运	言论	11:13—14	1945.2.1	1
基督教徒应全体动员了	宗教	11:13—14	1945.2.1	10
介绍一位社会化的母亲	家事	11:13—14	1945.2.1	19
农民抬头的办法	言论	11:17—18	1945.4.1	1
江北十区参观记	杂记	11:17—18	1945.4.1	23
大智说话与大勇履行	言论	11:21—22	1945.6.1	1
农民与政治	言论	11:21—22	1945.6.1	1
抗战九年	言论	11:23—24	1945.7.1	1
本报出版十一周年纪念感言	言论	12:1—2	1945.8.1	1
最后胜利与永久和平	言论	12:3—4	1945.9.1	1

（续表）

文章标题	所属栏目	卷：期	时间	页码
论功行赏农民第一	言论	12:5−6	1945.10.1	1
考察归来	文艺	12:5−6	1945.10.1	20
反对内战	言论	12:9−10	1945.12.1	1
中国应有主张	言论	12:9−10	1945.12.1	1
基督胜利了没有！	宗教	12:9−10	1945.12.1	9−10
天赋人权的运用	宗教	12:9−10	1945.12.1	11
考察归来	文艺	12:9−10	1945.12.1	20
对政府的渴望	言论	12:11−12	1946.1.1	1
考察归来	文艺	12:11−12	1946.1.1	19
兑现！兑现！	言论	12:13−14	1946.2.1	1
考察归来	常识	12:13−14	1946.2.1	14
庆祝政治协商会议成功	言论	12:15−16	1946.3.1	1
农民的愤怒	言论	12:17−18	1946.4.1	1
考察归来	常识	12:17−18	1946.4.1	16
政府有无办法	言论	12:19−20	1946.5.1	1
考察归来	常识	12:19−20	1946.5.1	15
为三千五百万灾民请命	言论	12:21−22	1946.6.1	1
告别四川	言论	12:23−24	1946.7.1	1
和平救世之道	社论	13:5	1946.10.1	1
耶稣的反对与赞成	社论	13:6	1946.10.15	1
农民要说话	社论	13:7	1946.11.1	1
耶稣与农民	社论	13:8	1946.11.15	1
听耶稣的吩咐	宗教	13:8	1946.11.15	7

（续表）

文章标题	所属栏目	卷：期	时间	页码
从平津冻死人说到农民的冻馁	社论	13:9	1946.12.1	1
耶稣是人类的救法吗？	社论	13:10	1946.12.15	1
庆新年，哀国是	言论	13:11	1947.1.1	1
由美兵暴行说到宗教信仰	言论	13:12	1947.1.15	1
为什么打仗！	言论	13:14	1947.2.15	1
全国的基督徒站起来	言论	13:15	1947.3.1	1
哭国运，招国魂	言论	13:16	1947.3.15	1
由儿童节想到乡村儿童	言论	13:17	1947.4.1	1
耶稣复活与中国复兴	言论	13:18	1947.4.15	1
基督教这局棋怎样着！	言论	13:19	1947.5.1	1
耶稣的福音	言论	13:20	1947.5.15	1
基督教为何默默无声！	言论	13:21	1947.6.1	1
求上帝保佑青年学生	言论	13:22	1947.6.15	1
当心日本	言论	13:22	1947.6.15	1
耶稣的血	言论	13:23	1947.7.1	1
愿你的旨意行在地上	言论	13:24	1947.7.15	1
出版十四周年	言论	14:1	1947.8.1	1

（续表）

文章标题	所属栏目	卷：期	时间	页码
上帝至尊，基督至上	言论	14:3	1947.9.1	1
真理是自由	言论	14:4	1947.9.15	1
耶稣的话	言论	14:5	1947.10.1	1
耶稣的火	言论	14:6	1947.10.15	1
耶稣的命令	言论	14:7	1947.11.1	1
圣田运动与教会自养	言论	14:8	1947.11.15	1
耶稣说："起来，我们走吧！"	言论	14:9	1947.12.1	1
基督教和平福音的前瞻	言论	14:10	1947.12.15	1
以祈祷与读者告别	言论	14:11	1948.1.1	1
海外通讯：一、踏出国门之前	海外通讯	14:12	1948.1.15	11
海外通讯：二、上船之夜	海外通讯	14:14	1948.2.15	18
海外通讯：三、看人之长；四、海上所感	海外通讯	14:15	1948.3.1	18–19
海外通讯：五、一路见闻	海外通讯	14:16	1948.3.15	18
海外通讯：六、哈福德城	海外通讯	14:18	1948.4.15	18
海外通讯之七	海外通讯	14:19	1948.5.1	18
海外通讯：八、胜利也打倒了美国	海外通讯	14:21	1948.6.1	18

（续表）

文章标题	所属栏目	卷：期	时间	页码
海外通讯：九、美国民主的前途	海外通讯	14:22	1948.6.15	19
海外通讯：十、美国的机声和民声	海外通讯	14:23	1948.7.1	18
骆驼展望——本报十四周年纪念文	言论	14:24	1948.7.15	2
海外通讯：十三、美国教会的任务	海外通讯	15:4	1948.9.15	19
海外通讯：十四、美国人民的风度	海外通讯	15:7	1948.11.1	19
本报今后的使命	言论	16:4	1949.9.15	2
基督教对白皮书为什么不讲话	宗教	16:4	1949.9.15	8
不要特权与不用势力	言论	16:5	1949.10.1	2
基督教当前的两大任务	宗教	16:5	1949.10.1	8
基督教与新中国	言论	16:6	1949.10.15	2
惊天动地的政协	宗教	16:6	1949.10.15	9，20
留华外国宣教士们的考验	言论	16:7	1949.11.1	2
基督教应当急起直追	宗教	16:7	1949.11.1	8
基督教与共同纲领	言论	16:8	1949.11.15	2
我们参加人民政协会议的经过	宗教	16:8	1949.11.15	8–9
基督教应如何打破难关	言论	16:9	1949.12.1	2

（续表）

文章标题	所属栏目	卷：期	时间	页码
解答宗教问题	宗教	16:9	1949.12.1	11
人民政府优良作风的表现	言论	16:10	1949.12.15	2
圣诞新解	宗教	16:10	1949.12.15	8
救济应无条件	宗教	16:11	1950.1.1	8
基督教在本年中应做些什么事	言论	16:12	1950.1.15	2

其他刊物所载张雪岩的文章

文章标题	刊物	卷期	时间	页码
战胜艰难（译）	女铎	17:7	1928.12	10
真理降临（戏剧）	女铎	17:7	1928.12	52–67
秋（新体诗）	女铎	17:7	1928.12	68
世界妇女节制联合会积极进行（译）	女铎	17:7	1928.12	69
在宗教下之国际联合	女铎	17:7	1928.12	76
宗教的艺术（译）①	女铎	17:8	1929.1	?
罗益顿女士之演讲（译）	女铎	17:8	1929.1	6
健康即幸福	女铎	17:8	1929.1	34

① 本期 1–5 页缺，该文应该在该期。

（续表）

文章标题	刊物	卷期	时间	页码
消极之害（译）	女铎	17:8	1929.1	36
求善之道（译）	女铎	17:8	1929.1	48
印度知识界对准兹博士演说之感动（译）	女铎	17:8	1929.1	49
个人与团体的关系（译）	女铎	17:9	1929.2	4–13
宗教的艺术（续）（译）	女铎	17:9	1929.2	50
游历甘地农乡四日的感想（译）	女铎	17:9	1929.2	62
宗教的艺术（续）（译）	女铎	17:10	1929.3	26–30
复活的基督寓于复活的生命中	女铎	17:10	1929.3	30–31
春暖歌（诗）	女铎	17:10	1929.3	68–69
从此不再怕死（译）	女铎	17:10	1929.3	70
宗教的艺术（续）——到我这里来（译）	女铎	17:11	1929.3	25–30
治家刍言	女铎	17:11	1929.4	13–25
满招损（译）	女铎	17:11	1929.4	30–38
海狸之智能（译）	女铎	17:11	1929.4	56–60

（续表）

文章标题	刊物	卷期	时间	页码
治疗社会毒病的方法（译）	女铎	17:12	1929.5	9–21
宗教的艺术（续）——捕鱼的神迹（译）	女铎	17:12	1929.5	21–31
科学使吾人更与上帝接近（译）	女铎	17:12	1929.5	24
美国新选总统胡佛氏及其夫人（译）	女铎	17:12	1929.5	55–62
人生（新诗）	女铎	17:12	1929.5	63
宗教的艺术（续）（译）	女铎	18:1–2	1929.7	16–21
舍身救人的一弱女子	女铎	18:1–2	1929.7	74
宗教的艺术（续）（译）	女铎	18:3	1929.8	13
舍身救人的一弱女子（续）	女铎	18:3	1929.8	59
与人悦乐	女铎	18:3	1929.8	86
宗教的艺术（续）——富贵少年（译）	女铎	18:5	1929.10	20–22
波提底回忆（译）	女铎	18:5	1929.10	26–33
奇伟的废人（译）	女铎	18:5	1929.10	57–62

（续表）

文章标题	刊物	卷期	时间	页码
宗教的艺术（续）——撒稗的恶魔（译）	女铎	18:6	1929.11	21–24
宗教的艺术（续）——天使预告（译）	女铎	18:7	1929.12	15–19
当面错过（译）	女铎	18:7	1929.12	31–34
不在多（新诗）	女铎	18:7	1929.12	75
残废者窝尔忒之志愿（译）	女铎	18:7	1929.12	81–84
儿童宗教教育之要义（译）	女铎	18:8	1930.1	21
宗教的艺术（续）（译）	女铎	18:8	1930.1	43
新年（新诗）	女铎	18:8	1930.1	77
骇人的剑鱼	女铎	18:8	1930.1	81
移血术的起源（译）	女铎	18:9	1930.2	8
宗教的艺术（续）（译）	女铎	18:9	1930.2	26
煤油大王用钱的方法	女铎	18:9	1930.2	62
两大王理财之雄辩	女铎	19:5	1930.10	17
宗教的艺术（译）	女铎	19:7	1930.12	18

（续表）

文章标题	刊物	卷期	时间	页码
巧夺天工之计划（译）	女铎	19:7	1930.12	23
拥护天然美	女铎	19:8	1931.1	66
小猫得的好教训（童话）	女铎	20:1	1931.6	87
新妇女与新中国	女铎	复刊 2:1	1945.1	9–10
现代女子解放的流弊	女青年月刊	9:7	1930	33–39
圣餐（诗歌）	真光杂志	29:8	1930.8.15	85
旅途（诗歌）	真光杂志	29:9	1930.9.15	80–81
基督徒对罪应有的研究	真光杂志	29:10	1930.10.15	50–54
怎么样才算纪念基督圣诞	真光杂志	29:12	1930.12	33–38
圣诞短诗（诗歌）	真光杂志	29:12	1930.12	102
基督化是口号吗？	真光杂志	30:2	1931.2	59–63
一个西洋传教士的公平话	真光杂志	30:2	1931.2	74
宗教在教育上的地位	真光杂志	30:4	1931.4	32–37
文字布道之重要	真光杂志	30:5	1931.5	42–47
基督徒的灵修工夫	真光杂志	30:6	1931.6	18–22
福音应向谁传	真光杂志	30:7	1931.7	38–43

（续表）

文章标题	刊物	卷期	时间	页码
读了陶希圣君的《孔子与耶稣》以后	真光杂志	30:8	1931.8	1–9
真平安在那里	真光杂志	30:10	1931.10	38–43
释缚（戏剧）	真光杂志	30:12	1931.12	83–89
宗教可以制止战争吗（译）	真光杂志	31:2	1932.2	57–59
以基督徒的人生哲学来建造人生（译）	真光杂志	31:5	1932.5	13–24
得救的步骤	真光杂志	31:7	1932.7	26–29
信仰与生活（译）	真光杂志	31:9	1932.9	
信仰与生活（续）（译）	真光杂志	31:10	1932.10	
马其顿的呼声	真光杂志	32:2	1933.2	56–58
耶稣的爱国观（潘琦著、张雪岩译）	金陵神学志	14:1	1932.1	21–28
调查水灾以后的感想	金陵神学志	14:1	1932.1	51–52
愁云（诗歌）	金陵神学志	14:2	1932.2	32
登山宝训有实行的可能否	金陵神学志	14:9	1932.9	22–26
十年来的中国基督教文字事业	金陵神学志	24:3	1949.3	10–13

（续表）

文章标题	刊物	卷期	时间	页码
给母校庆寿	山东潍县广文中学五十周年纪念特刊		1933.12	
窘（独幕剧本）	山东潍县广文中学五十周年纪念特刊		1933.12	
受托主义与教会自养	中华基督教会年鉴	第 12 期	1933	75–79
耶稣生平	中华归主	第 136 期	1933.5.1	3–10
耶稣生平（二续）	中华归主	第 138 期	1933.9.1	6–11
说话与行事	消息	6:3	1933	11
合作问题的讨论（二）：合作的条件：信与爱	消息	6:3	1933	14–19
真理：我们知道个人要真理，社会国家要真理	消息	8:1	1935	10
由田家的呼声说到青年的失业	消息	8:3	1935	9–13
读书指导：为什么研究社会学	读书通讯	第 43 期	1942	6–8
艺文丛谈：征辑农民自传的原因及目的	读书通讯	第 56 期	1942	9–10
公报的使命	公报	14:1–2	1942.2	3–4
教会与社会	公报	14:3–4	1942.4	3–4

（续表）

文章标题	刊物	卷期	时间	页码
文字事业对教会的挑战（李芝田著，张雪岩译）	公报	14:3–4	1942.4	6–7
教会合一运动的挑战（李芝田著，张雪岩译）	公报	14:5–6	1942.6	3–5
科学与天国（陈普仪著，张雪岩译）	公报	14:5–6	1942.6	5–8
和平福音的前瞻	中华基督教会全国总会公报	第 12 期	1947	2–4
基督教与新世界	基督教丛刊	创刊号	1943.2.1	1–3
基督教信仰与民主主义	基督教丛刊	第 2 期	1943.7.1	34–50
战后教会对农村文字事业应有之发展	基督教丛刊	第 6 期	1944.5.1	69
不平等条约之废除与基督教在华之前途	协进	复刊第 1 期	1943	14–15
战后农村社会建设	社会行政季刊	1:1	1944.3	73–78
都市特写：花都巴黎	市政评论	8:8	1946	43
向国民党说教	文萃	第 27 期	1946	15–16

文章标题	刊物	卷期	时间	页码
向国民党说教	文林	第 7 期	1946	2–3
向国民党说教	联合三日刊	创刊号	1946.4	
评蒋主席对参政会政治报告	联合三日刊	第 2 期	1946.4	
论两党对骂	联合三日刊	第 3 期	1946.4	
国民大会不能用枪开	联合三日刊	第 4 期	1946.4	
舆论与政治	中国学术	1:1	1946.8.1	12–13
我对希望月刊的希望	希望月刊	19:4	1947.4	6–7
由人才问题说到教会危机	希望月刊	19:6	1947.6	2–4
基督教应否反对内战	希望月刊	19:9	1947.9	13–14
社会学与政治	自由文丛之二：沧南行		1947.7	5–10
丽江妇女素描	妇女月刊	6:3	1947	30–33
筑京行脚	储汇服务	第 71 期	1947	19–22
青年男女社交漫谭	恩友	复刊第 2 期	1947	10–11
“天风”应独创风格	天风	第 52 期	1946	6
从人才的恐慌说到教会的危机	天风	第 66 期	1947	6–7

（续表）

文章标题	刊物	卷期	时间	页码
基督教与和平	天风	第 81 期	1947	1–3
基督徒青年应保持并发挥天真	天风	第 91 期	1947	4–5
和平福音的前瞻	天风	第 101 期	1947	4–6
别矣祖国	天风	第 112 期	1948	11–12
海外通讯	天风	第 119 期	1948	12
以基督教的观点评白皮书	天风	第 184 期	1949	3–4
我对基督教全国会议的意见	天风	第 200 期	1950.2	4

参考文献

1. 政协潍坊市寒亭区委员会编．寒亭文史大观．2005年11月印刷
2. 山东省潍坊市寒亭区史志编纂委员会编．寒亭区志．齐鲁书社，1992年11月版
3. 政协潍坊市寒亭区文史委编．张雪岩史料选编．1991年6月印行
4. 陈三井．华工与欧战．中央研究院近代史研究所出版，2005年8月版
5. 高劳．山东之苦力．东方杂志第15卷第7号，1918年7月15日
6. 山东潍县广文中学五十周年纪念特刊．广文中学事务部发行，1933年12月版
7. 张雪岩．田家瞻望．田家社刊行，1942年12月版
8. 张雪岩、刘龄九编．田家医药指南（上册）．田家社发行，1942年1月版

9. 张雪岩、刘龄九编. 田家医药指南（下册）. 田家社发行，1942 年 8 月版
10. 张雪岩、刘龄九编. 田家读者自传. 田家社发行，1942 年 7 月版
11. 英国驻华大使馆印行，张雪岩编译. 印度政府问题. 成都四圣祠北街华英书局印刷，1942 年 5 月版
12. 张雪岩. 拓荒文化. 田家社出版，1947 年 3 月版
13. 张雪岩. 社会学与政治. 见：自由文丛之二. 沧南行. 自由文丛社发行，1947 年 7 月版
14. 张雪岩编著. 圣经及教会人物. 田家半月刊社，1948 年 1 月 1 日版
15. 中国社会科学院近代史研究所中华民国史研究室主编. 九三学社. 文史资料出版社，1981 年 2 月版
16. 成都文史资料选辑第 17 辑. 1987 年 12 月版
17. 冯玉祥. 蓉灌纪行. 三户图书社出版发行，1944 年版
18. 冯玉祥. 我的抗战生活. 黑龙江人民出版社，1987 年 5 月版
19. 陆慧年. 难忘的《民联日报》. 见：我与民盟. 群言出版社，1991 年 8 月版
20. 许德珩. 许德珩回忆录——为了民主与科学. 中国青年出版社，2001 年 1 月版
21. 许德珩. 为了民主与科学——毛泽东与九三学社.

见：邵康编. 毛泽东和党外朋友们. 团结出版社，1993 年 9 月版

22. 张小曼编. 张西曼纪念文集. 中国文史出版社，1995 年 6 月版

23. 袁翰青. 袁翰青文集. 科学技术文献出版社，1995 年 9 月版

24. 王毓华. 记基督教界政协委员张雪岩. 政协北京市文史资料委员会编北京文史资料第 58 辑. 北京出版社，1998 年版

25. 九三学社中央研究室. 九三学社简史. 学苑出版社，2005 年 8 月版

26. 田仲济. 张雪岩博士和他的《田家》. 见：田仲济文集第 4 卷. 凤凰出版传媒集团江苏文艺出版社，2007 年 8 月版

27. 余华心. 传奇将军冯玉祥. 学苑出版社，2007 年 9 月版

28. 王红谊. 李华林回忆录手稿. 2009 年 4 月整理

29. 张国华. 和爸爸张雪岩一起生活的日子里. 2009 年 7 月 5 日整理

30. 真光杂志. 1930—1933 年

31. 田家半月报. 1934 年 7 月—1957 年 12 月

32. 田家时事特刊. 1942 年 10 月 1 日—1943 年 9 月 1 日

33. 田家战时画报. 1943 年 2 月 1 日—1945 年
34. 公报. 1942 年 2 月—1942 年 6 月
35. 基督教丛刊. 1943 年 2 月—1944 年 5 月
36. 重庆新华日报. 1946 年 2 月 12 日—1946 年 5 月 14 日
37. 重庆国民公报. 1946 年 2 月 12 日—1946 年 2 月 27 日
38. 金陵神学志. 1931 年 1 月—1950 年 11 月
39. 出版界. 1948 年 11 月—1951 年 2 月

后 记

张雪岩是一位基督教文字工作者、爱国民主人士、社会活动家、九三学社的创始人之一。他以编辑《田家》为事业，以服务农民为抱负，以追求民主与科学为理想，以民族独立、国家富强为目标，不畏艰险，英勇奋斗，奉献出自己毕生的精力。他的生平和志业是值得人民怀念的！

20 世纪 80 年代初，在潍坊市寒亭区政协机关工作的张中华就开始收集与张雪岩有关的史料，包括查询档案资料、做调查访谈等；1990 年 5 月，张中华受潍坊市寒亭区政协领导委派到北京做深入的调研，查阅相关资料；90 年代初期，寒亭区政协在广泛征集张雪岩史料的同时，还集中人力整理编辑张雪岩史料，由寒亭区政协文史资料委员会的张道路和张中华共同承担此项任务。经过近一年的努力，政协寒亭区文史资料研究委员会终于在 1991 年 6 月编辑印行了《张雪岩史料选编》，此书由毕愿清任主编，张道路、张中华任责任编辑。

在学术界，关于张雪岩和其所办刊物《田家半月报》的研究成果也陆续出现，如：焦聚川著《张雪岩史略》（载《民主与科学》1995 年第 1 期），欧阳康著《中国现代传播史上重要的一章：张雪岩和他创办的〈田家〉半月报》（载《人物》2002 年第 7 期），荆世杰著《一个基督徒的民主追求》（载《广西师范大学学报（哲学社会科学版）》2008 年第 6 期）。

其中，四川大学宗教学研究所在张雪岩和《田家半月报》的研究方面力度更大些。我长期从事基督教在华传播史研究，尤其注重对中国基督教文字事业的研究，已经完成国家课题“近代基督教在华出版事业研究”，正在主持教育部课题“中国基督教文字事业编年史”的编撰。《田家半月报》属于以上课题所需收集文献资料的范畴。我曾先后到四川大学图书馆、四川省图书馆、四川省档案馆、国家图书馆等单位收集到部分《田家半月报》的卷期。之后，我指导的博士生王京强同学在攻读硕士学位期间就对《田家半月报》的研究产生兴趣，以此作为毕业论文选题。我们进一步到香港中文大学、香港浸会大学和华中师范大学东西方文化交流中心补充完善了所缺《田家半月报》卷期。在资料基本完备的基础上，我指导他完成了硕士学位论文：《民国时期中国基督教的乡村文字事工——〈田家半月报〉研究》。我们已经发表的论文有：王京强著《抗战时期在四川的〈田家半月报〉》（载《宗教学研究》2006年第4期）；陈建明、刘路著《中国基督教传媒领袖张雪岩与〈田家半月报〉》（载《四川师范大学学报》2007年第6期）；陈建明著《〈田家半月报〉与民国时期乡村教育》（载《世界宗教研究》2008年第4期）；王京强著《20世纪30年代中期的〈田家半月报〉与乡村建设》（载《宗教学研究》2009年第3期）。

我们在对《田家半月报》进行研究的时候，被其主编张雪岩的进步爱国事迹深深打动，于是萌发了进一步研究他的意愿，所以开始留意搜集有关张雪岩的资料。2006年9月，我发现潍坊市寒亭区政协已在内部发行《张雪岩史料选编》一书，经过一番努力，与该书编者之一张中华先生取得了联系。2008年12月13日，我和王京强参加了中国社会科学院世界宗教研究所举办的学术研讨会之后，乘火车到潍坊对张雪岩在故乡的生平事迹做调查。14日上午，我们在张中华、张建伟夫妇、九三学社潍坊市委办公室干部刘文山、寒亭区政协文史委副主任张宏伟、寒亭区政协文史委退休干部张道路等人的陪同下，到张雪岩的家乡潍坊市寒亭区固堤镇大常疃村调研；下午，与九三学社潍坊市委主委李传恒、副主委梁文道，寒亭区政协主席郑立琦、副主席韩希明，以及张宏伟、张中华、张道路等人座谈，讨论关于“张雪岩传”课题编写问题。通过商议，九三学社潍坊市委、寒亭区政协与我们共同承担这项任务。

2009年3月15日，我和王京强专程再度前往山东调研，先行至济南山东省档案馆查询张雪岩在齐鲁大学创办《田家半月报》的史料；17日，到达潍坊，与九三学社潍坊市委和寒亭区政协商量具体编写事项，确定编委和编写小组成员。17至19日，相继到潍城区档案馆、张雪岩母校潍坊二中、潍坊市图书馆调研，收集到广文中学五十周年校庆特刊中张雪岩为母校校庆撰写的纪念文章《为母校庆寿》、《窘》，以及张雪岩详细介绍资料和潍坊二中相关老照片若干。3月20日至4月2日，由王京强和刘文山到北京（国家图书馆、北京市档案馆、北京大学图书馆、中国人民大学图书馆、北京师范大学图书馆、张国华女士家、王红谊先生家）、南京（中国第二历史档案馆、江苏省档案馆、金陵神学院图书馆）、重庆（重庆市档案馆、重庆市图书馆）等地查询搜集张雪岩相关资料。2009年9月，我利用到北京开会之机，再次到张国华女士家采访，她为我提供了回忆录《和爸爸张雪岩一起生活的日子里》以及若干历史照片。这期间，张雪岩和妻子董谟芳的外侄欧阳康先生曾数次与我通电话，提出了中肯的编写建议。

2009年4月初，编写小组正式进入写作阶段。在九三学社潍坊市委主委、潍坊市政协副主席李传恒先生具体指导下，经过7个月的辛勤努力，编写小组终于在10月底完成了《张雪岩传》初稿的编写任务。在征求各方意见的基础上，经进一步修订，于2010年5月1日完成定稿。

本书撰写离不开老一辈人的珍贵回忆、当代人的前期研究成果，以及图书馆、档案馆提供的历史资料。这里要特别感谢的是九三学社潍坊市委和寒亭区政协高度重视《张雪岩传》的编写，为此多次进行统筹协调，大力推进；还要感谢张中华先生多年来所做的大量基础性调研工作。除了上述列名者外，尚有众多未列名者，特在此向有关单位和个人一并致以谢忱！

本书写作具体分工如下：陈建明负责全书统筹、编写大纲、统稿，撰写第一章、第二章、第五章、第八章；王京强协助统稿，撰写第三章、第四章、第六章、第七章、张雪岩著述一览。

陈建明

2010年5月1日

于川大花园南园